KB202620

구원을 누리며 살기 원하는 분들의 필독서

구원을 누리며 사는비밀

강요셉 지음

우리가 예수를 믿는 것은 구원을 누리기 위함이다.
말씀을 듣고 행하는 성도만이 가나안에 입성한다.

성도는 성령의 인도를 받아야 구원을 누릴 수가 있다.
구원을 누리는 것은 자신의 힘이 아니고 성령의 인도다.

구원을 누리기 위하여 말씀과 성령으로 충만하라.

성령출판사

구원을 누리며
사는 비밀

성령

들어가는 말

하나님은 세상을 모든 사람들이 예수를 믿고 구원에 이르기를 소원하십니다. 세상의 모든 사람들은 예수님의 보혈의 은혜로 구원받을 자격이 있습니다. 그러나 세상 사람들이 교만하여 예수님을 구주로 영접하지 않기 때문에 구원을 받지 못하고 있는 것입니다. 하나님의 뜻은 세상 모든 사람들이 예수를 믿고 구원받는 것입니다. 구원에 대한 말이 많습니다. 어떤 사람은 예수만 믿으면 구원받는 다고 말합니다. 다른 사람은 두렵고 떨림으로 구원을 이루라고 말합니다. 다른 사람은 회개해야 구원을 받는 다고 하여 울며불며 땅을 치며 성전에서 회개 기도하는 성도도 있다는 이야기기 있습니다.

다른 사람은 예수를 믿었어도 하나님의 말씀을 듣고 순종해야 천국에 들어간다고 하기도 합니다. 이런 여러 가지 구원에 대한 이론을 정립하기 위하여 필자가 지난 15년간 성령치유 사역을 하면서 체험한 바를 정리하여 구원에 대한 책을 완성하였습니다. 이 책에는 구원을 받고, 구원을 이루며, 구원을 누리는 비밀이 수록되어 있습니다. 누구나 이 책을 읽으면 구원에 대한 확실한 이론을 정립할 수 있을 것입니다. 그래서 마음 중심을 잡고 성령의 인도를 받으면서 심령에 하나님의 나라를 건설하면서 구원을 누리며 살게 될 것입니다.

우리가 잘 알에야 할 것은 이스라엘 백성들이 애굽에서 나와서 광야를 지나 가나안에 모두 입성하지 못했다는 것을 알아야합니다. 오로지 여호수아와 갈렙 만이 가나안에 입성했습니다. 왜 갈렙 만이 가나안에 들어갔습니까? 갈렙은 하나님의 뜻을 알고 기뻐했으며, 가나안을 너무도 사모 했기에 이스라엘 모두가 반대를 하고 그 땅을 악평하여 소리 내어 통곡을 하면서 울 때 그는 옷을 찢고 하나님이 기뻐하시면 우리가 그 땅을 얻을 것이라고 확신을 했습니다.

이 책을 읽으면서 자신을 분별하시기 바랍니다. 하나님께서 나를 기뻐하시는 가 냉정하게 내 자신을 분별할 수 있는 지혜를 가지시기 바랍니다. 갈렙은 하나님께서 자기를 기뻐하고 있다는 것을 확신하고 있었던 사람입니다. 갈렙은 행함이 있는 믿음의 사람입니다.

이 책을 통하여 구원의 계념을 정립하고 방황하지 않으면서 하나님께서 기뻐하시는 성도와 목회자가 되어 모두 천국에 입성하는 축복을 누리기를 바랍니다.

주후 2015년 5월 20일
충만한 교회 성전에서
저자 강요셉목사.

세부적인목차

1부 이스라엘의 구원

1장 피를 볼 때에 넘어가리니

(출 12:5-14)"너희 어린 양은 흠 없고 일 년 된 수컷으로 하되 양이나 염소 중에서 취하고, 이 달 열나흗날까지 간직하였다가 해 질 때에 이스라엘 회중이 그 양을 잡고, 그 피를 양을 먹을 집 좌우 문설주와 인방에 바르고, 그 밤에 그 고기를 불에 구워 무교병과 쓴 나물과 아울러 먹되 날것으로나 물에 삶아서 먹지 말고 머리와 다리와 내장을 다 불에 구워 먹고, 아침까지 남겨두지 말며 아침까지 남은 것은 곧 불사르라. 너희는 그것을 이렇게 먹을지니 허리에 띠를 띠고 발에 신을 신고 손에 지팡이를 잡고 급히 먹으라 이것이 여호와의 유월절이니라. 내가 그 밤에 애굽 땅에 두루 다니며 사람이나 짐승을 막론하고 애굽 땅에 있는 모든 처음 난 것을 다 치고 애굽의 모든 신을 내가 심판하리라 나는 여호와라. 내가 애굽 땅을 칠 때에 그 피가 너희가 사는 집에 있어서 너희를 위하여 표적이 될지라 내가 피를 볼 때에 너희를 넘어가리니 재앙이 너희에게 내려 멸하지 아니하리라. 너희는 이 날을 기념하여 여호와의 절기를 삼아 영원한 규례로 대대로 지킬지니라"

예수를 믿고 교회에 나와 믿음 생활하는 많은 성도들의 관심이 구원입니다. 자신은 예수를 믿었으니 구원을 받았다고 말하기도 합니다. 다른 부류는 두렵고 떨리는 마음으로 회개하며 구원을 이루어야 한다고 말하기도 합니다. 그런데 하나님은 지금 구원하신 예수님을 누리면서 하나님의 나라를 만드는 우리가 되기를 소원하십니다. 하나님은 한 차원 높은 생각을 가지고 계십니다. 그래서 성령으로 인도하시면서 성도들을 훈련하시는 것입니다. 하나님을 기쁘시게 하는 것은 지금 영과 진리로 하나님을 예배하면서 마음에 천국을 이루면서 아브라함의 복을 받아 세상에 나가 예수님을 증거 하는 삶을 살아갈 때 하나님께서 기뻐하시는 것입니다. 이렇게 하나님의 복을 받아 세상에 하나님의 나라를 건설하다가 천국에 들어가는 것이 하나님의 뜻입니다.

분명하게 하나님이 세상에서 우리를 부르신 것은 하나님의 복을 받아 세상에서 하나님의 나라를 건설하는 군사가 되게 하기 위해서입니다. 그러므로 하나님의 부름을 받고 예수를 믿고 세상에서 나온 우리는 하나님의 복을 받게 되어있습니다. 하나님은 우리를 잘되게 하시려고 부르신 것입니다. 우리가 잘되어야 우리를 통하여 이 땅에 하나님의 나라를 건설할 수가 있기 때문입니다. 그렇기 때문에 우리가 하나님께서 주신 권위를 사용하며 축복을 받아 예수님을 증거하며 세상을 살아갈 때 하나님께서 기뻐하시는 것입니다.

구원에 대하여 분명하게 알아야 합니다. 그리스도인이라 자처해도 율법아래서 범죄 하는 죄인은 그리스도 안에 들어가지 못하고 지옥 꺼지지 않는 불에 들어가며, 율법에서 해방되어 "죄과를 떠나 성령 받은 의인들은 하나님께서 영접하여 주셔서, 그리스도 안에 들어가 진리의 성령으로 자유를 누리다가 새 하늘과 새 땅에 들어가게 된다고 말씀하십니다(계21:1-7)." 하나님께서는 이스라엘을 바로의 손에서 구원하기 위해서 마지막 위대한 계획을 발표하셨습니다. 그것이 바로 유월절 제사인 것입니다. 하나님께서는 모세에게 명령하셨습니다. 이스라엘 각자의 식구대로 양이나 염소를 그 무리에서 일 년 된 것을 취해라.

숫양이나 숫염소 일 년 된 것을 취해서 집에서 보름동안 두었다가 하나님이 명하시는 날에 이 양이나 염소를 잡아서, 그 피를 양푼에 담아 우슬초로 적셔서 문의 인방과 설주에 바르고, 그 밤에 신발 끈을 묶고, 허리끈을 조이고, 짐을 다 싸서 출발할 준비를 하여라. 그리고 그 양이나 염소는 물에 삶거나 날걸로 먹지도 말고, 불에 구워서 머리로부터 그 내장까지 그대로 다 먹으라. 이것을 바르게 지켜라. 여호와 하나님의 유월절인 이날에 하나님께서 주의 사자와 함께 애굽 전국을 심판으로 임하실 것이다. 문의 인방과 설주에 피가 없는 집마다 들어가서 바로의 왕궁으로부터, 저 지하 감옥에 있는 죄수의 아들까지 장남은 다 쳐서 죽일 것이요.

모든 짐승의 처음 난 것조차 다 쳐서 죽일 것이다. 그리고 애굽의 신들에게 심판하여 벌을 내릴 것이라고 말했었습니다. 모세가 이 말을 백성에게 하니 백성이 이 말을 듣고, 모두다 하나님께 경배를 하고, 그들이 명령받은 대로 양이나 염소의 무리 중에 일 년 된 수컷을 취해 다가 집에다 예비해 놓았었습니다. 그리고 정한 날 해가 질 무렵에 그들은 다 와서 양이나 염소를 잡았습니다. 양이나 염소의 우는 소리가 온 이스라엘 동네에 꽉 들어찼습니다.

그리고 그들은 그 피를 양푼에 받아서 우슬초로 찍어서 문의 인방과 설주에 다 발랐습니다. 이것을 구경하는 애굽 사람들은 손가락질을 하고 웃었습니다. 그러나 이스라엘 백성들은 죽느냐 사느냐의 문제이기 때문에 이와 같이 피를 다 발랐습니다.

그리고 그 밤에 그들은 신발을 다 묶고 허리띠를 조이고, 지금 당장 떠나갈 준비로 짐을 다 꾸렸었습니다. 그리고 그들은 밤에 모여서 양을 구워서 다 먹었었습니다. 그러는 동안에 하나님께서는 사자와 함께 애굽을 방문 하셨는데 문에 피가 묻어 있지 않는 집은 다 방문해서 바로의 장자부터 옥에 갇힌 자의 장자까지 다 쳐서 죽였습니다. 모든 백성의 장자들을 다 쳐서 죽였었습니다. 저 지하 감옥에 있는 죄수의 장자까지 죽이고 짐승의 처음 난 것조차 다 죽였었습니다. 온 애굽에 밤중에 통곡 소리가 천지를 진동했었습니다. 온 백성이 밤중에 일어나서 땅을 치고 통곡을 하고 그리고 바로 왕에게 원망을 했습니다.

성경은 우리에게 말합니다. 생명은 피에 있다고 말입니다. 레위기 17:11절에서 말씀합니다. "생명이 피에 있으므로 피가 죄를 속하느니라." 신장질환 환자가 투석을 통하여 독소물질이 제거

된 새로운 깨끗한 피를 공급받아야 생명을 부지할 수 있는 것처럼, 우리의 영혼이 살기 위해서는 우리 영혼에 찌들어 있는 죄를 제거해야 하는데 그것이 바로 피라는 것입니다. 그래서 우리 주님께서 죄인인 우리를 위해서 십자가 위에서 피흘려 돌아가심으로 우리의 죄를 깨끗이 씻어 주신 것입니다. 구약시대에는 짐승의 피를 통해서 우리 인간이 죄 용서를 받았습니다. 그런데 그 짐승의 피는 일회적인 죄용서만은 선언해 줄 뿐입니다. 죄 없는 깨끗한 피가 아니기 때문입니다. 죄 없으신 하나님의 아들 예수 그리스도의 보혈은 우리의 죄를 영원히 용서해 주는 능력입니다.

오늘 우리가 읽은 말씀은 예수 그리스도의 피가 어떻게 우리의 죄를 용서해 주는 능력이 되는지 가르쳐줍니다. 야곱의 아들 요셉이 애굽에서 국무총리가 되었을 때, 애굽을 비롯한 많은 지역에 큰 흉년이 들었습니다. 바로 왕의 꿈을 해석한 요셉이 국무총리로 있으면서, 애굽에서는 그 전에 있었던 7년 동안의 풍년 기간에 이미 많은 곡식을 저장해 놓았기 때문에 흉년이 들어도 별 걱정을 하지 않았습니다. 그런데 흉년을 대비하지 못한 주변 나라들은 흉년이 들어 먹을 것이 없자 애굽에 곡식이 있다는 소식을 듣고 애굽으로 곡식을 구하러 오게 됩니다. 가나안 땅에 살고 있던 야곱의 가족들도 흉년이 들자 먹을 것을 구하러 애굽에 오게 되었고, 그렇게 해서 오래 전에 죽은 줄로만 알았던 요셉과 야곱, 그리고 요셉의 형제들이 눈물의 만남을 갖게 됩니다.

야곱과 그의 가족들은 애굽의 국무총리로 있던 요셉의 요청에 의해서 온 가족이 애굽으로 이민을 가게 됩니다. 애굽으로 이민을 가게 된 요셉의 가족들은 처음에는 융숭한 대접을 받았습니다. 국무총리의 가족이 왔으니 얼마나 잘 대우를 해 주었겠습니까? 그런데 요셉을 알지 못하는 왕조가 일어나면서 애굽으로 건너간 야곱의 자손들은 노예로 전락하고 맙니다. 애굽을 위해서 온갖 노동을 하며 힘겹게 살던 세월이 400여년이나 되었습니다. 너무너무 힘들게 살던 이스라엘 백성들은 하나님께 구해달라고 부르짖게 됩니다.

이스라엘 백성들의 부르짖음을 들으신 하나님께서 모세를 준비하셨습니다. 그리고는 왕궁에서 40년, 광야에서 40년, 도합 80년 동안의 훈련의 과정을 겪은 후에 하나님께서 모세를 이스라엘의 지도자로 보내십니다. 모세는 바로 왕 앞에 가서 '내 백성 이스라엘을 해방시키라'고 당당하게 요구합니다. 그러나 400여년을 노예 생활하던 그 많은 이스라엘 백성을 바로 왕이 선뜻 해방시켜줄 리가 만무합니다. 바로는 모세의 요구를 일언지하에 거절합니다. 그러자 하나님께서는 모세를 통해서 애굽 땅에 재앙을 내리십니다. 뜻하지 않는 재앙을 겪게 된 바로는 다급해진 마음에 모세의 요구대로 '이스라엘을 해방시키겠노라'고 약속을 합니다.

그러나 재앙이 멈추면 곧바로 바로 왕의 마음은 바뀌어버립니다. 이스라엘 백성을 해방시키지 않겠다는 것입니다. 그렇게 해서 당한 재앙이 무려 9차례나 되었습니다. 그러는 도중에 애굽 땅에는 엄청난 고통이 가해졌습니다. 바로의 신하들이 바로 왕에게 '이러다가는 우리 애굽이 망하게 생겼다'고, '모세의 요구대로 이스라엘 백성들을 빨리 내보내야만 우리가 살 수 있다'고 탄원을 하기에 이릅니다(출애굽기 10:7). 그럼에도 불구하고 바로 왕의 완악한 마음에는 변함이 없었습니다. 그래서 결국 하나님께서는 마지막 열 번째 재앙을 준비하셨습니다. 그것은 애굽 땅에 있는 모든 사람과 짐승의 첫 번째 난 것을 죽이는 것입니다. 그것은 이스라엘 백성이라고 예외는 없습니다. 애굽 땅에 살고 있는 모든 사람, 애굽 땅에서 기르고 있는 모든 짐승에게 다 해당되는 재앙입니다.

그런데 하나님께서 이스라엘 백성들에게 그 재앙에서 벗어날 수 있는 방법을 알려주십니다. 그것은 양을 잡아 그 고기는 먹되, 그 피를 집 좌우 문설주와 인방에 바르라는 것입니다. 하나님께서 애굽 전역에 재앙을 내려 심판하실 때에 문설주와 인방에 피가 발라져 있는 것을 보면 그 집에는 재앙을 내리지 않고 그 집을 건너갈 것이라고 말씀하십니다. 하나님의 말씀을 듣고 순종하는 사람만 구원을 받을 수 있습니다.

그리고 실제로 그랬습니다. 유월절 밤에 하나님께서 마지막 열 번째 재앙을 내리셨습니다. 출애굽기 12:29-30절에 의하면, 바로 왕의 장자로부터 옥에 갇힌 사람의 장자까지, 그리고 가축의 처음 난 것을 다 죽이셨습니다. 애굽 땅에서 죽임을 당하지 않는 집이 하나도 없었습니다. 단 예외가 있습니다. 하나님께서 말씀하신대로 유월절 양을 잡아 그 피를 문설주와 인방에 바른 집에는 재앙이 임하지 않았습니다. 하나님께서 말씀하신대로, 하나님께서 그 피를 보고 그 집에는 재앙을 내리지 않고 건너가셨기 때문입니다.

왜 하나님께서는 하필 피를 바르라고 말씀하셨을까요? 이스라엘 백성의 집이라는 것을 표시하는 방법은 다양합니다. 이스라엘 백성의 집에 어떤 특별한 문안을 한 깃발을 세워놓으라고 하실 수도 있습니다. '알리바바와 40명의 도둑' 이야기에 나오는 것처럼 대문에다 어떤 표시를 해 놓을 수도 있습니다. 그런데 하나님께서는 그런 쉬운 방법이 아닌 양을 잡아 그 피를 바르라고 말씀하십니다. 왜 하필 피를 바르라고 하셨을까요?

하나님께서 하신 일에는 모두가 큰 의미를 가지고 있습니다. 의미 없이 하신 일이 하나도 없습니다. 그렇다면 유월절 양을 잡아 그 피를 바르라고 하신 데에도 분명한 의미와 목적이 있습니다. 레위기에서 말씀하고 있는 것처럼, 생명은 피에 있기 때문입니다. 그리고 피가 죄를 사하기 때문입니다.

마지막 열 번째 재앙은 생명을 빼앗아가는 재앙입니다. 애굽 땅에 있는 모든 가정들마다에서 장자를 죽이는 재앙이 열 번째 재앙입니다. 그런데 이스라엘 백성의 집에서는 장자가 죽지 않았습니다. 생명을 잃지 않았습니다. 이스라엘 백성들의 집에서는 곡소리가 들리지 않았습니다. 하나님의 말씀을 듣고 집 문설주와 인방에 피가 발라져 있었기 때문입니다. 그 피는 유월절 양의 생명을 의미하는 것입니다. 유월절 양의 생명이 이스라엘 백성들의 생명을 구해준 것입니다. 생명과 생명을 맞바꾼 것입니다.

성경은 예수님이 유월절 양이라고 해석합니다. 고린도전서 5:7절에서 말씀합니다. "너희는 누룩 없는 자인데 새 덩어리가 되기 위하여 묵은 누룩을 내버리라. 우리의 유월절 양 곧 그리스도께서 희생되셨느니라." 예수님께서 십자가에서 피흘려 죽으심은 유월절 어린양으로 피를 흘리셨다는 것입니다. 출애굽 당시 유월절 어린양이 자신을 희생하여 죽음으로 그 피를 문설주와 인방에 바를 수 있었고, 그 피를 보고 하나님께서 재앙을 내리지 않고 넘어가심으로 이스라엘 백성들은 죽음을 면할 수 있었습니다. 마찬가지로, 십자가에서 피 흘려 돌아가신 예수님께서 우리의 유월절 어린양이 되어주셨습니다.

예수 그리스도의 그 보혈이 우리 마음의 문설주와 인방에 발라지면 우리는 죽음을 면하고 생명으로 들어가게 됩니다. 우리가 영원한 생명 곧 영생을 얻을 수 있는 방법이 바로 여기에 있습니다. 오직 예수 그리스도의 보혈에 우리의 죄를 씻어 용서하심을 받을 때에만 우리는 영생을 얻게 됩니다.

우리가 예수 믿는 이유가 바로 여기에 있습니다. 자신이 신앙 생활하는 이유는 무엇입니까? 어떤 사람은 교회에 나가 설교를 들으면 좋은 인격을 만들 수 있을 것이라고 생각하고 신앙 생활하는 사람이 있습니다. 어떤 사람은 성경을 읽거나 설교를 들으면서 새로운 지식을 얻을 수 있다고 생각하고 교회에 나오는 사람도 있습니다. 어떤 사람은 예수님의 고상한 성품을 닮고 싶어 예수를 믿는다고 하는 분들도 있습니다. 어떤 사람들은 불안하고 불확실한 세상을 살면서 마음에 평안을 얻기 위해서, 또 어떤 사람은 예수를 믿으면 행복해질 수 있으리라는 기대를 가지고 신앙생활을 하는 사람도 있습니다. 어떤 사람은 예수 믿으면 건강해지고, 어려운 일 만나지 않을 것이라고 생각하고 신앙생활하기도 합니다. 그리고 예수 믿으면 가난을 물리치고 축복을 받을 것이라고 생각하고 열심히 신앙생활하기도 합니다.

물론 예수를 믿고 신앙 생활할 때 우리에게 그런 유익이 있는 것은 사실입니다. 그러나 그 모든 것보다 더욱 중요한 이유가 있습니다. 그것은 예수 그리스도의 십자가 은혜로, 예수 그리스도의 보혈의 능력으로 우리의 죄를 용서받고 영원한 생명을 가진 하나님의 자녀가 되기 위해서입니다. 이것보다 예수 믿는 더 중요한 이유가 없습니다. 우리가 신앙생활하면서 가장 분명하게 깨달아야 할 것이 바로 이것입니다. 예수 그리스도의 보혈로 우리의 죄를 용서받고 우리의 죄가 씻어짐을 믿을 때 그 때부터 진정한 신앙이 시작된다고 말할 수 있습니다. 그런데 아쉽게도 현대의 많은 신앙인들은 그것을 깨닫지 못하고, 그것에 초점을 맞추지 못하고 신앙생활하곤 합니다.

영국에 파워코스트라는 백작 부인이 있었다고 합니다. 그녀는 대단히 큰 부자로써 거대하고 화려한 성에서 살았습니다. 아무리 화려한 부귀영화를 누린다 하더라도 사람은 언젠가 반드시 죽음을 맞게 됩니다. 이 백작 부인에게도 마침내 그 날이 다가왔습니다. 임종을 기다리고 있을 때 평소에 가까이 지내던 한 사람이 찾아와서 물었습니다. "부인, 얼마나 힘드세요?" 그러자 죽음을 눈앞에 둔 백작 부인은 두렵거나 불안한 기색 없이 환한 얼굴로 이렇게 대답했다고 합니다.

"예, 괜찮습니다. 저는 이렇게 죽음에 임박해서 한 가지 분명히 깨달은 것이 있습니다. 우리가 죽을 때 필요한 것은 단 하나밖에 없다는 것을 말입니다. 세상의 돈이나 학식이나 재산이나 명예도 죽음 앞에는 아무 소용이 없지만, 예수님의 보혈이 우리의 죄를 흰 눈같이 깨끗이 씻어 준다는 사실보다 더 중요한 것이 지금 이 순간에 없습니다. 그 말씀이 내 영혼에 그렇게 감미로운 말씀이요 힘이며, 위안의 말씀이 되는 줄 이 순간까지 몰랐습니다."

우리 주님께서 십자가에서 흘리신 보혈이 내 모든 죄를 깨끗이 씻어주시며, 세상에서 그것보다 더 귀한 은혜는 없다는 사실을 깨달으셨습니까? 그것을 깨달으셨다면 세상에서 가장 값진 것을 깨달으신 것입니다. 세상의 지혜나 높은 학문이 알려주지 않는 엄청난 하늘의 비밀을 깨달으신 것입니다.

그리고 그 비밀을 깨달은 사람은 죽음도 결코 두렵지 않습니다. 행복해지고 싶어 신앙 생활하는 사람들은 내게서 행복이 멀어진다고 생각하면 신앙생활에 만족을 얻지 못합니다. 신앙생활을 통해서 불안한 마음에 평안을 얻고 싶어 하는 사람은 나도 모르는 사이에 찾아온 세상의 불안으로 인해 믿음이 흔들릴 수 있습니다. 인격적 수양의 덕을 쌓기 위해서 신앙생활하거나, 뭔가 고상한 취미를 위해서 신앙 생활하는 사람이야 더 말해서 뭐하겠습니까? 그런 이유로 신앙 생활하는 사람은 언제 어느 순간엔가 신앙이 내게 별로 의미가 없다고 생각되면 신앙을 떠나가게 됩니다.

그런데 예수 그리스도의 십자가 은혜가, 우리 주님의 보혈이 우리의 죄를 깨끗이 씻어 우리에게 영원한 생명을 준다는 사실을 깨달은 사람은 어떤 순간에도 신앙을 포기할 수 없습니다. 영원한 생명을 얻는 이것은 세상의 행복과 바꿀 수 없는 것이기 때문입니다. 세상에서는 행복하지 않는 것 같은 삶의 여건 속에 있을지라도 나를 구원하신 그 십자가 은혜로 인해 하늘의 행복과 기쁨을 누리며 살 수 있습니다. 예수 그리스도의 보혈이 우리의 죄를 씻어 우리가 하늘나라의 백성이 되었다는 사실을 깨달은 사람은 생명을 잃게 되는 상황 앞에서도 불안하거나 두려워하지 않습니다. 이 세상의 생이 끝나면 더 영원하고 더 아름다운 하늘나라에 들어갈 수 있음을 알기 때문입니다.

우리 주님께서 우리를 위해 흘리신 보혈에는 그런 능력이 있습니다. 예수님의 보혈의 은총 안에 거하는 사람에게는 죽음의 공포가 엄습하지 못합니다. 오늘 본문에서 보여진 애굽의 상황을 상상해 보십시다. 각 가정마다 맏아들이 한 순간에 죽었습니다. 맏아들은 얼마나 귀합니까? 모든 자식이 귀하지만 맏아들은 더욱 귀합니다. 그렇게 귀하게 자라던 맏아들이 갑자기 죽어버렸습니다. 시름시름 병들어 아프다가 죽은 것도 아닙니다.

교통사고나 어떤 사고를 당해 죽은 것도 아닙니다. 낮에까지도 건강하게 뛰어놀았습니다. 가족들과 둘러앉아 저녁식사도 맛있게 잘 했습니다. 죽음에 대한 징조가 하나도 없었습니다. 그런데 그 날 밤 그 아이가 죽어버렸습니다. 우리가 흔히 하는 말로 마른하늘에 날벼락 같은 일이 벌어진 것입니다. 우리 집에만 그런 것이 아닙니다. 옆집에도 그런 일이 벌어졌습니다. 앞집, 뒷집 할 것 없이 모든 집들마다 갑작스럽게 죽은 맏아들로 인해서 통곡하는 소리가 들려오기 시작합니다. 아비규환이 따로 없습니다.

그런데 이스라엘 백성의 집에서만은 평온합니다. 곧 출발 명령이 떨어지기만 하면 멀리 여행을 떠나기 위해서 준비하고 있을 뿐입니다. 해방과 자유를 맞게 되었다는 설렘으로 출발신호만을 기다리고 있습니다. 온 가족이 함께 말입니다.

얼마나 대조적인 상황입니까? 애굽 사람의 집에서는 집집마다 맏아들을 잃은 슬픔으로 인해 통곡소리가 터져 나옵니다. 그런데 이스라엘 백성들의 집에서는 자유와 해방에 대한 설렘으로 새로운 세상으로 떠날 채비를 하고 있습니다.

무엇이 그렇게 만들어주었습니까? 하나님의 말씀을 듣고 문설주와 인방에 바른 피 때문입니다. 문설주와 인방에 피가 발라진 집에서는 자유와 해방에 대한 설렘으로 출발신호를 기다리고 있고, 문설주와 인방에 피가 발라져 있지 않는 집에서는 맏아들의 죽음으로 인해 통곡소리가 터져 나오고 있습니다.

지금 자신의 마음의 문설주와 인방에 예수 그리스도의 피가 발라져 있습니까? 그 피를 믿음으로 죄사함을 받고 영원한 생명을 얻었다는 분명한 확신이 있습니까? 우리에게 구원을 가져다주는 것은 다른 무엇이 아닙니다. 성경을 많이 읽었고 많이 알기 때문에 구원받는 것이 아닙니다. 내가 주일예배에 한 번도 빠지지 않고 참석하기 때문에 구원받는 것도 아닙니다. 내가 교회에서 봉사도 많이 하고 선하게 살기 때문에 구원받는 것도 아닙니다. 우리가 구원받을 수 있는 유일한 방법은 예수 그리스도를 주인으로 영접한 것입니다. 예수님의 피가 내 죄를 씻어주심을 믿는 그 믿음 때문입니다. 그리고 그 피가 지금도 내 마음의 문설주와 인방에 발라져 있으면 우리는 오늘 우리의 삶에서 세상이 줄 수 없는 하늘의 기쁨을 누리며 살아갈 수 있습니다. 모든 사람의 집에서 통곡소리가 들려올 때에도, 예수 그리스도의 보혈이 흐르는 마음에는 구원의 감격과 소망이 가득하여 두려움 없는 삶을 살 수 있습니다. 죽음의 공포와 두려움에서 벗어나 하늘의 기쁨을 얻기 때문입니다.

종교 개혁자 마르틴 루터(M. Luther, 1483-1546)는 이렇게 말합니다. '성경을 짜보면 피가 흐른다!' 그렇습니다. 참깨를 틀에 넣고 짜면 고소한 참기름이 나옵니다. 잘 익은 포도를 짜면 달콤한 포도즙이 나옵니다. 마찬가지로 성경을 짜면 피가 나옵니다. 구약의 제사에서도 피가 아주 중요합니다. 그리고 신약의 십자가 사건은 피흘림의 사건입니다. 구약의 제사는 신약의 예수 그리스도의 십자가 사건의 예표입니다. 그러기에 우리의 생명을 살리기 위해서 십자가 위에서 죽으신 우리 주님의 피흘리심이 성경의 중심 이야기입니다. 그리고 그것을 통해서 우리가 구원을 받습니다.

그 예수님의 보혈은 우리를 구원할 뿐만 아니라, 오늘 우리의 삶을 살아가는데 힘과 능력이 됩니다. 우리는 끊임없이 예수 그리스도의 보혈로 수혈을 받아야 합니다. 세상을 이길 수 있는 힘이 거기에 있기 때문입니다.

만약에 책을 읽는 당신이 예수님을 주인으로 영접하지 않았다면 먼저 예수님을 주인으로 영접하는 기도를 하시기를 바랍니다.

기도합니다. 저를 사랑하시고 저를 위해 십자가에서 목숨을 내어 주신 예수님, 감사합니다. 예수님의 귀한 피로 제 모든 죄가 깨끗해졌습니다. 이제부터 영원히 예수님을 제 구주로 영접합니다. 예수님께서 죽은 자 가운데서 부활하셨으며 지금도 여전히 살아 계심을 믿습니다.

예수님께서 이루신 일 덕분에 이제 제가 하나님의 사랑을 받는 자녀가 되었고 천국을 영원한 집으로 얻었습니다. 제게 영생을 주시고 제 마음에 주님의 평강과 기쁨을 가득 채워 주시니 감사합니다. 예수님의 이름으로 기도합니다. 아멘.

2장 유월절 어린양의 피

(출 12:12~13)"내가 그 밤에 애굽 땅에 두루 다니며 사람이 나 짐승을 막론하고 애굽 땅에 있는 모든 처음 난 것을 다 치고 애굽의 모든 신을 내가 심판하리라 나는 여호와라. 내가 애굽 땅을 칠 때에 그 피가 너희가 사는 집에 있어서 너희를 위하여 표적이 될지라 내가 피를 볼 때에 너희를 넘어가리니 재앙이 너희에게 내려 멸하지 아니하리라"

하나님은 사랑이시고 구원이십니다. 하나님은 말씀만 하시지 않고 행동으로 보여주시는 분입니다. 이스라엘 백성은 하나님께서 예언하신대로 400년 동안 애굽에서 종살이를 했습니다. 노역이 과중해지고 혹독한 시련을 견딜 수 없어서 하나님을 향하여 그들이 부르짖고 신음할 때 하나님이 그 소리를 들으십니다. 하나님은 성경 말씀에 예언하신대로 모세를 통해서 이스라엘 백성을 저 가나안 땅으로 인도하게 하십니다.

모세가 가서 애굽의 왕인 바로에게 내 백성 이스라엘을 내어 달라고 부탁할 때에 바로는 순순히 내어주지 않습니다. 그때에 하나님께서는 모세를 통해서 열 가지의 재앙을 내리게 하십니다. 나일강이 핏물로 변했습니다. 우박이 온 애굽 진영에 내려서 모든 농작물이 못쓰게 되었습니다. 그리고 메뚜기 때가 급습을 합니다. 그리고 광명이 빛일 잃고 흑암이 찾아오게 됩니다. 이런 여러 가지 재앙이 계속되면서 마지막 열 번째 재앙이 기다리고 있었습니다. 그것은 애굽의 장자의 죽음입니다.

하나님께서는 애굽의 장자를 치시기 전에 이스라엘 백성에게 먼저 명령하십니다. "너희가 수컷 어린양을 잡아서 그 어린양의 피를 좌우 문설주와 문지방에 바르라. 그러면 죽음의 사자가 너희 집은 피해갈 것이다." 뛰어 넘어갈 것이라고 했습니다. '뛰어 넘다.'는 'Passover'즉, 유월절이라고 부릅니다. 이것이 유월절의 규례입니다. 그 명령에 순종하고 1년 된 수컷 양을 잡아서 그 피를 문설주에 바른 유대인들의 가정은 그 장자가 보호함을 받을 수 있었습니다.

오늘 유월절 어린양의 죽음은 이 땅에 장차 온 인류의 죄를 대속하기 위해 오시는 예수그리스도의 십자가와 그 피흘림을 예표하고 있습니다. 이스라엘 백성은 유월절의 피를 문설주와 인방에 뿌림으로 그들은 이제 바로의 손아귀에서 해방되었고 자유한 백성으로서 광야에 나가게 되었습니다.

그것은 해방의 날이요 구속의 날입니다. 오늘은 아름다운 유월절 규례를 생각해 보면서, 이 땅에 세상 죄를 지고 가는 하나님의 어린양으로 오신 예수그리스도의 보혈의 깊은 비밀을 우리가 함께 생각해 보려고 합니다.

첫째, 하나님께서는 이스라엘 백성에게 달력을 바꾸라고 말

씀하신다. 본문 1절 2절 말씀을 읽겠습니다. "여호와께서 애굽 땅에서 모세와 아론에게 일러 가라사대 이 달로 너희에게 달의 시작 곧 해의 첫 달이 되게 하고" 왜 달력을 바꾸라고 했을까요? 그들이 유월절 규례를 지킴으로서 새로운 역사가 시작되기 때문입니다. 다시 말하면 출애굽한 그 달을 정월 1월로 삼으라는 명령입니다. 하나님은 그들이 기존에 쓰고 있는 환산법을 버리고 새로운 월력을 쓰라는 재정해 주고 계십니다. 그래서 그 첫 달을 아빕월이라고 합니다. 그리고 포로 후에는 닛산월로 그 이름이 바뀌게 됩니다. 그리고 그 절기를 오늘날 태양력으로 환산을 하면 3월이나 4월이 됩니다. 3, 4월은 만물이 소생하고 꽃이 피는 아름다운 계절입니다. 바로 이 계절을 이스라엘 백성들에게 유월절을 선물로 주셨습니다.

그들은 애굽의 노예로 고통당하던 백성들이었습니다. 그러나 하나님은 유월절을 통해서 그들에게 참 자유와 새로운 역사의 출발을 허락해 주셨습니다. 오늘 우리의 인생 속에 예수 그리스도가 들어옴으로 우리가 바뀌고 새로운 피조물이 된 것을 믿으시기 바랍니다.

고린도 전서 5장 10절에 보면 "그런즉 누구든지 그리스도 안에 있으면 새로운 피조물이라."고 말하고 있습니다. 예수님의 보혈이 흘려지는 그 순간, 아니 흘려지는 예수님의 보혈을 믿고 영접하는 그 순간부터 우리는 새로운 삶을 살아가게 되는 것입니다. 우리는 예수님의 보혈 안에서 인생의 새로운 의미와 목적을 발견하게 됩니다. 오늘 우리의 심령 속에 예수님의 보혈이 뿌려질수 있기를 주님의 이름으로 축원합니다. 그럴 때 우리는 새로운 인생의 목적을 발견하게 됩니다.

두 번째, 유월절 규례는 흠 없는 수양을 준비하라고 했다. 오늘 본문 3절에서 5절 까지 읽어 보겠습니다. "너희는 이스라엘 회중에게 고하여 이러라 이 달 열흘에 너희 매인이 어린 양을 취할찌니 각 가족대로 그 식구를 위하여 어린 양을 취하되 그 어린 양에 대하여 식구가 너무 적으면 그 집의 이웃과 함께 인수를 따라서 하나를 취하며 각 사람의 식량을 따라서 너희 어린 양을 계산할 것이며 너희 어린 양은 흠 없고 일년 된 수컷으로 하되 양이나 염소 중에서 취하고" 각 가족을 위해서 어린양을 준비하라고 말하고 있습니다.

그래서 보통 양 한 마리에 열 명을 계산합니다. 우리 식구가 적으면 이웃집까지 계산해서 한 마리의 양을 잡아 그 피를 문설주에 뿌립니다. 여기에 어린양은 흠 없는 것이어야 합니다. 이 땅에 흠 없는 분이 오셨습니다. 그 분이 누구십니까? 바로 예수 그리스도십니다. 예수님은 인간의 몸을 입지 않으시고 동정녀 마리아의 몸을 통해서 오셨습니다. 바로 유월절의 어린양은 장차 이 땅에 우리를 구속할 어린양으로 오시는 예수그리스도를 가리키고 있는 것입니다.

예수님이 십자가에 피흘리심으로 우리의 죄가 씻음 받은 것을 믿으시기 바랍니다. 죄인은 죄인을 위해서 피를 흘릴 수가 없습니다. 그분은 무죄하셔야 합니다. 흠이 없어야 합니다. 그리고 그분은 하나님이셔야 합니다. 오늘 유월절 규례는 흠 없는 어린 양이 피흘림으로 이스라엘 백성들의 장자들이 보호받는 사건을 통해서 우리들이 예수님의 보혈로 보호받고 구원받을 것을 예표하고 있습니다.

세 번째, 유월절 규례는 유월절 어린양은 나흘 동안 준비되도록 했다. 오늘 12장 6절에 보면 "이 달 십사일까지 간직하였다가 해질 때에 이스라엘 회중이 그 양을 잡고"라고 했습니다. 나흘 동안 아빕월 10일부터 14일까지 기간이 있습니다. 그리고 14일 되는 날에 양을 잡아서 유월절 규례를 지키게 했습니다. 왜 나흘이라는 기간을 두었을까요? 주석가마다 의미가 다릅니다. 예수님이 예루살렘에 입성하셔서 십자가에 달리실 때까지가 나흘이라고 합니다.

그래서 그 기간 동안 예수님이 준비되도록 했다는 것입니다. 그런가 하면 어떤 주석가는 이런 해석을 합니다. 이스라엘 백성들은 이 양이 왜 죽어야 하는지 되새기고 묵상하는데 나흘이 필요했다고 합니다. 아마 그 집에 기르는 양중에 흠 없는 1년 된 수컷 한 마리를 마당에 나흘 동안 묶어 두었을 것입니다. 이 양을 보고 그 집 장자 되는 소년이 물었을 것입니다.

"아빠 왜 이 양을 여기에 묶어 두었지요?" "얘야! 이제 하나님께서 애굽의 모든 장자를 치시는데 어린양을 잡아서 그 피를 문설주에 바르지 않으면 죽음을 당할거야! 물설주가 뭔지 알지? 대문이 있으면 그 대문을 받치는 기둥 있지 그 기둥에 이 피를 발라야 된다. 그래야 우리 가족이 보호를 받고 네가 생명을 보호 받을 수 있단다." 아마 어린 소년은 그 설명을 들었을 것입니다. 그리고 이 아이는 시간이 날 때마다 양을 쳐다보면서 이렇게 말했을 것입니다. "착한 양아! 너는 우리집에서 제일 잘생긴 양이고 흠도 하나도 없지! 너는 나 때문에 죽어야 하는 구나! 내가 죽어야 할 자리에 네가 대신 죽겠구나!" 이 아이는 양을 보면서 그런 생각을 했을 것입니다.

오늘 죽어야 할 애굽의 장자가 누구입니까? 바로 오늘 우리들입니다. 아담과 하와는 하나님이 금하신 선악과를 먹으면서 인간에게 죄가 들어왔습니다. 그리고 그 죄는 우리에게 사망을 주었습니다. 인간은 다 죽을 수밖에 없는 운명입니다. 누군가가 우리를 대신해서 죽어야 합니다. 바로 어린양 예수께서 유월절의 희생이 되신 것을 믿으시기 바랍니다. 우리는 사순절에 예수님을 바라봐야 합니다. 우리가 달려야 할 십자가에 대신 달리고 우리가 치러야 할 십자가를 대신 치르신 예수님을 봐라 보는 계절이 사순절입니다.

네 번째, 이 양을 잡아서 그 피를 문설주와 인방에 바르게 하셨다. 본문 7절 말씀을 한번 읽겠습니다. "그 피로 양을 먹을 집 좌우 문설주와 인방에 바르고" 대문을 달수 있는 두 개의 기둥이 좌우 설주입니다. 그리고 기둥을 지탱하는 대들보가 인방입니다. 양을 잡아서 그 좌우 설주와 인방에 다 발랐습니다. 이것은 인류를 죄와 사망가운데서 구속할 예수 그리스도의 보혈을 가리키는 말입니다. 히브리서 9장 2절에 보면 "피흘림이 없은 즉 사함이 없다."고 성경은 말하고 있습니다.

아마 유대인들이 좌우 설주와 인방에 어린양을 잡아서 그 피를 바를 때 애굽인들은 그들을 비웃었을 것입니다. "유대인들이 이상한 행들을 하고 미친 짓을 하는지 모르겠다."고 말했을 것입니다. 오늘도 복음의 비밀을 모르는 사람들은 그렇게 생각해 볼 수가 있습니다. "예수 믿은 사람들을 이해할 수 없어! 이천년 전에 죽은 예수의 피가 나와 무슨 상관이 있어. 내가 예수가 죽은 것을 봤나? 나는 그 현장에 있지도 않았는데 그것이 나와 무슨 상관이 있어!"라고 그렇게 비웃을 것입니다. 당시 애굽인들도 그렇게 비웃었을 것입니다. 그러나 그 밤에 애굽의 장자들이 다 죽을 때 유대인들의 장자들만이 보호를 받을 수 있었습니다. 어린양의 피가 능력이었음을 믿으시기 바랍니다.

예수의 보혈을 믿는 것이 바로 믿음입니다. 내가 가진 모든 죄를 그 분이 십자가에서 대신 해결하신 것을 믿는 것입니다. 그분의 피가 내 죄를 씻어냈습니다. 그분의 피가 내게 생명을 주었습니다. 그분의 피가 나를 보든 환란에서 건져낸다는 것을 믿는 것 이것이 바로 믿음입니다.

어떤 신혼부부가 있었습니다. 결혼을 하고 이제 아이를 낳아서 기르는데 아이가 어립니다. 가끔 신문에 보면 온 가족이 다 차를 타고 가다가 아이만 살고 부모가 다 죽어서 이 아이가 고아원에 갈 신세가 되었다는 기사를 볼 때마다 신혼부부는 생각했습니다. "여보 우리가 내일 일은 모르잖아! 우리 이 아이를 위해서 보험을 들어두자!" 이 부부가 한 5억짜리 보험을 들었다고 생각해 보세요. 불행하게도 이 부부가 차를 타고 가다가 교통사고가 나서 아이는 다행히 살고 부부가 다 죽었다고 생각해 보세요. 그러면 아마 보험회사에서 그 아이를 양육할 양육자를 선정해서 그 사람에게 양육비를 대신 지급해 줄 것입니다.

그리고 그 아이가 학교 가는 비용, 등록금, 모든 생활비를 다 대줄 것입니다. 그리고 이 아이가 성인이 되면 남은 자금 한 3억 정도 되는 돈을 넘겨줄 것입니다. 이 아이는 너무 어린 나이어서 무슨 일이 있었는지 모릅니다. 변호사로부터 설명을 다 들은 후에 "아! 그런 일이 있었군요. 부모님이 나의 미래를 생각해서 보험을 들으셨군요!" 그리고 서명을 하고 3억을 타가면 되는 것입니다. 그러나 만약 이 젊은이가 "나는 그것을 보지도 못했고 믿지 못한다."고 말을 한다면 그는 그 3억을 수령할 수가 없습니다. 그것이 우리의 믿음입니다. 우리는 보지 못했지만 이천년 전에 예수그리스도께서 십자가에서 내 모든 죄를 지시고 죽으시고 피흘리신 사실을 믿으실 수 있다면 우리는 구원의 백성됨을 확신하시기 바랍니다. 이것이 믿음입니다.

우리가 많은 공로를 쌓고, 업적을 쌓고, 구제를 해서 구원을 받는 것이 아닙니다. 예수 그리스도의 보혈을 믿는 자들이 구원 받는 하나님의 백성이 됩니다. 오늘 우리 성경 13절 말씀을 다시한번 읽습니다. "내가 애굽땅을 칠 때에 그 피가 너희의 거하는 집에 있어서 너희를 위하여 표적이 될찌라 내가 피를 볼 때에 너희를 넘어가리니 재앙이 너희에게 내려 멸하지 아니하리라." 우리가 장차 하나님의 심판대 앞에 설 때에 주님은 무엇을 보실까요? 얼마나 돈을 많이 벌었는지, 얼마나 훌륭하게 살았는지 그것을 보는 것이 아니라 단 한 가지 너희의 심령 속에 어린양 예수의 피가 뿌려져있는가를 보실 것입니다.

그가 어떤 사람이던 그가 남자이든 여자이든 배우든 배우지 못했던 가장 중요한 것은 그의 인생가운데 예수의 보혈이 뿌려져 있는가? 하는 것입니다. 자신의 심령 속에 예수님의 보혈이 뿌려지기를 주의 이름으로 축원합니다. 좌우 문설주와 인방에 예수님의 피를 발랐던 것처럼 심령 속에 예수님의 피를 바르시기를 주님의 이름으로 축원합니다.

피는 능력입니다. 피는 보호의 능력을 가지고 있습니다. 그래서 피를 바른 유대인의 가정마다 장자들이 보호함 받았듯이 예수그리스도의 피는 모든 환란과 재난에서 보호하신다는 것을 믿으시기 바랍니다. 사단의 공격으로부터 하나님의 진노에서 우리는 보호 받을 수 있습니다. 또한 피는 사죄의 능력이 있습니다. 우리 죄를 씻어 내는 능력이 이 보혈에 있습니다. 요한1서 1장 9절에 "그 아들 예수의 피가 우리를 모든 죄에서 깨끗케 함이라."

고 했습니다. 피 흘림이 없으면 사함이 없습니다. 예수의 피가
모든 죄에서 우리를 깨끗이 씻어 냅니다.

어떤 사병이 전쟁에 나갔다가 아주 심한 부상을 입었습니다.
그는 이제 곧 죽음이 임박했습니다. 그를 불쌍히 여긴 군목이 그
를 찾아가서 그에게 복음을 전하고 예수님을 영접하게 하려고
시도했지만 그는 아무도 만나려고 하지 않았습니다. 어렵게 군
목은 사정을 해서 그 사병을 만나게 되었습니다. 그는 매우 심각
한 상황에 처해있었습니다. 그에게 물었습니다. "여보게 자내는
왜 나를 만나기를 거부하는가? 나는 자내의 마지막 가는 길을 위
해서 기도해 주고 축복해 주고 싶은데" 사병은 말합니다. "군목
님! 저는 일생을 살아오면서 너무나 많은 죄를 지었습니다. 그
죄를 기록한다면 여기 흰 벽에 기록한다고 해도 다 기록할 수
없습니다." 그때 군복이 말합니다.

"여보게 자내의 죄를 여기에 다 기록해보게. 그것은 문제가
되지 않는다네. 바로 하나님의 아들 예수님의 피가 우리를 모든
죄에서 깨끗케 하실 것이기 때문이네." 그는 그 젊은이에게 이
보혈의 능력을 설명했고 그가 복음을 영접하고 평안한 마음으
로 마지막 임종을 맞이할 수 있었습니다.

세상의 그 어떤 것으로도 우리의 죄의 문제를 해결 할 수 없지
만 예수 그리스도의 보혈만이 우리를 죄에서 깨끗하게 할 수 있
는 것입니다. 종종 목욕탕에 가면 문신하는 분들이 있습니다. 용
그림, 뱀 그림, 호랑이 그림 이런 것을 등에다가 그립니다. 보기

가 흉합니다. 그런 것을 하신 분들을 보면 조폭 세계에서 오셨다는 생각을 합니다. 어느 도시에서는 그런분들을 목욕탕에 출입을 못하게 해서 물의를 일으켰다고 합니다. 바늘로 찍어서 그곳에 색깔 있는 것을 넣어서 그렇게 만든다고 합니다. 그런데 그것을 지우는 것은 더 고통스럽다고 합니다. 병원에 가서 수술을 받지 않으면 그것은 도저히 지워지지 않습니다. 그 문신은 내가 보기 싫다고 해서 아무리 이태리타월로 밀어도, 아무리 씻어도 지워지지 않습니다. 마찬가지입니다. 우리가 살아온 죄의 흔적들은 우리에게 늘 남아 있는 것입니다. 그 죄는 아무리 씻어도 씻을 수가 없습니다. 그 죄를 씻을 수 있는 것은 예수그리스도의 보혈만이 깨끗케 할 수 있는 것을 믿으시기 바랍니다.

베드로 전서 1장 18절 이하에 보면 "우리가 구속된 것은 은이나 금 같은 없을 것으로 된 것이 아니라 오직 흠 없고, 점 없는 어린양 같은 그리스도의 보배로운 피로 된 것."이라고 말하고 있습니다. 주님의 구속은 한번 되어진 것이 아니라 영원한 속죄입니다. 그래서 히브리서 9장 12절에 보니까 "염소와 송아지의 피로 아니하고 오직 자기 피로 영원한 속죄를 이루사 단번에 성소에 들어가시느니라."고 했습니다. 예수님은 영원한 속죄를 이루셨습니다. 우리가 과거에 지은 죄만이 아니라 미래에 지은 죄까지도 다 용서하신 은혜를 우리를 위해서 준비하셨습니다.

어떤 분들은 이런 농담도 합니다. 하나님은 전능하신데 그냥 너희 죄가 용서받았다고 하면 되는데 하나 밖에 없는 아들 예수가 십자가에서 고통 받게 하셨을까? 왜 그르셨을까요? 예수님이 십자가에서 고통을 받았다는 것은 우리 죄가 그만큼 중하다는 이야기입니다.

또, 예수님의 보혈은 치료의 능력이 있습니다. 예수님의 보혈은 우리 마음의 상처를 치료해줍니다. 우리 육신의 질병까지도 치료해주심을 믿으시기 바랍니다. 그래서 우리가 질병을 치료할 때 예수님의 보혈로 기도하는 것입니다. 예수님의 보혈은 사단으로부터 우리를 보호합니다. 우리의 모든 죄를 깨끗하게 하는 능력이 있습니다. 그리고 우리를 치료하는 능력이 있습니다.

유월절 어린양과 우리 예수님과 공통점이 있습니다. 바로 흠이 없다는 것입니다. 어린양을 잡을 때는 뼈를 꺾지 않는다고 말합니다. 우리 예수님도 십자가에 달리실 때 뼈를 꺾기지 않았습니다. 요한복음 19장 33절에 보면 "예수께서 이미 죽은 것을 보고 다리를 꺾지 아니하고"라고 말하고 있습니다. 로마 병정들은 십자가에 죄인들이 죽은 것을 확인하기 위해서 반듯이 뼈를 꺾는데 예수님은 뼈를 꺾이지 아니하셨습니다. 그것은 구약의 약속을 이루기 위함이라고 성경은 말하고 있습니다.

유월절 어린양은 가족, 장자의 생명을 살렸습니다. 동시에 우리의 어린양 예수 그리스도께서는 우리를 죽음에서 건지시고 새로운 삶을 우리에게 선물해 주셨습니다. 그러나 분명한 사실이 있습니다. 유월절에 어린양과 어린양이신 예수님과는 분명한 차이가 있습니다. 유월절에 어린양은 희생물을 드린 가족의 숫자

만이 구원을 받을 수 있습니다. 그러나 예수님의 피는 모든 사람들을 구원 할 수 있음을 믿으시기 바랍니다. 또한 유월절 어린양은 유월절 절기가 되면 그 가족을 위해서 양을 잡아서 피를 드려야 합니다. 그러나 이 땅에 오신 예수 그리스도는 단 한 번에 영원한 속죄를 이루셨다는 것입니다. 이제 우리는 날마다 주님이 흘리신 그 보혈의 비밀을 깊이 묵상하면 좋겠습니다. 그리고 우리가 보혈의 능력아래 거할 수 있으면 좋겠습니다.

우리가 여호수아서에 보면 이스라엘 백승들이 여리고를 점령할 때 가나안의 정탐꾼들을 숨겨주었던 기생 라합의 집 창문에 붉은 줄을 내립니다. 그 줄을 내린 집은 보호를 받고 구원을 받을 수가 있었습니다. 오늘도 우리는 많은 줄이 있지만 예수그리스도의 십자가의 붉은 줄을 잡는 사람이 보호받을 수 있음을 믿으시기 바랍니다. 이제 우리는 그 보혈의 줄을 잡을 뿐만 아니라 우리는 기도의 줄을 잡아야 합니다.

충만한 교회에서는 매주 목요일 밤 19:30- 성령 ,은사, 내적 치유집회를 정기적으로 진행하고 있습니다. 성령체험을 원하시는 많은 분들이 찾아오셔서 성령세례를 받고, 성령은사를 받으며, 질병과 마음의 상처를 치유 받고, 귀신들을 떠나보내고 있습니다. 성령의 강력한 역사가 일어나서 오시는 분들이 많은 은혜를 받고 있습니다.

3장 가나안으로 인도하시는 하나님

(출12:12-17)"내가 그 밤에 애굽 땅에 두루 다니며 사람이나 짐승을 막론하고 애굽 땅에 있는 모든 처음 난 것을 다 치고 애굽의 모든 신을 내가 심판하리라 나는 여호와라. 내가 애굽 땅을 칠 때에 그 피가 너희가 사는 집에 있어서 너희를 위하여 표적이 될지라 내가 피를 볼 때에 너희를 넘어가리니 재앙이 너희에게 내려 멸하지 아니하리라. 너희는 이 날을 기념하여 여호와의 절기를 삼아 영원한 규례로 대대로 지킬지니라. 너희는 이레 동안 무교병을 먹을지니 그 첫날에 누룩을 너희 집에서 제하라 무릇 첫날부터 일곱째 날까지 유교병을 먹는 자는 이스라엘에서 끊어지리라. 너희에게 첫날에도 성회요 일곱째 날에도 성회가 되리니 너희는 이 두 날에는 아무 일도 하지 말고 각자의 먹을 것만 갖출 것이니라. 너희는 무교절을 지키라 이 날에 내가 너희 군대를 애굽 땅에서 인도하여 내었음이니라 그러므로 너희가 영원한 규례로 삼아 대대로 이 날을 지킬지니라"

하나님은 약속대로 자신의 백성인 이스라엘 백성을 가나안으로 인도하십니다. 하나님께서 모세를 통하여서 이스라엘 백성들이 애굽에서 나와 젖과 꿀이 흐르는 가나안 땅으로 위대한 행진을 시작하기 전에 그들을 위해서 어떻게 준비해 주셨는가 이 사실을 알아야 합니다. 그래야 우리들을 위해 준비해 주신 예수 그리스도의 은총을 깨달을 수가 있고, 우리도 낙오자가 되지 않고 위대한 행진에 참여해서 천국의 가나안에 들어 갈 수가 있는 것입니다. 모세가 애굽에 와서 이스라엘 백성을 바로의 손에서 빼앗아 내려고 할 때 바로가 좀처럼 거기에 응하여 주지 않았습니다.

그러나 하나님의 은총으로 말미암아 수많은 기사와 이적을 행하고 최후로 이스라엘 백성을 바로의 손에서 건져내어 젖과 꿀이 흐르는 가나안의 땅으로 행진하려고 할 때에 이와 같은 준비를 하게 하셨습니다. 그 준비는 바로 모세는 이스라엘 백성들에게 그 가족 식구를 따라서 어린양 한 마리씩을 취하게 하였습니다. 그래서 그것을 집에 잘 간수해 두었다가 하나님이 정하신 유월절 날, 유월절이란 즉 지나간다는 뜻입니다. 이 지나가는 절기 즉 유월절 날 그 양을 잡아서 피를 양푼에 받아서 우슬초를 가지고 해지기전에 문설주와 인방에 피를 바르라고 했습니다.

그리고 모두다 짐을 꾸려 어깨에 짊어지고 지팡이를 손에 들고 신을 신고 양을 불에 굽되 머리에서 내장까지 하나도 남김없이 불에 구워서 온 식구가 나누어 먹으라고 했습니다. 이것이 이스라엘의 유월절인데 이렇게 해야 애굽의 바로의 손에서 놓여남을 받아 젖과 꿀이 흐르는 가나안 땅을 향해서 대 행진을 할 수가 있다는 것입니다. 이것이 바로 오늘날 우리에게 크나큰 교훈이 됩니다. 왜냐하면 이스라엘 백성이 짐승을 잡아서 그 피로 문 인방과 양 문설주에 발랐을 때 그 밤에 하나님께서 천사들과 함께 오셔서 그 피가 발라지지 않은 집마다 들어가서 그 집의 장자들을 죽였습니다.

짐승의 먼저 난 것을 시작으로 해서 임금의 장자와 저 감옥 속에 있는 죄수의 장자까지 모두다 죽이매 애굽 전국에 곡성이 진동했습니다. 그러자 바로 왕이 모세와 아론을 불러서 신속히 애굽에서 떠나가도록 명령했습니다. 그렇게도 악착같이 붙잡고 놓아주지 않은 사람들이 장자가 죽자 그들은 이스라엘 백성들을 내어 보낸 것입니다. 이스라엘 백성들이 광야를 지나서 젖과 꿀이 흐르는 가나안 땅으로 들어가기까지 그들은 힘이 필요했습니다. 정신적인 힘이 필요하고 육체적인 힘이 필요하고 하나님의 은총이 필요했습니다.

그것이 바로 어린양을 머리에서부터 내장 발까지 다 구워서 먹는 것으로서 그 힘을 얻을 수가 있었습니다. 이것이 우리에게 중대한 교훈을 보여주는 것입니다. 이 세상에서 우리가 어떤 윤리적인, 도덕적인 행위가 있을 지라도 종교적인 의식이 있을 지라도 원수 마귀는 놓아주지 않습니다. 오늘날 사람들이 어머니 뱃속에서 태어날 때부터 죄 가운데에서 태어나고 이 세상에서 죄를 물먹듯이 먹고 마시면서 자라나고 있습니다. 이러므로 우리는 마귀의 종이 되었습니다. 마귀는 절대로 우리를 놓지 않습니다. 우리를 도적질하고 죽이고 멸망시킬 때까지 놓지 않습니다. 그러나 마귀가 놓아주는 유일한 길이 있습니다. 이것은 하나님의 어린양 예수 그리스도께서 오셔서 우리를 위하여 유월절 양이 되어주셔서 그는 십자가에 올라가셔서 하나님 앞에서 못 박히사 죽으셨습니다.

예수님의 점도 없고 흠도 없으신 그 몸속의 피가 우리의 모든 죄를 정하게 하셨습니다. 우리는 과거의 죄, 현재의 죄, 미래의 죄, 원죄, 자범죄 할 것 없이 예수 그리스도의 몸에서 흐르는 피는 우리의 죄를 다 청산했습니다. 왜냐하면 예수 그리스도는 우리 육신의 아담 후손이 아닙니다. 예수님은 동정녀 마리아의 몸에서 성령으로 잉태되었기 때문에 예수님의 피는 하나도 죄가 없습니다. 하나님의 피인 것입니다. 영원한 하나님의 아들 예수께서 흘리신 그 피는 온 인류의 죄악을 하나님 앞에서 다 청산해 버린 것입니다.

죄 때문에 마귀의 포로가 되어 잡힌 우리들이 예수 그리스도의 십자가의 피를 믿음으로 받아들이고 우리 양심의 인방과 문설주에 바르자 원수 마귀는 우리에게서 손을 놓고 떠나가 버리고 마는 것입니다. 이러므로 나의 죄를 씻기는 예수의 피 밖에 없네. 다시 정케 하기도 예수의 피 밖에 없네… 하고 노래하는 것처럼, 오늘 예수의 보혈 능력 이외는 어떠한 이도 마귀에게서 우리를 놓아줄 수 있는 권세는 없습니다. 이렇기 때문에 우리 예수 그리스도의 복음의 가장 중심과제가 그리스도의 보혈인 것입니다.

그리고 예수 그리스도의 그 보혈의 의미를 우리가 마음속에 받아들일 때 그 보혈은 우리의 양심을 씻어내고 우리 전체를 정결하게 해서 그래서 우리를 용서받게 하고 하나님께 용납 받게 하고 하나님 앞에 의롭다 함을 입어서 아버지 앞에 설 수 있게 해주시며, 이 보혈의 능력으로 우리는 사탄을 떨어버리고 마귀를 우리의 생활 속에서 떨어버리고 승리해서 젖과 꿀이 흐르는 가나안인 천국을 향해서 일어나 올 수가 있는 것입니다.

이렇게 해서 오늘 보혈을 믿지 않는 신자는 신자가 아닙니다. 오늘 어느 교회든지 예수 그리스도의 십자가의 보혈에 대해서 깊은 신앙을 설교하고 또 성도들이 보혈에 대해서 깊은 신앙을 갖고 있지 않는 다면 그 교회는 아직 마귀의 지배하에 있으며 마귀의 권세를 벗어나지 못했습니다. 보혈이 역사는 곳에만 하나님의 성령께서 강물처럼 넘쳐나는 것입니다. 이러므로 성령이 계신 곳에는 예수님의 십자가 보혈에 대한 증거가 있고 예수의 보혈의 역사가 있는 곳에는 하나님의 성령께서 나타나서 역사하는 것입니다.

그뿐 아닙니다. 우리들은 예수 그리스도의 십자가 보혈을 믿음으로 받아 들일뿐 아니라, 우리의 유월절 양이 되신 예수님을 우리가 먹어야만 되는 것입니다. 예수님을 우리가 머리부터 발끝까지 예수 그리스도 전체를 우리가 속에 받아 들여서 먹어야 되는 것입니다. 아니, 예수를 먹다니 어떻게 먹느냐? 이스라엘 백성이 유월절 어린양을 불에 구워서 머리, 내장, 다리까지 먹되 쓴 나물과 함께 먹으라고 한 것처럼 우리들도 예수 그리스도를 먹어야 합니다.

예수 그리스도는 우리를 위해서 십자가에서 피만 흘려서 마귀에게서 놓아만 준 것이 아니라, 우리가 이 광야 같은 세상을 통과해서 천국에 들어갈 때까지 우리가 심리적으로 육체적으로 생활적으로 이겨나갈 수 있는 힘을 주기 위해서 우리에게 예수님은 참 양식이 되어 주셨습니다. 그러면 예수 그리스도께서 어떻게 양식이 되어 주셨을까요? 우리는 예수 그리스도께서 십자가에 못 박히신 그 모습 그대로 하나도 남김없이 다 먹어야 됩니다. 머리로부터 내장, 다리까지 온 몸 전체를 하나도 남김없이 다 먹어야 합니다.

오늘날 교회가 예수 그리스도의 피에 대해서는 거침없어 설교를 잘 하지마는 예수 그리스도의 몸을 먹으라하면 거기에 대해서는 반발하는 사람이 많습니다. 이는 오해한 것입니다. 우리가 성찬을 합니다. 떡은 그리스도의 몸이요, 포도즙은 그리스도의 피입니다. 이것은 예수 그리스도께서 친히 제정하신 것입니다 (눅22:19. 그러므로 예수 그리스도의 몸을 먹는 것은 쓴 나물과 함께 먹는 것입니다. 그래서 우리의 마음에 합당하지 아니하고, 이성에 맞지 않는다고 할지라도, 예수님의 몸을 먹지 않은 교인이나 교회 치고 그가 광야의 세상을 힘차게 이기면서 승리하고 나갈 수가 없습니다. 그러면 우리 예수 그리스도의 몸을 먹는다는 것은 예수 그리스도의 십자가에 못 박혀서 우릴 위해 지옥 불에 타서 구워진 그 모습을 우리가 바라보고, 그 의미를 받아들일 때 먹는 것입니다. 우리는 실제로 오늘날 예수 그리스도의 살을 먹는 것이 아니라, 그리스도의 그 십자가 고난 받으신 그 의미를 깨닫고 그 의미를 마음에 받아들이면 우리가 예수를 먹는 것이 됩니다.

그리고 예수 그리스도의 가시관을 쓰신 그 모습을 우리가 마음속으로 받아먹어야만 합니다. 어떻게 받아먹을까요? 성경을 찾아보면 우리가 받아먹어야 하는 것을 알게 됩니다. 창세기 3:17-18절에 보면 이와 같은 말씀이 기록되어 있습니다. 이 말씀에 귀를 기울이시기 바랍니다. "아담에게 이르시되 네가 네 아내의 말을 듣고 내가 너더러 먹지 말라한 나무 실과를 먹었은즉 땅은 너로 인하여 저주를 받고 너는 종신토록 수고하여야 그 소산을 먹으리라 땅이 네게 가시덤불과 엉겅퀴를 낼 것이라 너의 먹을 것은 밭의 채소인즉 네가 얼굴에 땀을 흘려야 식물을 먹을 것이라" 이것은 우리 아담이 범죄 하여 하나님이 심판하실 때, 땅은 가시와 엉겅퀴를 내고 그로부터 시작하여 너의 일생은 가난에서 면하지 못할 것이라는 것입니다.

이마에서 줄기찬 땀을 흘리고야 겨우 채소를 먹고 살아갈 것이라고 말하신 것입니다. 이러므로 오늘 이 시간에 예수께서 가시관을 쓰신 모습을 볼 때 그 가시관은 이제 마지막 아담으로서, 처음 아담이 가져온 그 저주를 몰아내버리셨기 때문에 우리는 그 가시관을 통하여서 가난이 우리에게서 사라졌다는 사실을 받아먹어야만 되는 것입니다. 예수 믿고 가난한 것 좋은 일이라고 생각하는 사람이 있을지 몰라도 좋지 않습니다. 가나나을 이기고 승리해 나가는 것은 좋지마는 가난 그 자체는 하나님의 축복이 아닙니다.

세상에 사람이 가난하고 이 세상에 입을 것, 먹을 것, 있을 곳이 없어서 천대받을 때 인간의 존엄성조차 상실하고 마는 것입니다. 나라가 가난하면 세계적으로 멸시당하고 개인이 가난하면 그 사회에서 멸시와 천대를 당하는 것입니다. 성경에도 주는 자는 받는 자보다 복이 있다고 말했는데 주기 위해서는 무엇이든 있어야 할 것 아닙니까? 오늘날 우리가 예수 그리스도의 십자가에 못 박힌 그 육체를 먹어야 되는데 그 머리에 가시관 쓰신 것은 바로 우리의 가난을 대신하여 짊어졌다는 것을 알고 우리는 축복을 예수 그리스도로 말미암아 먹어야만 되는 것입니다.

이 사실을 마음속에 받아들여서 사상과 생각이 달라지지 아니하면 예수 그리스도를 먹지 못한 사람이기 때문에 용서는 받았으나 가난에서 해방을 얻지 못하고 언제나 남에게 멸시와 천대를 받고 살게 될 것입니다. 가난 그 자체는 하나님의 축복이 아닙니다. 그 다음 예수 그리스도의 몸을 또 보십시오. 그는 산산이 찢겨졌습니다. 가슴, 등허리, 몸이 산산이 찢어져있습니다. 왜 그렇게 찢어져있을까요? 이것도 우리가 먹어야 합니다. 이것도 그대로 내버려두어서는 안 됩니다. 찢어져 있는 예수 그리스도의 몸을 먹어야 됩니다. 가시관을 쓰신 모습만 먹을 것이 아니라 찢어진 몸도 우리가 먹어야 됩니다.

왜 찢어졌는가? 이 의미를 우리가 알고 받아 들여서 그것을 우리의 생각 속에 먹어야 됩니다. 이사야서 53:4절에 보면 그는 실로 우리의 질고를 지고 우리의 슬픔을 당하였다고 말하고 있는 것입니다. 그는 진실로 진짜로 우리의 질병을 지고 질병으로 말미암아 다가오는 고통과 슬픔을 짊어졌다고 말하셨으며, 5절에 보면 그가 채찍에 맞음으로 우리가 나음을 입었다고 말한 것입니다. 그가 산산조각으로 찢겨져서 채찍에 맞는 것으로 말미암아 우리가 고침을 받았다고 말하고 있는 것입니다.

그 다음 10절에 보면 "여호와께서 그로 상함을 받게 하시기를 원하사 질고를 당케 하셨은즉" 이처럼 하나님께서 예수로 하여금 상함을 받기를 간절히 원하셔서 우리의 질고를 당케 하셨다고 말한 것입니다. 이러므로 찢어진 예수 그리스도의 몸을 우리가 먹어야 되는 것입니다. 그 몸을 먹어서 우리가 우리의 마음과 육체의 질병에서 놓여남을 받아야만 되는 것입니다. 우리가 죄를 지으면 하나님께서 질병을 허락해서 우리에게 경각심을 주실 때도 있습니다만, 질병 그 자체가 축복은 아닙니다. 병들어서 개인이나 가정이나 사회나 국가에 짐이 된다면 이것은 절대로 축복이 아닌 것입니다.

병들어서 깨어져서 회개한다면 큰 축복이지마는 병 그 자체는 축복이 아닙니다. 하나님께서는 병들어서 병신이 되거나 처참한 절망에 떨어지는 것을 원치 않습니다. 이러므로 예수 그리스도의 채찍에 맞으신 것은 우리의 연약한 것과 우리의 병을 짊어지고 가시므로 말미암아 그 몸을 먹어야만 되는 것입니다. 비록 사람들이 조롱을 하고 비록 그것이 마음속에 받아들이기 어렵다 하더라도 어린양을 먹을 때는 쓴 나물과 함께 먹으라고 했습니다. 사람들이 비난하고 공격하고 손가락질해서 쓰디쓴 것이지만 그것을 먹어야 합니다. 그래서 우리가 건강을 얻어야 하는 것입니다.

그 다음 우리가 또 무엇을 쳐다볼까요? 예수 그리스도의 십자가를 우리 쳐다볼까요? 주님께서 십자가에 매달려있는데 우리는 그 예수를 먹어야 되는 것입니다. 우리가 십자가에 매달린 예수를 먹다니 그것은 무슨 의미일까요? 신명기 21:23절에 있는 말씀을 읽어볼 때 정말 십자가에 매달린 예수를 먹는다는 것이 어떤 의미인가를 우리가 알 수 있는 것입니다. "그 시체를 나무 위에 밤새도록 두지 말고 당일에 장사하여 네 하나님 여호와께서 네게 기업으로 주시는 땅을 더럽히지 말라. 나무에 달린 자는 하나님께 저주를 받았음이니라" 하나님께 저주받은 자를 먹으라는 것입니다. 나무에 다린 자는 하나님께 저주를 받은 자라 하나님의 아들 예수께서 나무에 달려있습니다.

하나님께 저주를 받으셨던 것입니다. 세상에 하나님의 둘도 없는 유일한 아들 예수께서 저주를 받아서 나무에 달려있다니 세상에 이런 일이 웬일입니까? 예수님께서 저주를 받으신다면 우리 같은 사람이야 설자리가 어디 있겠습니까? 그러나 예수께서 고난당하신 것은 하나도 남김없이 우리를 위해서 당하신 것입니다.

바로 갈라디아서 3:13절이 그 사실이 우리에게 잘 보여주고 있습니다. 제가 읽겠습니다. "그리스도께서 우리를 위하여 저주를 받은바 되사 율법의 저주에서 우리를 속량하셨으니 기록된바 나무에 달린 자마다 저주 아래 있는 자라 하였음이라. 이는 그리스도 예수 안에서 아브라함의 복이 이방인에게 미치게 하고 또 우리로 하여금 믿음으로 말미암아 성령의 약속을 받게 하려 함이라" 이 말씀을 통해서 우리가 볼 때에 우리는 저주를 받아 나무에 달리신 예수를 먹음으로 말미암아 우리가 율법의 저주에서 해방을 얻고 아브라함의 축복을 받아드리게 된다는 것입니다.

이러므로 예수를 먹어야 되는 것입니다. 오늘 예수를 먹지 않고서는 위대한 행진에 승리하며 나갈 수가 없습니다. 예수님의 보혈로 말미암아 마귀의 사슬에서 놓여남을 받고 마귀의 손톱에서 놓여남을 받았다 할지라도 이 광야 같은 세상을 지나갈 때에 우리가 가난에서 해방을 얻고 질병에서 고침을 얻고 저주에서 축복을 받아서 영혼이 잘됨같이 범사에 잘되며 강건하고 생명을 얻되 넘치게 얻는 이 힘을 얻어야 이 세상을 승리하고 살수가 있는 것입니다. 이러므로 예수 그리스도의 피를 양심의 문설주에 바를 뿐 아니라, 그리스도의 몸을 세상 사람이 조소하고 손가락질을 하더라도 먹어야 합니다. 그리스도의 몸을 쓴 나물과 함께 먹으라 하셨으니 이 그리스도의 몸을 먹는 데는 사람들이 비난합니다.

몸은 쓴 나물과 먹어야 합니다. 이 몸을 먹을 때 사람들이 쓴 비난과 조소와 손가락질합니다만 그러나 이 몸을 먹는 자마다 이 광야의 세상을 위대한 성공으로 지나갈 수가 있는 것입니다. 이스라엘 백성들은 그래서 그리스도의 몸을 먹고 난 다음 짐을 꾸려 짊어지고 그들은 애굽 땅을 떠나서 젖과 꿀이 흐르는 가나안 땅으로 출발해 나오는데 나오자 말자, 하늘에서는 만나가 내려서 먹게 하고, 그들 앞에 낮에는 구름기둥 밤에는 불기둥이 휘황찬란하게 그들을 인도하기 시작하는 것입니다. 이것은 무엇을 의미할까요? 우리가 예수 그리스도의 보혈을 믿고 구원을 얻고 그리스도의 몸을 먹어서 영혼이 잘됨같이 범사에 잘되며 강건한 믿음 소망 사랑으로서 마음에 무장하고 나오면 그때로부터 우리에게 하나님의 구름기둥과 불기둥인 성령이 오셔서 이 광야의 길을 인도하시기 시작하는 것입니다.

오늘 성령으로 말미암지 않고서는 우리는 천국에 못 갑니다. 우리가 천국 길을 어떻게 아나요? 하나님께서 우리를 고아와 같이 내버려두지 아니하시고 보혜사 성령을 보내 주셔서 곧장 우리가 구원받자 받자 성령이 우리에게 오셔서 우리의 마음속에 구름기둥과 같고 불기둥과 같이 우리를 이끌어 주시는 것입니다. 이스라엘 백성들 앞에서 성령의 구름기둥과 불기둥이 온 이유는 어디에 있을까요?

첫째, 그들을 가나안 땅으로 인도하기 위해서 성령이 오신 것

입니다. 그래서 성령의 구름기둥과 불기둥은 이스라엘 백성들로 하여금 광야를 지나서 가나안으로 인도해 가셨습니다. 이와 같이 오늘날 구원받은 우리의 가슴속에 성령이 오신 것은 성령은 천국의 안내자로서 우리를 천국에 들어갈 때까지 우리를 인도하여 주시는 것입니다. 우리가 육신의 정욕과 안목의 정욕과 이 세상 자랑을 쫓아 잘못 된 길로 걸어갈 때 하나님의 성령께서 나타나셔서 우리를 꾸짖고 회개시키고 우리를 올바른 길로 돌아오게 하셔서 천국 가나안을 향해서 걸어가도록 만들어 주시는 것입니다.

둘째, 젖과 꿀이 흐르는 가나안 땅을 향해서 나갈 때 많은 적들이 있었습니다. 이 적들로부터 구름기둥과 불기둥은 이스라엘을 보호해 주셨습니다. 그들이 홍해수가에 나왔을 때 앞에는 창일한 홍해 수였고 기에는 배도 교량도 없었습니다. 그런데 뒤에서 바로 왕이 마음을 고쳐먹고 대 군대를 거느리고 이스라엘을 다시 포로로 잡기 위해서 일진광풍처럼 쫓아오고 있었습니다. 이스라엘 백성들이 이것을 보고 좌절하며 어찌할 바를 모를 때 이 구름기둥과 불기둥이 획하고 돌아서 앞서가던 것이 뒤로 갔습니다. 이스라엘 백성과 애굽 군대사이에 섰습니다.

그래서 이 구름기둥과 불기둥이 애굽 군대의 진은 대낮인데도 밤같이 어둡게 만들어 버리고, 이스라엘 진은 환하게 만들었습니다. 이래서 애굽 군대가 이스라엘을 침범하지 못하도록 그들을 보호해 주었습니다. 그 결과로 하나님의 기적으로서 그들은 홍해수를 건너서 가나안 땅으로 들어갈 수가 있었던 것입니다. 오늘날도 우리의 힘으로는 도적질하고 죽이고 멸망시키려는 마귀와 그 종자들을 이길 수가 없습니다. 마귀는 그 귀신들과 함께 악한 귀신, 더러운 귀신, 거짓말 귀신, 질병을 앓게 하는 귀신, 이단 사설을 갖다 주는 귀신, 미혹의 귀신, 여러 가지 종교의 귀신들이 우리에게 와서 우리를 미혹하며 혼돈케 하는 것입니다.

그러나 우리 성령께서 우리와 같이 계시면 성령이 끝임 없이 우리의 불 담이 되어 주셔서 우리를 적으로부터 지켜주시는 것입니다. 이렇기 때문에 우리가 성령의 충만함을 받고 성령으로 기도하고 있는 이상 원수 마귀는 귀신은 한 길로 왔다가 일곱 길로 도망가고 말 것입니다. 환경이 여러 가지 어려운 문제에서 성령은 우리를 지켜주십니다. 우리가 감당치 못한 시험 당함을 허락지 않고 성령은 미리 다 우리를 지켜주시고 시험 당할 지음에 또한 피할 길을 내사 능히 피하도록 하나님의 성령께서 지켜주시는 것입니다. 성령의 도우심 없이 이 위험한 광야에서 원수들을 이기고 나갈 도리가 없는 것입니다.

셋째, 이스라엘 백성들이 광야를 지나갈 때 광야는 사막입니다. 얼마나 더운지 모릅니다. 낮의 햇빛은 아예 화롯불 같이 비춥니다. 그 길로 갔다가는 이스라엘 백성들이 모두다 더위를 먹고 죽습니다. 그러나 그들이 가는 길에 낮에는 구름기둥이 그들을 덮었습니다. 이스라엘 백성이 가는 길의 햇빛에서 그들을 그리고 광야의 밤은 여러 가지 무서운 짐승들이 있습니다. 그들을 공격하지 못하게 불빛을 환하게 발키여 놓아서 이스라엘 진이 대낮같이 밝기 때문에 사나운 짐승들이 침략해 오지 못하고 원수들도 침략해 오지 못했습니다.

그래서 낮에 해와 밤에 달이 상치 못하게 했습니다. 공포에서 안심과 위로를 주었습니다. 오늘날도 우리의 성령은 위로자인 것입니다. 우리가 광야와 같은 세상을 지나갈 때 우리의 마음속에 얼마나 많은 실망과 좌절감과 상처와 고통을 받습니까! 오늘날 세상 사람들은 옛날보다 더 잘 먹고 잘 입고 잘살며 문명의 혜택을 받고 살지마는 마음에 여유가 없습니다. 마음에 상처투성인 것입니다. 위로 받을 때가 없기 때문입니다.

그러나 하나님의 성령께서는 낮에 해와 같이 시험과 여러 가지 뜨거운 환란이 다가올 때 성령께서 위로해 주시고 밤의 위험에서 우리를 위로해 주셔서 예수 믿고 성령이 충만한 사람은 마음에 위로가 충만하여 항상 좋을 때나 어려울 때나 상관하지 않고 위대한 승리를 가지고 찬미하며 살아갈 수가 있는 것입니다.

넷째, 이스라엘 백성들에게는 언제나 하나님의 성령께서 구름기둥과 불기둥 사이에 같이 계심으로 하나님이 같이 계신다는 큰 위로를 받았습니다. 오늘날도 하나님의 성령이 우리 속에 계시면 우리가 기도할 때 성령의 충만함을 마음속에 느끼고 영혼

속에 느껴질 때 나는 하나님과 함께 있다. 하나님이 내 안에 계시고 내가 하나님 안에 있다. 그러므로 하나님이 나와 함께 하시니 사람이 나를 어찌 하리요. 이 위대한 용기가 마음에 생겨나는 것입니다. 성령이 우리 속에 있을 때 비로소 하나님이 나와 함께 있다는 것을 느낍니다.

다섯째, 구름기둥과 불기둥이 덮인 곳에는 맛나가 생겨나고 바위가 물을 내고 그리고 메추라기가 날아와서 그곳에 떨어져서 메추라기의 고기를 먹을 수가 있었습니다. 오늘날도 하나님의 성령이 역사하는 곳에서 우리가 기도할 때 그 속에 하나님께서 우리에게 기적을 베풀어주는 것입니다. 성령이 역사하는 곳에야 하나님의 기적이 있지 성령의 역사가 없는 곳에 기적은 없습니다. 그렇기 때문에 오늘 성령님을 인정하고 환영하고 모셔드리고 의지하지 않는 사람들이 성경에 있는 모든 기적을 다 제외해버리고 난 다음 기적은 없다. 기적은 지나갔다. 기적은 신화이다. 이렇게 말합니다. 그러나 오늘날도 성령이 역사하는 곳에는 하나님의 성령께서 우리에게 옛날과 똑같이 기적을 행하여 주시는 것입니다. 성령께서 친히 가나안으로 인도하시는 것입니다.

4장 다수를 기뻐하지 않으시고

(고전 10:1-6)"형제들아 나는 너희가 알지 못하기를 원하지 아니하노니 우리 조상들이 다 구름 아래에 있고 바다 가운데로 지나며, 모세에게 속하여 다 구름과 바다에서 세례를 받고, 다 같은 신령한 음식을 먹으며, 다 같은 신령한 음료를 마셨으니 이는 그들을 따르는 신령한 반석으로부터 마셨으매 그 반석은 곧 그리스도시라. 그러나 그들의 다수를 하나님이 기뻐하지 아니하셨으므로 그들이 광야에서 멸망을 받았느니라. 이러한 일은 우리의 본보기가 되어 우리로 하여금 그들이 악을 즐겨 한 것 같이 즐겨 하는 자가 되지 않게 하려 함이니"

하나님은 애굽에서 430년 동안 종살이하던 이스라엘인들에게 젖과 꿀이 흐르는 가나안 땅을 약속해 주셨습니다. 큰 기대와 기쁨으로 모세를 따라 그들이 험한 광야를 천신만고로 지나면서 가나안 땅을 바라보고 국경지대인 가데스바네아까지 왔습니다. 그러나 결국 그들은 약속의 땅에 들어가지 못하고 도로 광야로 쫓겨나가 40년 동안 방황하다가 20세 이상 애굽에서 나온 모든 사람들은 다 죽고 말았습니다.

왜 그들은 가나안 땅에 들어가지 못했을까요? 그들의 잘못이 오늘 우리에게 거울이 되어 우리들도 하나님의 약속의 복을 누리지 못하는 일이 없어야만 할 것입니다.

첫째, 그들이 가나안 땅에 들어가지 못한 이유가 있습니다. 성경은 호세아서 4장 6절에 "내 백성이 지식이 없으므로 망하는 도다. 네가 지식을 버렸으니 나도 너를 버려 내 제사장이 되지 못하게 할 것이요 네가 네 하나님의 율법을 잊었으니 나도 네 자녀들을 잊어버리리라" 그렇게 탄식했는데 그들이 올바른 정보를 얻지 못했기 때문에 하나님을 반역하게 된 것입니다. 열두 정탐꾼을 가나안 땅을 정탐하라고 보냈는데 정탐을 하고 돌아온 10명이 하나님이 빠진 인간적인 정보를 백성들에게 전파한 것입니다. 하나님께서 함께 하신다는 믿음이 없이 자신들이 해야 된다는 인간적인 생각의 결론을 알려준 것입니다.

그래서 똑같은 사물을 경험할 때에 그것을 바라보는 사람의 마음의 태도에 따라서 다 틀립니다. 마음에 하나님이 없는 사람은 자신의 입장을 가지고 사물을 바라보고 말합니다. 즉, 마음이 부정적인 사람은 사물의 어두운 면만 바라보게 되고 긍정적인 사람은 밝은 곳만 바라보게 되는 것입니다.

우리가 바르게 알아야 할 것이 있습니다. 10명의 정탐꾼이 부정적이 된 것에는 원인이 있다는 것입니다. 그것은 애굽에서 큰 사람들에게 받은 상처 때문입니다. 이 사람들이 애굽에서 큰 사람들에게 고역과 고통을 당했습니다. 그것이 상처가 되어 무의식에 잠재하여 있었던 것입니다. 이 상처가 가나안에서 애굽 사람들과 비슷한 큰 사람을 보자 순간 두려움에 사로잡힌 것입니다. 두려움에 사로잡히니 순간 영성이 잠식이 된 것입니다. 두려움은 육성이라 두려움이 찾아오면 영성을 잠식합니다. 필자는 사람의 내면세계를 전문으로 연구하며 사역합니다. 원래 영이 약한 사람(하나님의 은혜가 약한)이 두려움을 잘 타고, 잘 놀라고, 상처를 잘 받습니다. 내면이 하나님을 믿는 믿음과 성령으로 충만하면 담대해지고 상처를 받지 않습니다. 이래서 내적치유를 받으라고 하는 것입니다. 영성이 잠식되어 육체가 되니 하나님이 함께 하신다는 것을 생각하지 못한 것입니다.

열 지파 사람들은 마음에 하나님을 행한 믿음이 없었습니다. 마음이 자신과 세상을 행해 있었습니다. 그래서 함께 하시는 하나님은 생각하지도 못하고, 자신과 가나안에 거주하는 사람과 비교한 것입니다. 비교하는 순간 10명의 정탐꾼의 무의식에서 "모든 백성은 신장이 장대한 자들이며, 거기서 네피림 후손인 아낙 자손의 거인들을 보았나니 우리는 스스로 보기에도 메뚜기 같으니 그들이 보기에도 그와 같았을 것이니라"(민13:32-33). 이렇게 생각하고 보고를 한 것입니다.

중요한 것은 애굽에서 모세의 인도로 광야로 나온 사람들은 가나안에 들어가 편안하게 먹고 사는 것에만 관심을 갖은 것입니다. 그러니까, 광야를 걸어올 때 물 달라, 고기 달라 소리만 지른 것입니다. 홍해를 가르고, 만나가 내리고, 낮에는 구름기둥 밤에는 불기둥으로 인도해도 누가 어떻게 이런 역사를 일으키는지 관심을 갖지 않은 것입니다. 기사와 이적이 일어나도 관심을 두지 않으니 하나님이 함께 하신다는 것을 알도리가 없는 것입니다. 이런 사고와 정신을 가지고 가나안을 정찰하니 놀라지 않을 수가 없는 것입니다. 하나님이 함께 하신다는 믿음이 없어 모든 것을 자신들이 해야 하니 메뚜기가 된 것입니다.

하나님이 함께 하신다는 믿음이 없는 인간적인 정보를 들은 백성들은 절망했습니다. 10명이 가져온 정보는 완전히 비극적이었습니다. "그 땅은 곡식을 심을 수 없는 메마르고 황막한 땅이요, 사람들을 삼키는 땅이더라. 그리고 그 땅의 주민들은 이미 성을 쌓아 놓았는데 하늘을 찌를 듯이 높은 성을 쌓아 놓았다." "그러니 그들이 우리를 보면 어떻게 볼 것이냐, 우리가 들어가면 반드시 전쟁에 패하고, 우리는 죽임을 당하고 우리 처자들은 종으로 잡힐 것이다." 이런 하나님이 빠진 인간적인 정보를 듣고 낙심하지 않을 사람이 어디에 있겠습니까? 이스라엘 백성들이 인간적인 정보를 듣고는 전부다 땅을 치고 통곡을 하고 울고 밤새도록 모세를 원망하다가 그 이튿날 아침에는 우리 장관을 세워서 돌아가자고 했습니다. 치유되지 않은 상처는 이렇게 무섭습니다.

그 결과로 하나님이 진노하셔서 그 열 사람의 정탐꾼을 불러내어 그 자리에서 죽게 하고 반역한 모든 이스라엘 백성을 광야로 회진시켜 40년 동안 방황하면서, 그들이 다 죽게 만드신 것입니다. 하나님이 없이 자신의 능력으로 보고 판단한 잘못된 정보는 사람들로 하여금 올바른 판단을 내리지 못하게 합니다. 반드시 하나님을 포함시킨 정보가 진실된 정보입니다.

미국의 유명한 성공 철학자는 나폴레옹 힐은 말하기를 성공적인 인생과 실패하는 인생은 종이 한 장 차이라고 말했습니다. 성공하는 사람은 지혜나 재능이 특별한 많은 것이 아니고, 언제나 절망을 딛고 소망의 눈을 가지고 바라보는 사람들이 성공한다. 그렇게 말했습니다. 절망을 절망으로 바라보고 원망 불평 탄식하는 사람은 재기 불능입니다. 그러나 절망을 딛고 소망의 눈으로 내일을 바라보는 것입니다. 이 놀라운 것입니다.

일이 안 된다고 해서 그것이 파멸이 아닙니다. 절망을 딛고 성령께서 열어준 희망의 눈을 가지고 있는 사람에게는 절망이 희망의 근원이 되는 것입니다. 서양 속담에 새의 눈을 가진 민족은 흥하고, 벌레의 눈을 가진 민족은 망한다고 말했습니다. 벌레는 늘 땅만 바라보지만, 새는 멀리 공중에 떠서 바라볼 수 있기 때문인 것입니다. 좌절과 절망을 그대로 받아들이는 사람은 좌절과 절망 속에 침몰되고 말지만, 그 속에서도 희망을 바라보는 사람은 좌절과 절망이 희망의 길이 될 수가 있는 것입니다.

히브리서 4장 2절에 "저희와 같이 우리도 복음 전함을 받은 자이나 그러나 그 들은바 말씀이 저희에게 유익되지 못한 것은 듣는 자가 믿음을 화합지 아니함이라" 하나님 없이 인간의 생각으로 판단한 잘못된 정보를 가지고서 그들이 믿음을 가질 수가 없습니다. 그래서 좌절하고 절망하기 때문에 파멸되고 마는 것입니다. 우리가 올바르게 알아야 합니다. 하나님의 말씀도 올바르게 알아야지 잘못 알면 믿음을 가질 수가 없습니다.

창세기부터 요한계시록까지 우리가 올바르게 깨닫고 알아야 정확한 믿음을 가지고 성공적인 인생을 살 수 있지 부정적이고 절망적인 그런 태도로써 성경을 믿는 사람이 많습니다. 이런 사람은 올바른 믿음을 가질 수가 없기 때문에 하나님의 축복의 땅에 들어가지 못하게 되는 것입니다.

둘째, 꿈을 저버렸기 때문인 것입니다. 성경에는 꿈이 없는 백성은 망한다고 했습니다. 꿈은 하나님이십니다. 꿈(하나님)은 살아 있는 희망입니다. 희망은 기쁨과 활기의 원천이 됩니다. 희망이 있으면 어떠한 역경도 이겨 나갈 수 있는 용기가 생겨나는 것입니다. 그런데 이스라엘 백성들에게 하나님이 처음 뭐라고 말했습니까? 모세를 통해서 젖과 꿀이 흐르는 땅으로 가자고 했습니다. 이 얼마나 놀라운 희망의 말씀입니까? 젖과 꿀이 흐르는 땅이라 그런 놀라운 것이 세상에 어디에 있겠습니까? 그 때문에 이스라엘 백성들은 험한 광야의 길을 이기고 앞으로 전진해 나갈 수가 있었습니다. 그들의 가슴속에 꿈이 있었기 때문인 것입니다. 그러나 이 꿈이 시련에 부딪히자 산산조각으로 깨어지고 마는 것입니다. 이것이 문제인 것입니다.

꿈은 언제나 하나님의 약속의 말씀을 믿고 꿈을 꿔야지 현실에 부딪혀서 꿈이 깨어지면 안 됩니다. 꿈이란 것은 현실을 변화시키는 능력이지 현실을 그것을 받아들여서 내 마음의 꿈이 깨어지면 안 되는 것입니다. 우리는 항상 남북통일이 될 꿈을 가지고 있습니다. 그러나 현실은 그렇지 못합니다. 무시무시한 무기로써 무장한 북한이 언제나 우리와 대치되어 있습니다. 현실을 바라보면 마음속에 불안과 공포로 꿈이 산산조각으로 깨어질 수 있습니다. 그러나 우리는 현실을 바라보고 낙심하면 안 됩니다. 현실이 어떻게 어렵고 고통스러울지라도 꿈은 언제나 마음속에 가지고 있어야 되는 것입니다. 꿈은 내일에 대한 놀라운 희망인 것입니다. 꿈이 현실에 의해서 짓밟혀 버리면 아무 것도 못하는 것입니다.

이스라엘 백성들은 그 하나님이 주신 아름다운 꿈을 가슴속에 가지고 있었으나 가데스바네아에서 10명의 정탐꾼의 하나님께서 함께 하신다는 믿음이 없이 자신들의 눈보고, 인간적으로 판단한 부정적인 소식을 듣자 그들은 꿈을 포기해 버리고 만 것입니다. 현실을 받아들이고 그만 낙심하고 좌절하고 만 것입니다. 꿈(하나님)을 저버리면 미래를 저버리게 되는 것입니다.

로마서 4장 18절로 22절에 보면 아브라함 같은 분은 현실적으로 봐서 도저히 꿈을 꿀 수 없는 그런 처지에 그는 꿈을 꾸었습니다. "아브라함이 바랄 수 없는 중에 바라고 믿었으니 이는 네 후손이 이같으리라 하신 말씀대로 많은 민족의 조상이 되게 하려 하심을 인함이라. 그가 백세나 되어 자기 몸의 죽은 것 같음과 사라의 태의 죽은 것 같음을 알고도 믿음이 약하여지지 아니하고 믿음이 없어 하나님의 약속을 의심치 않고 믿음에 견고하여져서 하나님께 영광을 돌리며 약속하신 그것을 또한 능히 이루실 줄을 확신하였으니 그러므로 이것을 저에게 의로 여기셨느니라" 자기 나이 100살이 되고 사라의 나이 90이 되었는데 하나님이 아들을 주겠다고 약속하였으므로 그 약속을 통하여 꿈을 저버리지 않았습니다. 그는 기어코 그 몸이 100살이 되고 사라의 나이 90이 되어도 하나님이 약속한 대로 반드시 아들을 줄 것이라는 그 확실한 믿음으로 꿈을 가지고 있었습니다. 꿈을 저버리지 않았습니다. 그 결과로 하나님은 그들에게 복을 주셔서 100세에 아들을 낳았습니다.

이처럼 꿈이라는 것은 현실 속에서 무너지면 안 되는 것입니다. 우리 예수 믿는 사람들은 언제나 찬란한 꿈(하나님)을 가지고 있습니다. 우리는 갈보리 십자가에 못 박히신 예수님을 바라볼 때에 그리스도의 그 피 흘리신 은혜로 우리에게 주신 놀라운 약속의 말씀이 있습니다. 이 그리스도의 은혜의 약속의 말씀을 우리는 마음속에 믿음으로 받아들이고 그대로 이루어질 것을 꿈꿔야 됩니다.

우리는 용서받은 의인이 될 것을 꿈꿔야 되는 것입니다. 세상과 마귀가 쫓겨 나가고 천국과 성령이 충만한 꿈을 갖고 살아야 하는 것입니다. 슬픔이 떠나가고 질병이 치료받고 기쁨과 건강이 올 것을 꿈꿔야 되는 것입니다. 저주와 가난이 물러가고 형통과 복이 올 것을 꿈꿔야 되는 것입니다. 사망과 음부가 떠나가고 영생과 천국이 올 것을 꿈꿔야 되는 것입니다. 우리 마음속에 하나님의 약속의 말씀을 받고 마음속에 꿈을 꾸는 그 사람에게 내일이 있는 것입니다.

이 꿈을 자기의 경험으로 짓밟아 버리면 안 됩니다. 자기의 지식으로 꿈을 짓밟아도 안 됩니다. 자신의 감각으로 꿈을 짓밟아도 안 됩니다. 자신의 처한 환경으로 꿈을 짓밟아도 안 됩니다. 꿈은 눈에는 아무 증거 안 보이고 귀에는 아무 소리 안 들리고 손에는 잡히는 것 없을지라도 하나님의 약속의 말씀에 의해서 우리 가슴속에 꿈꾸는 것입니다.

그러므로 오늘 예수 믿는 사람이 갈보리 십자가 밑에 나올 때에 얼마나 영롱하고 놀라운 꿈을 꿀 수 있지 않습니까? 내 처지가 얼마나 비참하고 처참하고 좌절되었을지라도 그것을 바라볼 필요가 없습니다. 우리의 꿈은 하나님의 약속에 의한 것이고 갈보리 십자가에 의한 것입니다. 그러므로 예수 그리스도의 십자가를 바라보고 우리가 꿈을 얻으면 우리는 낙심하지 않습니다. 어둡고 캄캄한 밤에 광명한 내일을 꿈꿀 수 있습니다. 우리 영혼이 잘 됨 같이 범사에 잘 되며 강건하고 생명을 얻되 넘치게 얻는 꿈을 얻을 수가 있는 것입니다. 예수 믿는 사람보다 더 꿈을 확실하게 얻을 수 있는 사람은 이 천하에 없습니다.

그러므로 우리가 십자가를 바라보고 꿈을 가슴속에 품고 꿈 가운데서 우리가 감사하고 믿고 앞으로 나아가지 아니하면 우리는 패배자가 되고 마는 것입니다. 이러므로 예수 믿는 사람들은 매일 매일 이 꿈을 먹고살고 이 꿈에 취해서 살고 이 꿈으로 감사하며 살아야지, 이 꿈(하나님)을 버리고 현실을 바라보고 원망하고 불평하고 탄식하면 하나님께서는 그러한 사람을 광야로 내몰아쳐 버리고 마는 것입니다. 꿈이 없는 백성은 망합니다. 꿈이 없는 사람은 하나님이 광야로 내보내는 것입니다. 꿈이 없는 사람은 내일이 없기 때문에 광야로 내보내서 죽게 만들어 버리고 마는 것입니다.

셋째, 믿음을 포기했기 때문인 것입니다. 히브리서 11장 6절에 "믿음이 없이는 기쁘시게 못하나니 하나님께 나아가는 자는 반드시 그가 계신 것과 또한 그가 자기를 찾는 자들에게 상주시는 이심을 믿어야 할지니라"고 말했습니다. 믿음은 마음의 느낌에 의존하지 않고 하나님 말씀에 서는 것입니다. 우리가 인생을 살아가면서 끊임없이 비바람이 치고 우리에게 어려움이 다가올 때가 있습니다. 그 때에 우리가 우리의 눈으로 보고 귀로 듣고 마음으로 느끼고 감동하는 것으로 산다면 좌절하고 절망하고 추락하고 맙니다. 우리는 어떠한 환경에도 저 하늘이 무너지고 이 땅이 꺼져도 일점일획도 변하지 않는 말씀에 서야 되는 것입니다.

바람아 불어라, 비야 쏟아져라, 천둥 번개야 쳐라. 그러나 나는 말씀에 서서 간다, 나는 말씀을 붙잡고 간다, 믿음이란 바로 말씀을 믿는 것이지 말씀 이외에 아무 것도 근거가 되지 못합니다. 그렇게 하면 우리는 어떠한 역경이 다가와도 하나님 말씀대로 됩니다. 성경에는 "네 믿음대로 될지어다"라고 말한 것입니다. "네 느낌대로 될지어다"라고 말하지 않았습니다. "네 보는 대로 될지어다"라고 말하지 않았습니다. 이스라엘 백성들은 감각적인 지식을 믿었습니다. 항상 하나님께서 함께 하신다는 하나님 말씀을 믿지 않았기 때문에 파산했습니다.

시편 106편 24절로 27절에 보면 "저희가 낙토를 멸시하며 그 말씀을 믿지 아니하고 저희 장막에서 원망하며 여호와의 말씀을 청종치 아니하였도다. 이러므로 저가 맹세하시기를 저희로 광야에 엎더지게 하고 또 그 후손을 열방 중에 엎드러뜨리며 각지에 흩어지게 하리라 하셨도다" 보십시오. 하나님의 말씀을 믿지 아니하고 장막에서 원망과 불평과 탄식을 하니까 하나님이 저들을 저버리고 만 것입니다.

우리 믿음이란 성경의 계시에 확고히 서야만 하는 것입니다. 여호수아와 갈렙은 하나님 약속에 섰습니다. 젖과 꿀이 흐르는 땅으로 인도하겠다고 하셨으니 그 약속에 서서 사물을 바라보았습니다. 그러므로 그들은 광야를 지나도 낙심하지 않고 높은 성벽을 보고도 낙심하지 않았습니다. 그들은 아낙자손 대장부를 보고도 겁을 내지 않았습니다. 왜 그렇습니까? 하나님의 약속이 있기 때문에, 하나님께서 함께 하신다는 믿음이 있기 때문에, 하나님의 약속은 하늘이 무너지고 땅이 꺼져도 변함이 없다는 것을 알기 때문에 그들은 낙심하지 않았습니다. 믿음 위에 설 수가 있었던 것입니다.

민수기 14장 8절에서 9절에 그들이 보고한 것을 보십시오. "여호와께서 우리를 기뻐하시면 우리를 그 땅으로 인도하여 들이시고 그 땅을 우리에게 주시리라 이는 과연 젖과 꿀이 흐르는 땅이니라. 오직 여호와를 거역하지 말라. 또 그 땅 백성을 두려워하지 말라. 그들은 우리 밥이라. 그들의 보호자는 그들에게서 떠났고 여호와는 우리와 함께 하시느니라. 그들을 두려워 말라 하나"라고 말했습니다. 여호수아와 갈렙은 마음에 하나님을 믿는 믿음으로 가득했기 때문에 오히려 고통스럽고 괴로운 환경이 우리에게 유익이 된다, 하나님만 의지하면 모든 것을 극복하고 소화시키고 이길 수 있다고 그들은 담대하게 말했던 것입니다.

넷째, 담대함을 버렸기 때문인 것입니다. 히브리서 10장 35절에 "그러므로 너희 담대함을 버리지 말라 이것이 큰 상을 얻느니라"고 말했습니다. 이스라엘 백성은 하나님과 원수들을 비교하지 않고, 그들 자신과 원수들을 비교한 후에 메뚜기가 되고 만 것입니다. 우리 예수 믿는 사람은 인생을 살 때에 나하고 비교하는 것이 아닙니다. 우리는 하나님을 의지하기 때문에 하나님과 우리 환경하고 비교하는 것입니다. 이스라엘 백성들이 하나님하고 광야하고 비교했더라면 하나님은 광야를 화초 동산으로 만드는 능력이 있기 때문에 두려울 것 없지요. 하나님과 철벽성하고 비교했더라면 하나님은 철벽 성을 손가락 하나로 무너뜨릴 수가 있습니다. 하나님과 네피림의 후손 아낙자손 대장부하고 비교한다면 아무리 사람이 장대해도 하나님 앞에 뭡니까?

하나님과 비교했으면 좋은데 그들은 하나님을 제켜 놓고 자기와 원수하고 비교했습니다. 자기들과 광야를 비교하니 자기들이 광야를 도저히 개척할 수 없지요. 자기들과 성벽을 보니 성벽문은 무너뜨릴 수가 없습니다. 자기들과 대장부를 비교해보니 메뚜기 새끼 같다. 우리는 못한다. 이것이 가장 큰 문제입니다.

우리가 오늘날 살아갈 때도 우리의 환경을 우리 자신과 비교하면 안 됩니다. 하나님과 환경을 비교해야 합니다. 하나님은 이런 사람을 사용하십니다. 우리는 예수를 믿고 하나님의 백성이 되었다는 것을 알아야 하는 것입니다. 그러면 우리는 하나님을 의지했을 것입니다. 하나님은 나의 피난처요, 나의 요새요, 나의 의뢰하는 하나님이시니 저가 새 사냥꾼의 올무에서와 극한 염병에서 건지실 것임이로다 하나님이 건지시지 우리가 건지는 것은 아닙니다. 그러므로 우리는 하나님과 비교해야 합니다. 슬픔도 하나님과 비교해보면 아무 것도 아닙니다. 질병도 하나님과 비교하면 아무 것도 아닙니다. 원수도 하나님과 비교하면 아무 것도 아닌 것입니다.

우리가 하나님을 바라보고 하나님을 의지하고 마음속에 강하고 담대함을 버리지 말아야 하는 것입니다. 마음에 겁을 집어먹고 뒤로 물러가면 하나님이 저를 기뻐하지 아니하는 것입니다.

신명기 12장 29절로 32절에 "내가 너희에게 말하기를 '그들을 무서워 말라 두려워하지 말라 너희 앞서 행하시는 너희 하나님 여호와께서 애굽에서 너희를 위하여 너희 목전에서 모든 일을 행하신 것 같이 이제도 너희를 위하여 싸우실 것이며 광야에서도 너희가 당하였거니와 사람이 자기 아들을 안음 같이 너희 하나님 여호와께서 너희의 행로 중에 너희를 안으사 이곳까지 이르게 하셨느니라'하나 이 일에 너희가 너희 하나님 여호와를 믿지 아니하였도다"라고 말한 것입니다.

성경 시편 121편 1절로 2절에 "내가 산을 향하여 눈을 들리라 나의 도움이 어디서 올꼬 나의 도움이 천지를 지으신 여호와에게서로다" 환란과 시험 당했을 때 눈을 들어 산을 바라보니 우람한 산, 바람이 불고 비가와도 흔들리지 않는 그 산을 바라볼 때에 태산준령이 얼마나 믿음직합니까? 그 산을 만드신 하나님은 더 위대하고 더 변하지 않는 하나님인 것을 알고 하나님을 의지할 수가 있는 것입니다.

베드로전서 2장 9절로 10절에 "오직 너희는 택하신 족속이요 왕같은 제사장들이요 거룩한 나라요 그의 소유된 백성이니 이는 너희를 어두운 데서 불러내어 그의 기이한 빛에 들어가게 하신 자의 아름다운 덕을 선전하게 하려 하심이라. 너희가 전에는 백성이 아니더니 이제는 하나님의 백성이요, 전에는 긍휼을 얻지 못하였더니 이제는 긍휼을 얻은 자니라"고 하셨으니 하나님이 우리를 지극히 사랑하시고 극진히 돌보아 주시는 것입니다.

이러므로 이 하나님의 품에 안겨서 그 날개 밑에 살므로 원수를 바라볼 때에 우리와 원수하고 비교하지 말고 하나님과 원수하고 언제나 비교하시기 바랍니다. 문제를 당했을 때 우리와 문제를 비교하지 말고 하나님과 문제를 비교하면 우리 마음속에 강하고 담대함을 가질 수가 있는 것입니다. 성경에는 "하나님이 그 깃으로 우리를 덮으시니 우리가 전능자의 날개 아래 거하리로다" 라고 말했습니다.

전능자의 날개 아래 거하니까 "우리는 밤의 놀램과 낮에 흐르는 살과 흑암 중에 행하는 염병과 백주에 황폐케 하는 재앙을 두려워하지 않게 되는 것입니다. 천인에 내 앞에서 만인이 내 우편에서 넘어지나 이 재앙이 내가 가까이 올 수 없다고 우리가 담대하게 말하는 것은 왜냐하면 우리가 하나님을 가리켜 저는 나의 피난처시요 나의 요새라"고 말하기 때문인 것입니다. 하나님을 의지하면 마음속에 강하고 담대함을 얻을 수가 있습니다.

여호수아 1장 5절에서 9절까지 보면 "하나님이 내가 너와 같이 하므로 강하고 담대하라고 몇 번이나 말했습니다. 내가 네가 명한 것이 아니냐, 마음을 강하게 하라 담대히 하라 두려워 말며 놀라지 말라, 네가 어디로 가든지 네 하나님 여호와가 너와 함께 하시느니라, 하나님이 같이 하시기 때문에 마음을 강하게 하고, 담대히 하고, 두려워하지도 말고, 놀라지 말라"는 것입니다.

우리가 이 땅에 살면서 우리 주 예수 그리스도를 통해서 하나님이 우리 아버지가 되고 우리와 같이 계심으로 우리가 두려워하거나 놀라지 말아야 하는 것입니다.

마음을 강하게 하고 담대히 하여 하나님을 의지하고 믿음으로 비바람을 헤치고 나갈 수 있어야지 성경에는 "뒤로 물러가면 내 마음이 저를 기뻐하지 아니하리라. 나의 의인은 믿음으로 말미암아 살리라"고 말씀한 것입니다. 강하고 담대한 자에게 하나님께서 축복의 땅에 들어가게 만들어 주시는 것입니다. 열 지파 사람들은 마음에 하나님께서 함께 하신다는 믿음과 담대함이 없었기 때문에 가나안에 들어가지 못한 것입니다.

5장 가나안(천국)에 입성한 갈렙

(민 14:24)"그러나 내 종 갈렙은 그 마음이 그들과 달라서 나를 온전히 따랐은즉 그가 갔던 땅으로 내가 그를 인도하여 들이리니 그의 자손이 그 땅을 차지하리라"

하나님께서 옛날 애굽에서 사백 삼십년 동안 종살이했던 이스라엘 백성을 위해서 젖과 꿀이 흐르는 가나안 땅을 예비해 주셨습니다. 하나님께서 예비한 이 축복 속에 누가 과연 들어가서 이 축복을 누릴 수가 있겠습니까? 하나님께서 모세를 통하여 인도해 낸 옛 이스라엘 삼백만은 그 축복의 땅에 들어가지 못하고 광야에서 모두다 사십년 동안 방황하다가 멸망하고 말았습니다. 오직 여호수아와 갈렙 만 젖과 꿀이 흐르는 땅에 들어갈 수가 있는 것입니다. 왜 다른 사람은 다 못 들어갔는데 여호수아와 갈렙만은 그 세대 중에서 후손들을 거느리고 젖과 꿀이 흐르는 가나안땅으로 들어갈 수 있었을까요? 거기에는 이유가 있습니다.

하나님께서는 민수기 14장 24절에 이렇게 말씀하셨습니다. "오직 내 종 갈렙은 그 마음이 그들과 달라서 나를 온전히 좇았은즉 그의 갔던 땅으로 내가 그를 인도하여 들이리니 그 자손이 그 땅을 차지하리라"고 말씀하셨습니다. 하나님은 갈렙의 마음이 멸망했던 다른 사람과 완전히 달랐다고 말씀하신 것입니다. 그러므로 우리들도 갈렙과 같은 마음을 받아서 멸망 받는 사람과 다른 마음의 자세를 가지면 갈렙이 하나님의 예비한 젖과 꿀이 흐르는 땅에 들어간 것처럼 우리도 젖과 꿀이 흐르는 곳으로 들어갈 수 있는 것입니다. 이러므로 오늘 갈렙의 그 색다른 마음, 하나님이 사랑하는 마음을 같이 알아봄으로 말미암아 갈렙과 같이 위대한 삶을 살도록 해 보겠습니다.

첫째, 갈렙이 다른 사람과 다른 마음을 가진 것은 주어진 상황에 대해서 다른 사람보다 특별한 다른 관점으로 사물을 바라볼 수 있었다는 것입니다. 하나님께서 이스라엘 백성가운데 열두 두목을 택해서 가나안땅을 40일 정탐하고 오라는 것입니다. 그래서 똑같이 가데스바네아에서 출발해서 가나안 땅을 40주 40야 정탐하고 돌아왔는데 그 중에 10명의 정탐꾼이 본 관점과 갈렙과 여호수아가 본 관점이 완전히 틀렸다는 것입니다. 여기에 열 정탐꾼이 본 관점은 전적으로 하나님이 없는 부정적인 관점에서 사물을 바라본 것입니다.

민수기 13장 31절로 33절에 보면 이와 같이 기록되어 있습니다. "열 정탐꾼이 와서 모세와 백성들 앞에서 보고하기를 그와 함께 올라갔던 사람들은 라로되 우리는 능히 올라가서 그 백성을 치지 못하리라 그들은 우리보다 강하니라 하고 이스라엘 자손 앞에서 그 탐지한 땅을 악평하여 가로되 우리가 두루 다니며 탐지한 땅은 그 거민을 삼키는 땅이요 거기서 본 모든 백성은 신장이 장대한 자들이며 거기서 또 네피림 후손 아낙 자손 대장부들을 보았나니 우리는 스스로 보기에도 메뚜기 같으니 그들의 보기에도 그와 같았을 것이니라" 무서운 말로써 그 땅을 악평했습니다.

민수기 14장 1절에서 3절을 보면 이 부정적인 소식은 열병과 같이 귀를 듣는 사람의 마음에 낙심과 절망을 가져왔습니다. "온 회중이 소리를 높여 부르짖으며 밤새도록 백성이 곡하였더라. 이스라엘 자손이 다 모세와 아론을 원망하며 온 회중이 그들에게 이르되 우리가 애굽 땅에서 죽었거나 이 광야에서 죽었다면 좋았을 것을 어찌하여 여호와가 우리를 그 땅으로 인도하여 칼에 망하게 하려 하는고 우리 처자가 사로잡히리니 애굽으로 돌아가는 것이 낫지 않겠는가" 하나님 없이 인간적이고 부정적인 관점으로 사물을 본 사람들은 파괴적인 보고를 하고, 이 부정적이고 파괴적인 보고를 듣는 사람들의 마음을 물같이 낙심시켜서 그래서 완전히 부정적인 마음으로 사로잡혀 버리고 만 것입니다.

그러나 여기에 갈렙이 본 관점을 보십시다. 갈렙은 똑같이 출발하여 똑같이 40주 40야를 지났지만 갈렙은 완전히 하나님께서 함께 하신다, 하나님이 함께 하시니 문제가 되지 않는다는 긍정적인 자세로써 사물을 바라보았습니다. 민수기 13장 30절에 "갈렙이 모세 앞에서 안돈하여 가로되 우리가 곧 올라가서 그 땅을 취하자 능히 이기리라" 민수기 14장 6절로 9절에 보면 "그 땅을 탐지한 자 중 눈의 아들 여호수아와 여분네의 아들 갈렙이 그 옷을 찢고, 이스라엘 자손의 온 회중에 일러 가로되 우리가 두루 다니며 탐지한 땅은 심히 아름다운 땅이라. 여호와께서 우리를 기뻐하시면 우리를 그 땅으로 인도하여 들이시고 그 땅을 우리에게 주시리라. 이는 과연 젖과 꿀이 흐르는 땅이니라. 오직 여호와를 거역하지 말라. 또 그 땅 백성을 두려워하지 말라. 그들은 우리 밥이라. 그들의 보호자는 그들에게서 떠났고 여호와는 우리와 함께 하시느니라 그들을 두려워 말라 하나" 이와 같이 백성들을 안심시킨 것입니다.

갈렙이 이렇게 긍정적인 보고를 할 수 있었건 것은 일은 하나님께서 하신다는 믿음이 있었기 때문입니다. 갈렙은 광야를 걸어오면서 문제가 생길 때마다 모세가 기도하면 하나님께서 해결 방법을 알려주시고, 알려주시는 대로 순종하면 해결되는 것을 보았기 때문입니다. 하나님께서 문제를 해결하도록 도와주신다는 것을 보고 믿은 것입니다. 모세가 문제가 생기면 직접 해결하는 것이 아니라, 하나님께서 알려주신 방법대로 순종하면 해결이 되는 것을 체험한 것입니다.

그래서 가나안의 문제도 하나님께서 함께 하시니 하나님께 기도하여 해결하면 된다는 믿음이 있었다는 것입니다. 갈렙은 하나님을 향한 믿음이 있었다는 것입니다. 항상 하나님을 플러스해서 생각을 하고 판단을 했다는 것입니다. 갈렙은 평소에 하나님께 기도하고 있었다는 것입니다.

갈렙은 하나님께서는 빛이시라 그 가운데 어두움이 없다는 것을 믿었습니다. 빛을 가지고서 긍정적이고 적극적이며 창조적이고 소망을 가지고 사물을 바라보는 사람에게는 주께서 흑암 가운데 빛이 일어나도록 해 주신다는 믿음이 있었다는 것입니다. 그러나 어떠한 처지에 있던지 비관적으로 바라보고 언제나 부정적인 관점을 가지고서 사물을 바라보고 나는 못한다. 나는 안 된다. 나는 못산다. 나는 할 수 없다. 그러므로 모든 것이 끝장이 났다고 말하는 사람은 주님께서 버리시는 것입니다. 주께서 그러한 사람하고는 절대로 서로 손을 잡고 일하여 주시지 않는 것입니다. 아무리 어려워도 하나님께 기도하면 지혜를 주시고, 주신 지혜대로 순종하면 해결이 된다는 사람하고 함께 하십니다.

둘째, 갈렙이 그의 동료들과 다른 것은 환경에 대한 두려움을 갖지 않았습니다. 두려움은 우리의 삶의 거대한 올무인 것입니다. 수없이 많은 사람들이 위대한 일을 성취하지 못한 것은 현재의 안위를 떠나서 새로운 세계를 향해서 모험을 하고 뛰어 들어가지 못하기 때문에 위대한 일을 성취하지 못합니다. 인간의 자를 가지고 인생을 사는 사람은 위대한 모험적인 일을 할 수가 없는 것입니다. 우리 예수 믿는 사람들은 우리의 생애 속에 인간의 자만 가지고 사는 것이 아닙니다. 우리에게는 하늘과 땅과 세계와 그 가운데 모든 것을 지으신 하나님의 아들 예수님께서 같이 계시므로 하나님의 자를 가지고서 인생을 재어야 하는 것입니다.

　여기 여호수아와 갈렙과 같이 간 열 정탐꾼들은 그들의 생애 속에 하나님의 척도를 갖지 않았습니다. 믿음의 자를 가져가지 아니하고 인생의 경험과 이성을 가지고서 나간 것입니다. 성경 히브리서 10장 38절에 말하기를 "나의 의인은 믿음으로 말미암아 살리라" "사람이 떡으로만 살 것이 아니요 하나님의 입으로 나오는 모든 말씀으로 살 것이니라" 했는데 믿음도 저버리고 말씀도 저버린 사람에게는 인간의 연약한 척도밖에 쥔 것이 없는 것입니다. 이러므로 민수기 13장 30절에 보면 "그들이 말하기를 그와 함께 올라갔던 사람들이 가로되 우리는 능히 올라가서 그 백성을 치지 못하리라 그들은 우리보다 강하니라"

　우리 스스로를 가지고서 우리의 주위와 환경을 재면 우리는 보잘 것 없는 존재이기 때문에 언제나 억압되고 낙심하고 뒤로 물러날 수밖에 없습니다. 그러나 성경은 뭐라고 말합니까. 뒤로 물러가면 내 마음이 저를 기뻐하지 아니하니라. 나의 의인은 믿음으로 말미암아 살리라.

　우리는 이성이나 인간 경험으로 살라고 하지 않으셨습니다. 저 하늘이 무너지고 이 땅이 꺼져도 일점일획도 변할 수 없는 하나님의 약속을 받아들인 사람인즉 말씀으로 우리는 살아야 되며, 하나님께서 함께 하신다는 믿음으로 살아야 되며, 우리는 성령으로 살아야만 되는 것입니다.

　그래서 우리가 기도하고 하나님의 약속의 말씀을 마음속에 받앞으면 그러면 우리는 하나님의 척도를 가지고 눈에는 아무 증거 안보이고 귀에는 아무 소리 안 들리고 손에는 아무 것도 잡히는 것 없어도 배짱을 내어 밀고 담대하게 일어날 것을 기대하고 일어나야 할 것입니다. 그래서 환경의 두려움으로 눌리지 말고 환경을 눌려버려야 하는 것입니다. 여호수아와 갈렙이 위대한 것은 거기에 있습니다. 그와 같이 간 동료들의 비참함은 바로 두려워한 것에 있습니다.

민수기 13장 33절에 보면 "거기서 또 네피림 후손 아낙 자손 대장부들을 보았나니 우리는 스스로 보기에도 메뚜기 같으니 그들의 보기에도 그와 같았을 것이니라" 이럴 수가 어디 있습니까? 얼마나 두려움에 떨었던지 자기를 사람으로도 생각하지 아니하고 메뚜기로 생각했습니다. 그러고 난 다음 그들이 본 관점까지 설명한 다음, 저들이 우리를 보았을 때도 메뚜기처럼 보았을 것이다. 메뚜기는 끝장났지요. 사람으로도 안보고 자기를 메뚜기로 보는 그 만큼 두려움으로 벌벌 떠는 사람들, 이러한 사람들은 하나님께서 절대로 사용할 수 없습니다. 하나님께서 여호수아에게 말씀한 것은 강하고 담대하라. 내가 다시 말하노니 강하고 담대하라. 두려워 말라고 말씀하신 것입니다. 온전한 사랑이 두려움을 내어쫓나니 두려움에는 형벌이 있습니다.

우리가 예수님을 온전히 사랑하고 하나님 성령 가운데 있었으면 하나님의 말씀과 사물을 측량해서 절대로 두려워하지 않을 것입니다. 그러나 내가 두려워하면 두려워하는 그것이 내게 미치는 것입니다. 욥의 일생을 보십시오. 욥이 얼마나 열심히, 또 충성스럽게 종교적인 사람이었지만, 그러나 그 마음속에 두려움이 들어오자 말자 하나님은 그를 떠났고 마귀는 그와 같이 있었습니다. 그래서 그가 두려워 한데로 자식들 열 명 다 잃어버리고, 재산 다 파산해 버리고, 온몸 전신이 다 병들고, 부인은 하나님을 저주하고 죽으라. 그런 가정 파탄이 일어 두려움의 결과가 얼마나 큰 비극을 가져온다는 것을 우리 성경에 분명히 보여주고 있습니다.

욥이 두려워하고 낙심하고 탄식하고 부정적인 노래를 부르고 있을 시간에 하나님께서는 그를 도와주지 않으셨습니다. 그러나 욥이 나중에 철저히 회개하고 그 믿음을 다시 하나님께로 돌이켜 오고, 신념 속에 섰을 때 하나님께서는 나타나셔서 그에게 일체의 저주를 다 거두시고 그를 다시 받아들여 치료하고 축복해주어서 과거보다 더 갑절로 축복해 주신 사실이 성경에 기록되어 있는 것입니다.

오늘날 한 민족을 보더라도 그 민족이 용감하고 진취적이며 모험적인 민족은 언제나 흥했습니다. 그러나 두려워하고 언제나 뒤로 물러나고 나는 할 수 없다 못한다 하는 인생의 소극적인 태도를 취한 민족은 이 역사를 통해서 식민지 정책으로 늘 짓밟히고 남의 민족에게 늘 착취와 압박을 당하고 마는 것입니다. 오늘날 우리 기독교의 복음이 위대한 것은 복음은 우리 사람들로 하여금 믿음을 넣어주어서 두려움으로부터 해방시켜 주셨습니다.

사람들이 산을 두려워해서 절을 하고, 바닷물이 두려워서 절을 하고, 조그마한 호수만 있어도 용왕이 두려워서 절을 하고, 해와 달과 일월성신을 보고 절을 하고 있을 때, 이미 복음이 들어간 서양민족들은 복음의 말씀을 따라서 해와 별과 달과 산천초목이 모두다 사람들을 위해서 지어놓았으니 사람이 그중에 제일이다. 그러므로 너는 땅을 다스리고 정복하라. 공중의 새와 땅의 짐승과 바다의 물고기를 모두다 지배하라, 위대한 인간 자아의 지식을 깨달았던 것입니다. 그래서 복음이 들어간 곳마다 사람이 하나님 다음으로 이 우주의 중심입니다.

그러므로 이 우주의 주인은 바로 하나님의 관리를 임명받은 우리 사람이다. 그래서 사람들은 믿음을 얻어서 바다를 정복하고 바다 밑을 정복하고 산을 정복하고 우주를 정복하고, 그리고 태양계를 향해서 까지 나갈 수 있는 믿음을 받을 수가 있는 것입니다. 이러므로 사람의 인간승패 가장 위대한 것은 하나님을 믿는 믿음입니다. 주님께서 젖과 꿀이 흐르는 땅을 예비해 놓으셨습니다.

두려워하는 마음을 가지고서 이스라엘 삼백만 백성에게는 주님께서 이끌어 갈 수가 없었습니다. 스스로 믿음으로 나가지 않는 사람은 주님께서 어떻게 도와줄 수 있는 것입니까. 그러나 갈렙은 그의 생의 속에 믿음으로 하나님을 플러스했기 때문에 그는 하나님의 척도로써 사물을 바라보고 두려워하지 않았습니다.

여기 성경 말씀을 보면 민수기 13장 30절에 보면 "갈렙이 모세 앞에서 백성을 안심시켜 가로되 우리가 곧 올라가서 그 땅을 취하자 능히 이기리라" 민수기 14장 8절에 "여호와께서 우리를 기뻐하시면 우리를 그 땅으로 인도하여 들이시고 그 땅을 우리에게 주시리라. 이는 과연 젖과 꿀이 흐르는 땅이니라." 갈렙은 하나님의 약속과 그에 따른 기적을 믿었습니다. 하나님의 기적을 믿지 않는 것은 하나님을 멸시하는 행동인 것입니다. 오늘날에도 우리가 모여서 아무리 입술로 주여! 주여! 말하고 감사하고 찬양한다고 하면서도 하나님을 믿지도 아니하고 하나님의 기적이 일어날 것을 믿지도 아니하면 하나님을 멸시하는 것이 되고 마는 것입니다. 하나님께서 멸시를 당하고 난 다음에 주께서 우리 가운데 성령으로 역사하실 리 없습니다. 하나님은 담대하고 하나님이 함께 하신다는 믿음과 행함이 있는 성도와 함께 하십니다.

민수기 14장 11절에 기적을 믿지 아니하고 인간의 척도로만 사물을 바라보는 사람을 향해서 주께서 말씀하기를 "여호와께서 모세에게 이르시되 이 백성이 어느 때가지 나를 멸시하겠느냐 내가 그들 중에 모든 이적을 행한 것도 생각하지 아니하고 어느 때까지 나를 믿지 않겠느냐" 우리가 믿으면 반드시 이적이 일어날 것을 기대해야만 되는 것입니다. 기적이 일어날 것을 기대하지 않을 바에야 무엇 때문에 믿어요? 내 인간의 수단과 방법으로 다 할 수 있는데 무엇 때문에 내가 믿고 나올 필요가 있어요. 우리 하나님께서 멸망시킨 10 정탐꾼과 삼백만 이스라엘 백성에 대한 하나님의 증거를 저들이 믿지 않을 뿐 아니라 저들이 하나님의 이적을 믿지 아니하고 하나님을 멸시했습니다.

오늘날 하나님께서 팔이 짧아 우리를 도와주지 못함이 아니요, 하나님의 귀가 둔하여서 우리의 기도를 들어주지 못함이 아닙니다. 우리가 믿지 아니하고 우리가 하나님의 기적을 기대하지 아니하고 인간의 수단과 인간의 방법과 인간의 인본주의로만 살기 때문에 하나님께서 멸시감을 느끼는 것입니다. 오늘날 하나님을 멸시하고 난 다음에 자신의 생활 속에 위대한 하나님의 은총이 임할 것을 기대할 수는 없습니다. 오늘 하나님을 믿으시면 아멘 하십시다. 하나님의 기적이 자신의 생애 속에 일어날 것을 믿으시면 아멘 하십니다.

오늘도 우리들은 기적적으로 죄사함을 받으며, 기적적으로 병고침을 받으며, 기적적으로 귀신은 쫓겨 나가며, 기적적으로 절망은 소망으로 변화되며, 기적적으로 죄는 떠나가는 것입니다. 우리의 기도와 믿음은 하나님의 위대한 창조적인 손길을 움직이게 되는 것입니다. 그래서 이 시간에 이 말씀을 읽는 분의 생애 속에 믿음과 기적이 여호수아와 갈렙의 생애 속에 일어난 것처럼 일어날 줄 믿습니다.

셋째, 갈렙은 역경에 대한 태도가 달랐습니다. 하나님을 반역하고 주를 버린 사람들의 역경에 대한 태도는 바로 민수기 14장 3절에 기록되어 있습니다. "어찌하여 여호와가 우리를 그 땅으로 인도하여 칼에 망하게 하려 하는고 우리 처자가 사로잡히리니 애굽으로 돌아가는 것이 낫지 아니하랴." 그들은 원수들에게 잡혀 먹힐 것을 생각하였습니다. 역경과 어려움이 다가오자 이것을 하나님께서 도적질하고 죽이고 절망시키려고 우리를 잡혀 먹게 하려고 이렇게 한 것이다. 그러므로 우리는 스스로 애굽으로 피난 가자고 한 것입니다. 우리는 역경을 피할 수는 없습니다. 우리가 일생을 살면서 언제나 장미꽃 미래만 다가오지 않습니다. 우리에게 시험과 환난의 폭풍우가 다가오는 것입니다.

그러나 이 역경 속에서 갈렙의 태도를 보고서 왜 하나님이 갈렙을 사랑하고 좋아했는지 우리는 알아보아야 할 것입니다. 민수기 14장 9절에 "오직 여호와를 거역하지 말라, 또 그 땅 백성을 두려워하지 말라, 그들은 우리 밥이라" 갈렙이 역경과 그 환난에 대한 태도는 우리가 탁월하게 보고 배워야 할 것입니다. 갈렙은 "원수도 우리의 밥이고 역경과 어려움도 우리에게 하나님이 밥으로 주신 것이다. 역경이 우리를 도적질하고 죽이고 멸망시키라고 하여서 역경 앞에서 원망과 불평과 탄식을 하고서 뒤로 물러가자고 하는 사람하고 역경이 다가올 때야 이거 감사할 일이다. 주께서 내 앞에 밥상을 차려 놓았다. 이것을 먹고 믿음, 소망, 사랑이 자라나라고 밥상을 차려놓았다." 담대하고 실천적인 믿음이 있었던 것입니다.

자신의 믿음이 힘을 얻고 진실로 무엇을 얻기 위해서는 그 믿음이 역경과 시련을 통해서 강해지지 아니하면 절대로 실천적인 믿음이 안 되는 것입니다. 믿음이란 시험과 환난을 통해야 하는 것입니다. 작은 믿음은 작은 시험을 통해서 큰 믿음은 큰 시험을 통해서 이것이 실제로 훈련이 되어야 참된 믿음이 되는 것입니다. 이러므로 하나님께서 말씀을 읽고 기도해서 마음속에 믿음이 생기면 이것이 실제로 자신의 생활 속에 실력이 되기 위해서 시험과 환난을 통하게 하는 것입니다. 물을 통하고 불을 통해야 실제적이 그것이 믿음이 되는 것입니다. 그렇기 때문에 시험과 환난이 다가올 때 이것을 통해서 원망하고 불평하고 탄식하고 뒤로 물러가면 이 사람은 절대 믿음에 설 수 없습니다.

그러나 여기 여호수아와 갈렙처럼 시험과 환난은 우리의 밥이다. 자녀를 길러봐서 잘 아시죠. 밥을 두고서 자꾸 투정하는 아기는 아주 몸이 빼빼합니다. 밥이 질다. 밥이 되다. 반찬이 없다. 싱겁다. 이런 아이는 언제나 몸이 약합니다. 그러나 무슨 밥이든 가져다 놓으면 눈이 번쩍하도록 다 먹어 먹어버립니다. 이런 아이들은 아주 건강하고 튼튼한 것입니다. 그러므로 우리에게 밥이 들어올 때 이 밥을 자꾸 감싸고 먹어야 합니다. 또 밥을 먹고 난 다음에도 배속에만 넣으면 먹고 난 다음 소화불량이 걸려서 소화를 못 시키고 말면 그것이 우리에게 힘이 되지 않습니다.

이러므로 우리가 우리의 생활 속에 여러 가지 역경과 시험과 환난이 다가오면 우리는 갈렙과 같이 이것을 우리의 밥으로 감사함으로 받아들여야 하는 것입니다. 절대로 이것이 우리를 망하게 하지 않습니다. 하나님을 사랑하는 자 그 뜻대로 부르심을 입은 자들에게는 모든 것이 협력하여 선을 이루고 만다. 그러므로 나의 이성과 나의 생각으로 할 수는 없지만, 하나님께서 플러스 마이너스를 하셔서 결과에 가서 유익되게 만들어 주실 것인즉, 그러므로 우리의 밥이니 시험과 환난을 감사함으로 받아들여서 그러고 난 다음 그 가운데서 끝가지 인내하고 주님께 감사하여야 합니다. 성도는 사람의 눈으로 보아서는 안 됩니다. 우리가 무엇을 보든지 하나님의 눈으로 보아야 합니다. 그렇기 때문에 우리에게 좋은 것은 좋아서 좋고 좋지 않는 것은 하나님께서 합력하여 유익을 이루어 더욱 좋게 만들어 줄 것이니 좋은 것입니다.

이러므로 우리의 삶에서 영원한 긍정적인 삶의 자세와 태도를 취하는 것이 얼마나 좋은지 모릅니다. 갈렙은 바로 그러한 사람이었습니다. 이래서 갈렙은 모든 사물을 바라볼 때 긍정적인 자세로써 바라보았습니다. 갈렙은 사물을 두려워하지 아니하고 믿음으로 하나님의 기적이 일어날 것을 믿고 바라보았기 때문에 두려움을 극복할 수 있었습니다. 갈렙은 그에게 다가오는 시험과 환난과 고통은 밥이라고 해서 그것을 즐겁게 받아들여서 믿음으로서 그것을 받아먹고 소화시켜 버렸기 때문에 갈렙은 힘을 얻고 또 얻고 위대한 힘을 얻은 것입니다.

이래서 성경 말씀에 보면 하나님께서는 갈렙은 다른 사람과 마음이 달랐다. 온전히 나를 쫓았다. 그러므로 내가 예비한 젖과 꿀이 흐르는 땅으로 그와 그 자손을 인도해 주시겠다고 한 것입니다. 아버지가 잘나면 자손이 함께 축복을 받습니다. 아버지가 못나면 자손도 함께 고통을 다하게 되는 것입니다. 갈렙 한 사람이 잘나니까 갈렙의 후손들조차 모두다 하나님의 축복을 받겠다고 약속한 것입니다. 오늘 이 시간에 하나님은 사람의 외모로 취하지 않습니다. 그 인물이 잘났다. 그가 교육을 많이 받았다. 옷을 잘 입었다. 그 혈통이 좋다. 그 가문이 좋다. 그러므로 하나님이 도와주자 그렇지 않습니다. 우리가 세상에 태어날 때 어떤 사람은 입에 은수저를 물고 태어날 수도 있고 또 어떤 사람은 빈민가에서 태어날 수 있습니다.

그것은 어찌할 도리가 없습니다. 이러한 차별은 인생에 있기 마련입니다. 그러나 하나님께서 우리에게 다 공평하게 주신 것은 우리의 마음속에 하나님을 믿을 수 있는 능력을 공평하게 주신 것입니다. 예수님이 십자가에 죽으셨다가 부활한 것은 남녀노소 빈부귀천 종족에 상관없이 주님께서 주신 은혜인 것입니다. 그러므로 우리가 팔자소관이나 부모를 원망하지 말고, 그리스도 안에서 우리에게 예비해 놓은 영혼이 잘 됨과 같이 범사에 잘 되며 강건하고 생명을 얻되 넘치게 얻는 젖과 꿀이 흐르는 세계로 들어갈 준비를 해야 할 것입니다.

2부 죄인을 구원하신 예수님

6장 왜 예수님만이 구원인가?

(요3:16)"하나님이 세상을 이처럼 사랑하사 독생자를 주셨
으니 이는 그를 믿는 자마다 멸망하지 않고 영생을 얻게 하려
하심이라"

예수님은 우리의 구원자 이십니다. 아담(인간)이 선악과를 먹
고 죄의 종이 된 이후 믿지 않는 영혼들은 심판을 받아 죽은 후 지
옥에 가는 형벌을 받게 되었습니다. 삶 가운데도 고난과 어려움
고통 질병 등이 들어오게 되었습니다. 우리를 불쌍히 여기신 하
나님 아버지께서 아들 되신 예수님을 보내 2,000년 전 마리아를
통해 성령으로 잉태하셔서 사람의 모습으로 태어 나셨습니다.

서른 살이 될 무렵 세례요한으로부터 물세례를 받자 하나님께
서 기뻐하셔서 성령으로 세례를 받으시고, 성령의 이끌림을 받
아 광야에서 40일간 주리시며 마귀의 3번의 시험을 이기셨습니
다. 천사의 수종을 들며 하나님의 일을 시작 하셔서 병을 고치
고, 귀신을 쫓아내며 천국 복음을 증거 하셨습니다.

하나님의 뜻을 이루기 위해서 십자가에서 피 흘려 죽으시고,
사흘 만에 다시 살아 나셔서 죄의 문제를 단번에 완전히 해결해

주셨습니다. 이를 믿는 우리는 아담의 죄악이 사해져서 의인으로 하나님께 나아갈 수 있게 되었습니다. 예수님의 보혈의 은혜로 언제든지 예수님을 주인으로 영접하면 하나님의 자녀가 되는 특권을 주셔서, 이 땅에서도 마음의 천국을 누리며, 아브라함의 복을 받으며, 자녀의 권세를 누리며 하나님의 군사로서 살다가 죽어서는 저 천국에 들어가 영원히 복을 누리며 살 수 있도록 하신 분이기 때문에 예수를 믿는 것입니다. 또한 이 땅에 거하는 동안 우리는 예수님께 받은 은혜를 믿지 않는 영혼들에게 예수님을 전도하며 살아 가야할 의무가 있습니다.

첫째, 예수님이 내가 누구인지 알게 하셨다. 예수님 때문에 천지와 만물을 지으신 하나님이 계심을 알고 믿게 되었습니다. 요한복음 1장 18절에 보면"본래 하나님을 본 사람이 없으되 아버지 품속에 있는 독생하신 하나님이 나타내셨느니라"예수님께서 하나님께로부터 오셔서 사람으로 우리 가운데 사시면서 하나님 아버지가 계신 것을 우리에게 말씀을 해주셨기 때문에 예수님을 통해서 하나님 아버지를 깨달아 알고 믿습니다. 예수님을 통하지 않고는 하나님을 본 자가 없습니다. 하나님을 왜 믿습니까? 어떻게 믿습니까? 예수님께서 아버지 하나님이 계신 것을 가르쳐 주시고 아버지 하나님을 경외하셨으므로 우리가 따라서 믿는 것입니다.

요한복음 14장 10절에 "내가 아버지 안에 거하고 아버지는 내 안에 계신 것을 네가 믿지 아니하느냐 내가 너희에게 이르는 말은 스스로 하는 것이 아니라 아버지께서 내 안에 계셔서 그의 일을 하시는 것이라"그래서 예수님께서 아버지가 계신 것을 확실히 말씀한 것입니다. 예수님 때문에 나는 하나님이 나를 사랑해 주시고 계신 것을 알고 있습니다. 사람은 사랑할 대상이 있고 사랑을 받아야 행복하게 살 수 있는 것입니다. 사랑하는 사람도 없고 사랑도 안 받으면 정말 외롭고 쓸쓸하고 버림받은 삶을 살 수밖에 없습니다.

요한복음 3장 16절로 17절에 "하나님이 세상을 이처럼 사랑하사 독생자를 주셨으니 이는 그를 믿는 자마다 멸망하지 않고 영생을 얻게 하려 하심이라. 하나님이 그 아들을 세상에 보내신 것은 세상을 심판하려 하심이 아니요. 그로 말미암아 세상이 구원을 받게 하려 하심이라" 얼마나 좋은 하나님인 것입니까? 세상을 이처럼 사랑하사 독생자를 주셔서 누구든지 남녀, 노유, 빈부, 귀천 할 것 없이 믿는 자마다 공부 잘하는 사람마다, 돈 많은 사람마다, 지위가 높은 사람마다 그렇게 말씀하지 아니하시고 "믿는 자마다 멸망하지 않고 영생을 얻게 하려 하심이라." 그 아들을 보내신 것은 세상을 심판하려고 하신 것이 아니라, 세상을 구원하려고 그렇게 하셨다고 하시니 하나님이 우리에 대한 사랑을 예수 그리스도를 통해서 우리는 확실히 알 수가 있는 것입니다.

그리고 예수님 때문에 사는 목적이 하나님을 주인으로 모시는 것이라는 것을 깨달아 알게 되었습니다. 예수님 삶을 통해서 우리가 이 땅에 있는 목적은 하나님을 주인으로 모시다가 육신의 장막집을 벗어 버리면 하늘나라 집으로 간다는 것을 알려 주셨기 때문인 것입니다. 우리가 사는 육신은 장막집입니다. 장막집이라는 것은 쉬운 말로 말하면 천막집인 것입니다. 천막이라는 것은 영구히 있을 곳이 못됩니다. 비도 새고 낡아지고 바람 불면 날아가고 나중에는 걷어 치워버리는 것입니다. 땅에 있는 육신은 장막집이 되어서 언제 거두어 갈지 모릅니다.

그러나 하나님 아버지께서 우리 위해서 천국에는 집을 예비해 놓았다는 것입니다. 장막집이 아닌 주택을 예비해 놓은 것입니다. 아름다운 집을 예비해 놓은 것입니다. 천국의 아름다운 영광이란 말로써 표현할 수가 없습니다. 잠시 천국을 체험한 사람도 천국에 대한 이야기를 말로써 표현할 수 없습니다. 바울 선생은 셋째 하늘에 올라가서 말로써 표현할 수 없는 것을 보았다고 말한 것입니다. 그처럼 천국은 아름답고 영화로운 것입니다. 그러므로 천막 속에 바람 불고 비새며 덥고 춥고 하는 곳에 사는 우리들이 영원한 주택으로 들어간다는 것 상상도 못할 아름다운 것입니다. 우리는 그러한 것이 미래에 우리를 기다리고 있는 것입니다.

마가복음 12장 30절에 우리가 "네 마음을 다하고 목숨을 다하고 뜻을 다하고 힘을 다하여 주 너의 하나님을 사랑하라" 하나님께 이처럼 사랑을 받았으므로 전심전력으로 하나님을 사랑하라는 것입니다. 세상도 사랑하고 지위나 명예나 권세나 정욕이나 탐욕도 사랑하고 그 부분에 하나님도 사랑한다. 그러면 그 사랑이 온전한 사랑이 되지 못하지 않습니까? 부분적인 사랑이요,

전적인 사랑이 되지 못하고 가짜 사랑이 되고 마는 것입니다. 마음을 다하고 뜻을 다하고 정성을 다하고 목숨을 다하여 사랑하는 것이 진짜 사랑인 것입니다.

그리고 마가복음 6장 33절에 "너희는 먼저 그의 나라와 그의 의를 구하라 그리하면 이 모든 것을 너희에게 더하시리라" 먼저 할 것 먼저 하면 나중할 것은 하나님이 도와주신다는 것입니다. 하나님이 돌보아 주신다. 예수님을 믿기 전에는 우리는 무엇을 먹을까, 무엇을 입을까, 무엇을 마실까 끊임없이 염려하고 살았습니다. 그러나 그런 것은 내가 하나님을 사랑하고 하나님의 나라와 하나님의 의를 먼저 구하면 하나님이 다 돌보아 주시게 되어 있습니다.

이스라엘 백성은 40년 동안 광야에서 만나로 밥 먹인 것을 보십시오. 3백만을 매일같이 하나님이 아침, 점심, 저녁을 준비하셨습니다. 보통 많은 손님들 아니지 않습니까? 3백만을 대접하려니까 엄청나지 않습니까? 집에 손님 30명이와도 감당하기 힘들 것인데 하나님은 매일같이 3백만을 아침, 점심, 저녁을 먹였습니다. 고기도 먹이고, 그 사람들에게 물을 다 마시게 한 것입니다. 그것 왜 그랬느냐. 하나님은 이런 하나님이라는 표적으로 우리에게 보여주신 것입니다. 이스라엘 백성만 위해서 그렇게 한 것이 아니라, 나를 사랑하는 백성을 위해서는 나는 이런 일을 한다는 것을 우리에게 보여주시기 위해서 그렇게 하신 것입니다.

예수님 때문에 천국이 있는 것을 확실히 압니다. 예수님 안계시면 천국 있는 것을 모르지요. 예수께서 천국 있는 것을 확실히 우리에게 말씀해 주셨습니다. 요한복음 14장 1절로 3절에 "너희는 마음에 근심하지 말라 하나님을 믿으니 또 나를 믿으라. 내 아버지 집에 거할 곳이 많도다. 그렇지 않으면 너희에게 일렀으리라 내가 너희를 위하여 거처를 예비하러 가노니 가서 너희를 위하여 거처를 예비하면 내가 다시 와서 너희를 내게로 영접하여 나 있는 곳에 너희도 있게 하리라" 예수님과 함께 있는 거처입니다. 그것이 일반적인 맨션인지 아파트인지 모르겠지만 천국에 아파트는 없을 것입니다. 맨션일 것인데 예수님이 같이 있겠다. 그러니 얼마나 좋습니까? 우리 위해서 몸 찢고 피흘려 십자가에서 희생해 주신 예수님은 그 전체가 사랑인 것입니다.

우리가 천국가면 입이 딱 벌어지고 놀라서 말을 할 수 없는 것들을 주님이 예비해 놓으셨습니다. 가장 이상적이고 놀라운 우리 남편 되는 예수님께서 우리에게 한없는 행복을 허락해 주실 것입니다. 이렇기 때문에 장차 어떻게 할까 근심하지 말고 하나님과 예수님을 순수하게 믿고 가십시다. 죽음을 두려워하지 말 것은 죽음이란 영원히 사는 시작인 것입니다. 그 다음에는 영원히 사는 것입니다. 잠시 사는 것이 아니라, 살고 또 살고, 살고 또 살고, 영원히 사는데 늙어지지 않고 영원히 그리스도의 모습을 닮아 젊은 아름다운 모습으로 살 것입니다.

예수님 안에서 나는 어떠한 사람이냐. 죄와 흑암에 잡힌 사람이 그리스도의 보혈로 말미암아 씻음 받아 구원받은 사람으로 나를 확실히 알게 되는 것입니다. 자기가 누군지 알려면 십자가를 바라보면 알 수 있습니다. "아담의 죄에서 용서받은 나, 더러움에서 씻음 받고 거룩하고 의롭다함을 얻은 나, 채찍에 맞은 공로로 병에서 고침 받고 건강한 나, 저주에서 해방되고 아브라함의 복을 받은 나, 부활 영생 천국을 얻은 나! 나는 이런 사람이다. 이런 나를 보면 내가 영원히 잘되고 범사에 잘되며 강건하고 생명을 얻되 넘치게 얻는 전인구원을 받은 사람 아니냐. 나는 이런 사람이다." 담대하게 말할 수 있습니다. 예수를 믿지 않는 사람보고 당신은 누구냐고 말하면 확실히 대답할 수 없습니다.

우리는 갈보리 십자가 밑에 가면 예수님을 쳐다볼 때 예수님을 통해서 내가 누군지를 분명히 알게 되는 것입니다. 누구든지 그리스도 안에 있으면 새로운 피조물이라 이전 것은 지나갔으니 보라 새것이 되었도다. 우리 첫 조상 아담을 통해서 얻은 육신의 삶이 갈보리 십자가에서 청산되고 육의 사람이 신령한 사람으로 다시 태어나는 것입니다. 그래서 용서받은 의로운 사람, 거룩한 사람, 건강한 사람, 축복받은 사람, 영생복락을 얻은 사람으로 변화되는 것입니다. 새 사람 된 것은 매일같이 갈보리산 밑에서 예수님을 쳐다보고 확인하게 되시기를 주의 이름으로 축원합니다.

자기가 누구인 것을 확실히 알고 자기에 대한 꿈과 환상을 가진 사람은 하나님이 모든 일에 형통케 해주는 것입니다. 꿈이 없고 환상이 없는 사람은 하나님이 형통케 하지 않습니다. 내가 누군지도 모르고 내가 꿈도 없는 사람에게 하나님이 축복을 해주지 않습니다. 그렇기 때문에 우리는 십자가 밑에 그리스도를 쳐다보고 내가 어디서 와서 왜 살며 어디로 가는지를 깨닫게 되는 것입니다.

둘째, 예수님 안에서 희망과 꿈을 갖게 된다. 사람은 희망과 꿈이 없으면 삶의 의미를 상실하고 마는 것입니다. 이 세상에 가장 중요한 것이 희망인 것입니다. 내일에 대한 희망인 것입니다. 우리가 살아가면서 내일에 대한 희망이 있으면 오늘 어떤 고생이 있어도 참을 수가 있어요. 그러나 내일 희망이 없으면 오늘 살 의미가 없는 것입니다. 희망이 있고 꿈이 있으면 정말 양쪽 날개단 것과 같은 것입니다. 훨훨 날아갈 수가 있는 것입니다.

우리가 예수님을 통해서 하나님을 알게 되면 아무리 어렵고 고통스럽고 괴로운 삶을 살아도 그 가운데 희망과 꿈을 가질 수 있는 것은 예레미야 29장 11절에 "너희를 향한 나의 생각을 내가 아나니 평안이요 재앙이 아니니라 너희에게 미래와 희망을 주는 것이니라" 정말로 놀라운 하나님 아니십니까? 어려움을 당하거든 하나님을 찾을 때 아실 것은 어떠한 어려움이 있어도 하나님은 이를 통해서 내게 미래와 희망을 주시는 것이지, 재앙을 주어서 나를 낭패와 실망케 하려는 것이 아니라는 것을 알아야 하는 것입니다. 예수님을 통해서 하나님은 우리를 재앙에서 건져내 주지 않았었습니까?

이사야 53장 5절에 "그가 찔림은 우리의 허물 때문이요 그가 상함은 우리의 죄악 때문이라 그가 징계를 받으므로 우리가 평화를 누리고 그가 채찍에 맞으므로 우리는 나음을 받았도다" 우리의 재앙을 예수님이 담당하셨습니다. 그렇기 때문에 우리는 예수님 앞에 있을 때 모든 재앙에서 해방되고 미래와 희망을 갖게 되는 것을 알 수 있는 것입니다. "여호와는 나의 피난처요 요새요 의뢰하는 하나님이라 하리니, 이는 저가 너를 새 사냥꾼의 올무에서와 극한 염병에서 건지실 것임이로다. 저가 그 깃으로 너를 덮으시리니 내가 날개 아래 피하리로다. 그의 진실함은 방패와 손방패가 되나니 너는 밤의 놀램과 낮에 흐르는 살과 흑암 중에 해하는 염병과 백주에 황패케 하는 파멸을 두려워하지 아니하리로다. 천인이 네 곁에서 만인이 네 우편에서 엎드려지나 이 재앙이 네게 가까이 오지 못하리로다(시 91:2~7)" 절대로 재앙이 아닙니다. 합력하여 선을 이루는 것입니다.

우리는 이 땅에 살면서 하나님을 주인으로 모시고 살면 어떠한 어려운 환경 속에서도 내일이 있고 희망이 있습니다. 참으면 내일과 희망이 반드시 다가오는 것입니다. 그렇기 때문에 우리는 예수님 안에서 희망과 꿈을 얻게 되므로 예수님 믿는 것이 그렇게 행복한 것입니다. 우리가 옛 사람을 어떻게 벗어버립니까? 내가 죽었다가 새로 태어나면 좋겠다는 생각을 할 때가 많이 있지 않습니까? 옛사람은 죄를 짓고 불의하고 추악하고 버림을 받아야 마땅할 사람이요, 더럽고 추하고 마귀의 종이 된 사람, 아무리 물로 씻어도 때가 지지 않는 옛사람을 어떻게 하는 것입니까? 예수님께서 내가 돌보아 주마. 우리를 덥석 안고 십자가에서 함께 못 박혀 죽으셨습니다. 예수 죽음 내 죽음, 예수 무덤 내 무덤, 예수 부활 내 부활. 우리는 실제로 안 죽었는데 예수님이 우리 이름을 안고서 죽었습니다. 예수님을 통해서 내가 죽었어요. 내가 옛사람을 청산했어요. 내가 예수를 통해서 부활한 것입니다. 이것을 믿으면 내 것이 됩니다.

에베소서 4장 22절로 24절에 "너희는 유혹의 욕심을 따라 썩어져 가는 구습을 따르는 옛 사람을 벗어 버리고 오직 너희의 심령이 새롭게 되어 하나님을 따라 의와 진리의 거룩함으로 지으심을 받은 새 사람을 입으라" 벗고 입는 것입니다. 우리가 실제로 고통당한 것이 아니라 예수님이 다 벗어준 것 우리가 벗어버리고 예수님이 새로 지어준 것 입는 것입니다. 그 속에 희망과 꿈이 넘쳐 나는 것입니다. 새것이 되는 희망과 꿈을 예수님 안에서 가질 수 있는 것입니다. 우리는 예수님 안에서 용서받은 사람이 되고, 거룩하게 되고, 예수님 은혜로 치료받고 축복받고, 부활 영생 천국을 얻는 사람이 되는 것입니다. 예수님 공로 때문에 되는 것입니다. 내 힘으로 되는 것 아닙니다. 전적으로 믿음으로 말미암아 그 은혜를 인하여 되는 것입니다. 에베소서 4장 22절도 그렇지만, 고린도후서 5장 17절 누구든지 남녀, 노유 빈부귀천 할 것 없이 "예수 그리스도 안에 있으면 새로운 피조물이라 이전 것은 지나갔으니 보라 새것이 되었도다." 예수 안에서 새 것입니다. 죄인은 예수님이 십자가에서 죽으실 때 죽고, 다시 예수님이 부활하실 때 의인으로 부활한 것입니다. 예수를 믿었으니 죄가 용서받은 의로운 사람인 것입니다. 더러움이 씻어진 거룩한 사람인 것입니다.

옛날에는 병이 와서 들러붙고 병이 물고 찢고 하지만 바르게 알아야 합니다. 병의 주인은 누구냐! 마귀입니다. 귀신이 몸에 강제로 쳐들어와서 점령을 했는데 그 귀신이 점령을 하고 난 다음 귀신이 자기 성품을 나타내는데, 폐병 귀신은 폐병으로 나타나고, 암의 귀신은 암으로 나타나고, 관절염의 귀신은 관절염으로 나타나고, 그 귀신이 자기 모습들 드러내는 것입니다. 보이는 것은 나타난 것으로 말미암아 된 것이 아닙니다. 암은 암 자체가 암이 된 것이 아니라, 암의 귀신이 들어와서 암의 집을 지은 것입니다. 암 귀신이 암의 집을 짓고, 폐병의 귀신이 폐병의 집을 짓고, 관절염의 귀신이 들어와서 관절염을 짓습니다.

이를 알고 우리가 예수님의 이름으로 질병을 쫓아내 버리면 병이 없어지는 것입니다. 그러므로 "나사렛 예수 그리스도 이름으로 명하노니 너희 암의 귀신은 물러가라! 폐병은 물러가라! 관절염은 물러가라"고 대항하는 것은 그 때문인 것입니다. 너희가 내 이름으로 귀신을 쫓아냄이라고 말한 것입니다. 주인이 쫓겨나가면 주인이 살던 집은 허물어지고 마는 것입니다. 강제로 물리쳐야 됩니다. "세례 요한 때부터 지금까지 천국은 침노를 당하나니 침노하는 자가 빼앗느니라." 침노라는 것은 나팔 불고 북치며 걸어가는 것이 침노가 아닌 것입니다. 총을 쏘고 창을 찌르고, 진격하여 물리치고 들어가는 것이 침노입니다. 마귀와 싸움은 결심을 해야 되는 것입니다. 뒤로 물러가면 안 됩니다. 각오하고 싸워야 되는 것입니다. 우리가 옛사람을 벗어버리고 새사람을 입었으면 새사람은 마귀에게 집을 허락해줘서는 안 되는 것입니다.

셋째, 예수를 믿었으니 차원 높게 살아야 한다. 감각적이고 이성적이고 체험적인 물질세계를 뛰어넘는 믿음의 세계에 살 수가 있는 것입니다. 안 믿는 사람은 믿음의 세계를 몰라요. 죽으면 그뿐이라고 생각하는 것입니다. 영안이 열리지 않았기 때문입니다. 예수를 믿고 구원을 받으면 믿음의 세계가 있는데, 그것은 영의 세계입니다. 그곳은 믿음으로 말미암아 우리 운명을 바꾸고 이끌어 갈 수 있는 것입니다. 성경은 말합니다. '네 믿음대로 될지어다.' 그러므로 이제 보십시오. 많은 사건을 믿음으로 변화시킬 수 있는 것입니다.

환경을 주님을 믿음으로 말미암아 선하고 아름답고 귀하게 변화시킬 수 있는 것입니다. 그냥 내버려 놓으면 험하고 고통스럽고 괴로울 것인데도 불구하고 믿으면 하겠네. 믿으면 변화가 다가오는 것입니다. 우리 각 사람에게 분량대로 믿음을 나누어 주셨는데 믿음을 왜 사용하지 않습니까? 사용하면 내가 달라지고 내 환경이 달라지는 것입니다. 운명이 달라지는 것입니다. 정말로 죽고 사는 권세를 믿음을 가지고서 행할 수가 있게 되는 것입니다.

히브리서 11장 3절에 "믿음으로 모든 세계가 하나님의 말씀으로 지어진 줄을 우리가 아나니 보이는 것은 나타난 것으로 말미암아 된 것이 아니니라" 눈에 보이는 것은 그 자체가 그렇게 되는 것이 아닙니다. 믿음으로 그렇게 되는 것입니다. 환경에 좋은 일이 일어난다고 믿으면 좋은 일이 일어납니다.

합력하여 유익이 된다고 믿으면 그대로 되는 것입니다. 기쁘고 행복하게 된다고 믿으면 그런 것이 다가오는 것입니다. 믿으면 그렇게 되는데 안 믿으면 오지 않는 것입니다. 주님은 그냥 도와주는 것이 아닙니다. '네 믿음대로 될지어다.' 믿음이 적으면 적은대로. 크면 큰대로 믿음대로 되는 것입니다. 안 믿으면 안 되는 것입니다. 예수 믿는 사람은 이 신령한 믿음을 분량대로 주셨습니다.

히브리서 10장 38절에"나의 의인은 믿음으로 말미암아 살리라 또한 뒤로 물러가면 내 마음이 그를 기뻐하지 아니하리라" 믿음이란 없는 것을 있는 것 같이 바라보고 믿는 것을 말합니다. 없는 것을 있는 것같이 믿으세요. 나는 영원히 잘된다고 믿으십시오. 지금 없는데도 그렇게 믿으십시오. 그러면 그대로 됩니다. 범사에 형통한다고 믿으십시오. 믿으면 그렇게 됩니다. 나는 강건하게 된다고 믿으십시오. 그러면 그대로 됩니다.

믿고 생각하고 꿈꾸고 말하세요. 그러면 그대로 됩니다. 믿음과 생각과 꿈과 말은 함께 가는 것입니다. 내가 믿으면 그렇게 생각하게 되고 그렇게 꿈꾸게 되고 그렇게 말하게 됩니다. 그러므로 믿음은 놀라운 능력을 가지고 있습니다. 믿음이 인생을 변

화시켜서 내일은 오늘보다, 다음 달은 금번 달보다, 명년은 금년
보다 나아진 삶을 살 수가 있습니다.

우리 예수 그리스도와 함께 있는 하나님의 자녀들은 참으로 복
받은 사람인 것입니다. 우리 예수 믿는 사람은 믿음, 소망, 사랑
으로 분위기를 만들어 잡아 놓으면 온 천지에 악한 귀신이 한길로
왔다가 일곱 길로 도망치는 것입니다. 향기가 나면 벌과 나비가
날아오듯이 성령으로 충만한 분위기를 만들어 놓으면 믿음, 소
망, 사랑으로 좋은 것이 다가오게 되는 것입니다.

요한복음 14장 27절에 "평안을 너희에게 끼치노니 곧 나의 평
안을 너희에게 주노라 내가 너희에게 주는 것은 세상이 주는 것과
같지 아니하니라. 너희는 마음에 근심하지도 말고 두려워하지도
말라"참 우리가 생각하는 것보다 주님 너무나 좋은 것을 약속했
습니다. 주님은 우리보고 마음에 근심도 말고 두려워하지도 말라
고 말했습니다. 우리가 예수를 믿고 전심으로 기도하다가 성령으
로 세례를 받게 됩니다. 기도하다가 성령으로 충만해지면 실제로
마음에서 평안이 올라오고, 담대해집니다. 성령의 권능으로 되
는 것입니다. 말이 아니고, 믿음이 아니고, 실제로 평안이 느껴
지고, 담대해지는 것입니다. 하나님은 살아계시기 때문입니다.

그런데 우리는 늘 근심하고 늘 두려워합니다. 우리 주님께서
는 오늘도 근심도 말고 두려워하지 말라는 것은, 내가 대신 근심
했고, 내가 대신 두려움과 싸웠다고 말씀하기 때문인 것입니다.
그러므로 우리에게 평안을 주신다. "주님이시여 내가 여기 있나

이다. 나를 붙들어 주시옵소서." 주님께서 말할 필요 없이 우리 마음속에 성령으로 실제적인 평안을 주시는 것입니다.

"사랑하는 아들딸들아 내가 너희 안에 있고 네가 내 안에 있는 것을 알지 못하느냐. 내가 아무리 말해도 사람들이 깨닫지 못하므로 내가 한탄하도다. 하늘과 땅의 권세를 내 손에 쥐었으니 내가 어찌 너를 버리랴. 내 몸을 찢고 피를 흘려 너희를 값 주고 샀으니 어찌 내가 내 것을 버리고 떠나랴. 마귀가 무슨 말을 하더라도 속지 말라. 항상 나는 너와 같이 있느니라." 이와 같이 주님께서 말씀하십니다.

충만한 교회는 말씀과 성령으로 성도들을 치유하여 성령의 인도를 받는 영적인 성도가 되도록 하는 목회를 합니다. 충만한 교회 목회 방향은 성도들을 목회자 그늘에서 믿음 생활을 하는 나약한 성도가 되지 않도록 하는 것입니다. 말씀과 성령으로 치유 받아 영의 통로를 열고 하나님과 직접 관계를 열어 교통하면서 세상 어디를 가더라도 자신 안에 임재하신 하나님께 기도하여 응답을 받으면서 세상을 살아가도록 합니다. 악한 영들을 권능으로 대적하여 환경을 변화시킬 수 있는 성도가 되도록 합니다.

영적인 자립을 하는 것을 목표로 훈련합니다. 하나님께서 부여하신 권능을 사용하여 세상을 장악하게 합니다. 그래서 주일날도 강한 성령의 역사가 일어나는 예배를 드립니다. 예배 시간은 1부 11:00-/ 2부 13:30-입니다. 기도를 40분 이상 하면서 담임 목사가 일일이 안수하여 성령으로 충만 받도록 합니다.

7장 죄인을 위해 보혈을 흘리신 예수님

(요19:33-34)"예수께 이르러서는 이미 죽으신 것을 보고 다리를 꺾지 아니하고, 그 중 한 군인이 창으로 옆구리를 찌르니 곧 피와 물이 나오더라"

하나님은 우리를 사랑하십니다. 많은 사람들이 예수님을 믿지 않고도 잘 사는데 나는 왜 유독이 예수 없이는 못 사는가? 그런 생각을 해 볼 때가 있습니다. 나는 거짓말하지 않고 솔직히 예수 없이는 못 살아요. 예수님 믿기 때문에 삶에 용기와 힘이 생기고 또 예수 믿기 때문에 너무나 행복합니다. 많은 사람들이 삶의 행복은 예수님 안에서 사는 것이라고 말하고 있습니다. 아브라함 링컨은 "행복이란 우리가 하나님과 연합하는 데 있다."고 말했습니다. 파스칼은 "마음에 하나님을 모시고 사는 사람이 가장 행복한 사람이다."라고 말했습니다. 존 웨슬레도, "하나님을 떠나서는 행복이란 없다."고 말했습니다.

시편 144편 15절에 "여호와를 자기 하나님으로 삼는 백성은 복이 있도다."라고 말했었으며 시편 16편 2절에 "내가 여호와께 아뢰되 주는 나의 주님이시오니 주 밖에는 나의 복이 없다 하였나이다."라고 말씀했습니다. 예수님 없이는 살 수 없고 예수님 없이는 복도 행복도 찾을 수가 없습니다. 예수님이 우리의 죄악을 사하시기 위하여 흘리신 보혈입니다.

첫째, 겟세마네 동산에서 흘리신 피와 땀. 누가복음 22장 44절에 보면 "예수께서 힘쓰고 애써 더욱 간절히 기도하시니 땀이 땅에 떨어지는 핏방울 같이 되더라." 예수님이 마지막 날 밤에 겟세마네 동산에서 베드로와 야고보와 요한을 데리시고 기도하실 때에 간절한 기도를 하였습니다. 이 기도를 하면서 피와 땀을 쏟으신 주님이십니다.

예수님께서는 겟세마네 동산에서 기도할 때 말할 수 없는 무거운 중압을 느꼈습니다. 그는 자기가 짓지 않은 죄, 모든 인류의 죄를 자기가 책임지고, 십자가에 올라가서 하나님 앞에 극형을 받고 인간으로써 가장 고통스러운 십자가에 못 박혀 죽는 죽음을 당해야 되는 것입니다. 이렇기 때문에 예수님께서는 인간의 한 사람으로써 이 억울할 죄를 다 덮어쓰고 이 처참한 고통을 당하는 것을 좋아할 리가 없습니다. 그러나 하나님께서는 예수님에게 십자가에서 인류를 대신해서 희생제물이 되어 십자가에서 죽어 주기를 소원했습니다.

그러므로 하나님 뜻은 예수님이 십자가에서 죽는 데에 있습니다. 그러나 예수님께서는 할 수만 있으면 이 죄의 잔을 받지 아니하고 이 십자가의 고통을 받지 아니하고 지나가고 싶습니다. 그러나 여기에서 예수님께서는 전적으로 자기 자신을 버리고 하나님의 뜻을 택하는 기도를 드렸었습니다. '내 뜻대로 마옵시고 아버지의 뜻대로 하시옵소서.' 이것이 얼마나 힘들고 어렵고 고통스러웠던지 그의 피하의 모세혈관들이 터져서 그는 땀과 함께 피가 그 온 몸에서 솟구쳐 나왔습니다. 예수 그리스도의 겟세마네 동산에서 흘린 피는 우리에게 오늘날 '내 뜻대로 마옵시고 아버지의 뜻대로 하옵소서.'하는 이 위대한 기도와 결단을 내리도록 우리에게 도와주시는 것입니다.

예수님이 분명히 피를 흘리시면서 까지 기도하는 이유는 분명히 있습니다. 마태복음 26장 38절"이에 말씀하시되 내 마음이 매우 고민하여 죽게 되었으니 너희는 여기 머물러 나와 함께 깨어 있으라 하시고" 예수님께서 얼마나 고민이 되셨으면 믿음이 약한 제자에게까지 깨어서 기도하여 달라는 기도의 응원을 부탁하였나를 생각 할 때에 주님의 애절한 마음을 알 수가 있습니다. 예수님은 심한 고민을 조금이라도 덜기 위하여 믿음이 약한 세 제자들에게까지 기도를 부탁하였습니다. 그러나 예수님이 피와 땀을 쏟으며 기도를 한 후에 돌아와 보니 제자들은 절박한 예수님의 심정을 모르고 잠을 자고 있었습니다. 주님은 우리의 고민을 담당하신 후에, 기도의 피를 흘리신 후에는 제자들에게 이제는 자고 편히 쉬라는 평안을 주신 것입니다.

성경에는 예수님이 고민을 짊어지신 일로 인하여 고민이라는 단어조차 없습니다. 단지 부자와 나사로의 비유에서 부자가 지옥불 속에서 고민하고 있는 것만 있을 뿐입니다. 예수님이 세상의 모든 고민을 겟세마네 동산에서 기도하시며 생명의 피를 흘려주심으로 우리에게는 이제 평안과 기쁨과 감사가 넘치게 되었습니다. 빌립보서 4장 4절에 보면"주 안에서 항상 기뻐하라 내가 다시 말하노니 기뻐하라"말씀하십니다.

고민이나 고통은 주안에 있는 사람에게는 상관이 없는 단어입니다. 고민과 고통은 부자와 같이 지옥에 갈 사람들이나 하는 단어이요, 일입니다. 지옥에 간 부자와 같이 마귀의 사슬에 묶여 있는 자들이 하는 일이 고통입니다.

우리는 항상 고민 대신에 항상 기뻐하면서 살아가야 합니다. 데살로니가 전서 5장 16절로 18절에서 "항상 기뻐하라. 쉬지 말고 기도하라. 범사에 감사하라. 이것이 그리스도 예수 안에서 너희를 향하신 하나님의 뜻이니라" 아버지의 뜻대로 되게 하여 달라 하신 주님의 기도대로, 모든 고민을 걷어 가시고, 항상 기쁘게 생활하는 복을 주신 주님, 대속의 생명의 피를 흘려 우리의 고민을 없이하신 예수님께 감사와 영광을 돌립니다.

그런데 우리가 수많은 일에 아버지의 뜻보다 내 뜻을 택할 때가 많습니다. 우리가 눈앞에서 이것이냐 저것이냐 택해야 될 때, 하나님을 택해야 될 것인데도 불구하고, 여기에 나를 택할 때가 많습니다. 아무리 하나님을 택하려고 해도 내 마음속에 유혹이 많고, 내 마음의 탐욕 때문에 하나님의 길을 못 택하고, 몸부림칠 때, 우리는 이 피의 도움을 받을 수가 있습니다. 하나님 아버지여 겟세마네 동산에서 흘리신 예수 그리스도의 보혈의 능력으로 나를 도와주시옵소서. 이렇게 기도할 때 겟세마네 동산에서 흘리신 예수님의 피의 능력으로 말미암아 하나님의 능력이 우리에게 임하여서 자아를 깨뜨리고 자아를 버리고, 하나님의 길을 택할 수 있는 힘을 얻을 수가 있는 것입니다.

오늘 그렇기 때문에 겟세마네 동산에서 흘리신 예수님의 피는 '내 뜻대로 마옵시고, 아버지의 뜻대로 하시옵소서.'라고 하나님께 부르짖고 있습니다. 우리가 이 피를 의지하면 이 피의 부르짖음을 통하여 하나님의 위대한 성령의 능력이 임하여서, 우리 자신을 깨뜨리고 극복하고 하나님의 뜻을 따라 신령한 삶을 살아갈 수 있는 길을 열어 주시는 것입니다.

둘째, 예수님이 채찍에 맞으면서 피를 흘렸다. 마가복음 15장 15절에 보면 "빌라도가 무리에게 만족을 주고자 하여 바라바는 놓아 주고 예수는 채찍질하고 십자가에 못 박히게 넘겨 주니라."고 말하고 있는 것입니다. 그 당시에 사형을 받는 죄수들은 사십에 하나 감한 매를 맞았었습니다. 예수님은 이미 가야바의 뜰에서 밤새도록 심문을 당하고 아침에 빌라도에게 끌려와서 빌라도에게 심문을 당하고 나중에 사형 언도를 받고서 군인들에게 넘겨졌는데 군인들이 자기들의 숙소가 있는 데로 끌고 가서 예수님을 묶었었습니다. 그리고 형틀에 예수님을 매단 다음, 그 옷을 벗기고 그 장정들이 채찍을 들고 예수님을 때린 것입니다. 그 당시 로마인들이 사용하던 채찍은 이 손잡이 위에 가죽 끈이 다섯 개 나와 있고 다섯 개의 끈마다 쇠고랑이 걸려 있었습니다. 이것을 가지고서 힘차게 예수님을 때리니까 가죽 끈에 있는 다섯 쇠고랑이 예수님의 몸을 파고 들어갑니다.

이것을 잡아당기면 한꺼번에 다섯 고랑이 파헤쳐집니다. 그들은 한번, 두 번, 세 번, 네 번, 사십에 하나 감한 매를 때립니다. 예수님께서 그 채찍이 그 몸에 내리질 때마다 얼마나 부르짖었겠습니까? 얼마나 몸부림쳤겠습니까? 그 몸에서 선지피가 흘러 나왔었습니다. 성경은 이사야서 53장 5절에 "그가 찔림은 우리의 허물 때문이요 그가 상함은 우리의 죄악 때문이라 그가 징계를 받으므로 우리는 평화를 누리고 그가 채찍에 맞으므로 우리는 나음을 받았도다."라고 말하고, 이사야 53장 10절에 "여호와께서 그로 상함을 받게 하시기를 원하사 질고를 당케 하셨다."고 하셨습니다. 이사야 53장 4절에는 "그는 실로 우리의 질고를 지고 우리의 슬픔을 당하였거늘 우리는 생각하기를 그는 징벌을 받아 하나님께 맞으며 고난을 당한다 하였노라."고 말한 것입니다.

하나님께서 우리의 병을 얼마나 미워하셨기에 예수님께서 십자가에 못 박히기 전에 채찍에 맞음으로 우리의 모든 질병을 다 청산하도록 만들었다고 하는 것입니다. 여기에 하나님께서는 그로 상함 받게 하기를 원하셨다고 말했습니다. 그래서 우리 질고를 당케 하셨다고 하셨습니다. 그러므로 오늘날 하나님께서는 우리의 죄의 문제만을 해결하려고 한 것이 아니라, 우리의 마음과 육신의 질병의 문제에 관해서 깊은 관심을 가지고, 질병의 문제를 해결하려고 채찍에 맞은 것입니다.

마태복음 8장 16-17절에 보면 이렇게 기록하고 있습니다. "저물매 사람들이 귀신 들린 자를 많이 데리고 예수께 오거늘 예수께서 말씀으로 귀신들을 쫓아내시고 병든 자들을 다 고치시니 이는 선지자 이사야를 통하여 하신 말씀에 우리의 연약한 것을 친히 담당하시고 병을 짊어지셨도다 함을 이루려 하심이더라."

이처럼 예수 그리스도께서는 빌라도의 뜰에서 군인들에게 채찍에 맞으심으로 그 몸이 갈기갈기 찢어지면서, 그 피를 쏟음은 우리의 마음의 병, 육신의 병을 대신 짊어지고 가신 것입니다.

그러므로 거기에서 흘린 피는 오늘날 우리를 향하여 외치고 있는 것입니다. "그가 찔림은 우리의 허물 때문이요 그가 상함은 우리의 죄악 때문이라 그가 징계를 받으므로 우리는 평화를 누리고 그가 채찍에 맞으므로 우리는 나음을 받았도다."(사53:5).

이 채찍에 맞은 보혈은 지금도 하나님을 향해서 의인 아벨의 피보다 더 낫게 말하고 있습니다. 하나님이여 이 사람의 질병은 내가 채찍에 맞아 흘린 피로 갚아버리고 말았습니다. 그러므로 우리는 육신의 병 고침을 위해서 기도할 때 이 예수 그리스도의 채찍에 맞은 보혈을 의지하고 기도해야 되는 것입니다.

하나님이여 날 위하여 날 위하여 예수께서 빌라도의 뜰에서 채찍에 맞아 찢어져서 피를 쏟았는데 그 채찍에 맞은 피에 의지해서 아버지께 기도합니다. 아버지여 그 보혈의 능력으로 나를 고쳐 주시옵소서. 이 예수의 피는 우리보다 더 낫게 말합니다. 의인인 아벨의 피보다 더 낫게 말합니다.

이 피가 우리의 기도와 함께 하늘보좌에 올라갈 때, 하나님은 이 피의 부르짖음을 들으시고, 우리에게 성령으로 믿음을 주심으로 말미암아 우리의 영과 몸과 마음의 여러 가지 병에서 고침을 받도록 역사하여 주시는 것입니다.

병 고침은 하나님의 뜻입니다. 그렇기 때문에 하나님께서는 마음에 원하사, 예수님으로 하여금 채찍에 맞아 우리의 질고를 당하게 하셨기 때문에 오늘 이 시간에도 하나님께서는 우리의 죄를 용서하기를 원하시는 만큼 우리의 병을 고치기를 간절히 원하시고 계십니다. 교회는 예수님의 보혈의 공로를 의지하여 질병을 치유해야 합니다. 교회는 병을 고치는 병원입니다.

셋째, 가시관의 가시에 찢기어 이마에서 피를 흘렸다. 마가복음 15장 17절에 보면 "예수에게 자색 옷을 입히고 가시관을 엮어 씌우고" 유대나라에 가면 예수 머리에 씌웠던 가시면류관을 볼 수 있습니다. 우리 한국에 있는 찔레꽃이나 탱자나무 가시 같은 이런 가시와는 틀립니다. 유대나라에서 엮어서 예수님께 씌운 가시면류관은 가시 하나가 손가락만큼 큽니다. 아주 무서운 가시입니다. 이 가시를 군인들이 엮어서 면류관을 만들어 가지고 예수님의 머리에다가 눌러 씌웠습니다. 그러니 그 무서운 새끼 손가락만한 가시들이 예수님의 이마의 혈관을 뚫고 그 얼굴에서 피가 줄기줄기 흘러 내렸었습니다.

그 피는 예수님의 눈을 가득히 채웠고, 그 수염을 통해서 가슴팍으로 흘러 내렸습니다. 예수님의 피 한 방울 한 방울은 하나님의 아들의 피요, 거룩한 피 입니다. 대속의 위대한 피 입니다. 그 피가 예수 그리스도의 얼굴에 흘러내리면서 그 피가 부르짖는 소리를 우리는 듣습니까? 그 피가 하나님을 향해서 무어라고 부르짖고 외치는지 압니까? 마가복음 15장 34절에 보면 "제구시에 예수께서 크게 소리 지르시되 엘리 엘리 라마 사박다니 하시니 이를 번역하면 나의 하나님, 나의 하나님 어찌하여 나를 버리셨나이까 하는 뜻이라." 라고 부르짖고 외치고 계십니다.

창세기 3장 17-18절에 보면 "아담에게 이르시되 네가 네 아내의 말을 듣고 내가 네게 먹지 말라 한 나무의 열매를 먹었은즉 땅은 너로 말미암아 저주를 받고 너는 네 평생에 수고하여야 그 소산을 먹으리라. 땅이 네게 가시덤불과 엉겅퀴를 낼 것이라 네가 먹을 것은 밭의 채소인즉."이라고 말했습니다. 여기에서 아담과 하와가 하나님을 반역하고, 타락함으로 하나님께 땅이 저주를 받아 가시와 엉겅퀴를 내었는데 예수께서 가시로 만든 면류관을 그 머리에 눌러 쓴 것은 바로 아담과 하와의 그 저주를 대신 머리에 쓴 것입니다. 아담과 하와가 하나님을 반역할 잘못된 생각을 가졌기 때문에 그 생각을 통해서 행동에 옮겨서 저주를 받았으므로 이제 그 저주도 예수님께서 머리에 쓰신 것입니다. 그래서 오늘날 우리와 나의 머릿속에 있는 모든 저주의 생각을 주님께서 다 청산하기를 원하시는 것입니다.

예수님은 자연의 가시에만 찔린 것이 아니라 주님 십자가에 올라갔을 때 사람이 만든 쇠 가시, 쇠 못 그것에 양손과 양발이 찔려서 십자가에 매달리신 것입니다. 이러므로 갈라디아서 3장 13절에 "그리스도께서 우리를 위하여 저주를 받은바 되사 율법의 저주에서 우리를 속량하셨으니 기록된바 나무에 달린 자마다 저주 아래에 있는 자라 하였음이라."고 말한 것입니다. 이렇기 때문에 예수 그리스도는 우리를 위해 이 세상에 오셔서 저주의 가시, 인간이 만든 쇠 가시에 찔려서 이마에서 피를 쏟고 수족에서 피를 흘리셨습니다. 바로 이 흘린 피가 오늘 우리와 나에게 외치고 있는 소리를 듣습니까? 이것은 우리와 내가 이제 저주에서 해방을 얻고 말았다는 것입니다.

가시가 쇠 가시가 예수님을 찌르고 그 피를 흘렸으니, 그 피가 넘쳐 나와서 가시의 힘과 쇠 가시의 힘을 청산해 버리고 만 것입니다. 이렇기 때문에 오늘 예수 그리스도께서 면류관을 쓰고 그 가시로 말미암아 온 피, 쇠 가시에 찔려서 흘린 피에 의지해서 우리가 하나님께 나아갈 때 우리와 내가 마음의 생각을 고쳐야 되는 것입니다.

우리와 나의 생각에서 반역의 생각, 불신앙의 생각, 불순종의 생각을 다 제쳐 버려야 될 것입니다. 우리의 마음속에 부정적인 마음, 열등의식과 좌절감과 비관주의와 패배주의를 다 씻어내야 될 것입니다. 우리의 마음에 예수 안에서 할 수 있다. 하면 된다. 해 보자. 적극적이고, 긍정적이고, 창조적이고, 생산적이며 하나님의 은혜를 의지해서 아브라함의 축복 속에 있다는 자신감을 마음속에 가져야만 할 것입니다. 성경은 말씀하시기를 '하나님은 우리의 온갖 구하는 것이나 생각하는 것에 넘치도록 능히 하시겠다.'고 말하고 있습니다. '지킬만한 것보다 네 마음을 지켜라 생명의 근원이 여기에서 난다.'고 말했음으로 우리의 마음속에 이 예수 그리스도의 가시채로 말미암아 흘린 보혈로 말미암아 마음을 정하게 하고, 우리의 마음속에 하나님의 약속의 말씀으로 아브라함의 축복으로 긍정적이고, 적극적이며 창조적인 생각으로 채워 넣고, 그로 말미암아 믿음으로 나아갈 때 그 피가 우리와 나에게 큰 증명이 되고, 가시로 흘린 피가 우리와 나를 위해서 하나님께 부르짖어 기도해 주시는 것입니다.

그 피는 외칩니다. '하나님이여 이 사람은 저주받을 이유가 없습니다. 이 사람은 생활의 낭패와 실망을 당하고 수렁에 빠지고 절망에 처할 필요가 없습니다. 왜냐하면 내가 이 저주를 가시채로 머리에 쓰고 손발에 찔려서 청산하고 말았습니다.' 우리는 그러므로 이 피의 부르짖음을 들어야 됩니다. 이 피의 메시지를 마음속에 받아 들여야만 하는 것입니다. 그리고 이 피의 메시지를 믿고 이 피를 의지하고 기도할 때 이 보혈이 우리와 함께 기도해 주시므로 우리와 나의 생활 속에 저주는 사라져 버리고 말 것입니다. 이상 우리는 아담의 후손으로서 저주의 가시채를 온 몸에 감고 살아갈 필요는 없습니다. 예수 그리스도의 그 보혈이 우리와 나에게 이것을 증명해 주고 있는 것입니다.

넷째, 십자가에 못박이시며 양손과 발에서 피를 흘렸다. 마태복음 27장 35절 "그들이 예수를 십자가에 못 박은 후에 그 옷을 제비 뽑아 나누고" 예수님을 십자가에 못 박기 전에 군병들이 쓸개 탄 포도주를 주시며 예수님께 마시려 할 때에 사양하였습니다. 일종의 마취제로 십자가의 고통을 덜어 주려고 하는 인간의 생각이었지만 예수님은 거절하였습니다. 마취된 상태에서 십자가에 달리어 고통을 잊는 다면 아무런 십자가의 의미가 없습니다. 이 십자가의 고통의 피가 우리를 죄에서 속하는 구속의 피 입니다.

이사야서 53장 5절 "그가 찔림은 우리의 허물 때문이요 그가 상함은 우리의 죄악 때문이라 그가 징계를 받으므로 우리는 평화를 누리고 그가 채찍에 맞으므로 우리는 나음을 받았도다." 십자가의 보혈이 아니고서는 우리의 죄, 내 죄가 사하여지지 않습니다. 여기서 우리가 분명히 알 것은 예수님이 모든 고난당하신 이유가 우리를 위해서입니다. 특별히 주님이 나를 위하여 이 십자가의 고난을 당함을 알고, 우리는 이 십자가에서 피 흘려 죽으신 주님의 보혈을 믿음으로, 생명을 얻는 죄 사함을 받아야 합니다. 나와 상관이 없는 십자가의 고난은 아무런 의미가 없습니다.

나를 위한 십자가의 고난이심을 알아야 하고, 이 고난이 나에게 적용이 되어야 합니다. 내 죄를 위하여 내 대신 십자가에 달리셔서 고통을 당하며 피를 흘리며 돌아가신 주님을 믿음으로 십자가와 나와 상관이 있는 사람이 되어야 합니다. 내 죄를 위하여 내 대신 죽으신 예수님을 내 주님, 내 임금으로 삼고 섬기며 믿음 안에서 감사함으로 살아가야 합니다.

다섯째, 창에 찔리심으로 물과 피를 흘렸다. 예수님은 십자가에 못 박혀서 그는 여섯 시간 매달려 있었습니다. 그 다음 로마 군인들이 창으로 예수 그리스도를 찌르매 그 창이 옆구리를 통해서 예수 그리스도의 심장을 꿰뚫은지라, 그 심장에서 물과 피가 다 쏟아지셨습니다. 마가복음 15장 24-25절에 보면 "십자가에 못 박고 그 옷을 나눌새 누가 어느 것을 가질까 하여 제비를 뽑더라. 때가 제삼시가 되어 십자가에 못 박으니라." 예수님은 십자가에 못 박혀서 그 갖은 고통을 당하시고 그 심장이 터져 물과 피를 다 쏟았는데 이것은 무엇을 말할까요?

이 피는 무엇을 외칠까요? 히브리서 9장 22절에 보면 "율법을 따라 거의 모든 물건이 피로써 정결하게 되나니 피흘림이 없은 즉 사함이 없느니라." 고 말한 것입니다. 아무리 우리가 윤리와 도덕적인 행위를 가지고 산다고 할지라도 아무리 아름다운 종교와 의식을 행한다고 할지라도 성경은 말씀하기를 '피 흘림이 없은즉 죄 사함이 없다'고 말씀하셨습니다.

우리 사람의 생명이 피에 있다고 말하는데 우리 스스로는 피를 흘려버리면 죽어버리고 말아요. 그러므로 우리는 지옥에 떨어지고 말아요. 예수님만이 죄 없는 분이 우리와 나를 대신해서 그 피를 흘리셨습니다. 그 생명을 쏟았습니다. 그러므로 예수 그리스도의 피로 말미암아 우리는 원죄에서 놓임 받고 우리의 자범 죄에서 놓여남을 받습니다. 아담과 하와 속에서 태어날 때부터 얻고 나온 그 죄와 이 세상에 인간으로 태어나서 지은 수많은 죄가 예수 그리스도의 십자가의 보배로운 피로 한 번도 죄를 짓지 않은 것처럼, 정결하게 씻음 받고야 마는 것입니다. 바로 십자가의 그 피가 내 온 심신을 정결케 합니다.

그뿐 아니라 이 피는 나의 생활을 성결케 합니다. 히브리서 9장 14절에 "하물며 영원하신 성령으로 말미암아 흠 없는 자기를 하나님께 드린 그리스도의 피가 어찌 너희 양심을 죽은 행실에서 깨끗하게 하고 살아 계신 하나님을 섬기게 하지 못하겠느냐." 이러므로 우리가 죄 지을 생각이 아무리 나오더라도 십자가에 못 박힌 예수 그리스도의 피를 의지하고 하나님이여 그 피가 내 마음속에 큰 증거 됩니다. 예수의 피로 나를 정하게 하여 주시옵소서 하고 기도할 때, 이 피가 하나님께 부르짖어 죄 지을 생각을 없애고 우리를 성결하게 나가도록 이끌어 주시는 것입니다.

결론적으로 예수님은 우리의 구원을 위하여 피를 흘렸습니다. 아담의 죄로 죽어야 하는 우리를 위하여 예수님이 대신 죽으신 것입니다. 아담의 죄가 사해져서 마귀가 우리를 저주 할 수 없게 되었습니다. 역으로 그리스도의 보혈의 피가 죄를 사하여 마귀를 이기게 함으로 이제 우리가 마귀를 이기는 것입니다. 내가 예수를 입으로 증거 하는 말, 주를 시인하는 말, 예수 그리스도의 십자가를 말 할 때에 마귀는 한 길로 왔다가 일곱 길로 도망가게 되는 것입니다. 예수의 피는 능력이 있습니다. 예수님은 다섯 번 우리를 위하여 피를 흘리시고 생명과 고침을 주시었습니다.

① 예수님이 기도할 때 흘린 피와 땀은 모든 고민을 해결하고 기쁨을 주는 능력입니다. ② 채찍에 맞으며 흘린 피는 못된 행실을 고치고 우리를 건강하게 살게 하는 능력입니다. ③ 가시관을 쓰시고 흘린 피는 저주를 축복으로, 평화의 삶을 주시는 능력입니다. ④ 양팔과 양 다리에 못 박히며 흘린 피는 죄악을 사하시고 하나님과 화목케 하시는 능력입니다. ⑤ 창에 찔려서 쏟아낸 피는 허물을 사하고 밤낮 참소하던 마귀를 이기는 능력입니다.

우리는 주님의 보혈의 능력을 믿고, 그 흘리신 피의 목적대로 살아가는 사람이 되어, 주님의 보혈을 결코 하나라도 헛되게 하지 말아야 합니다. 죄 사함을 받고, 허물을 용서받고, 축복 가운데서 기쁨으로 화평케 사는 것이 세상에서의 우리의 삶의 목적이요, 잠시 잠깐 후에 그 피로 말미암아 믿음으로 의롭다 함을 입고, 영생토록 주와 함께 살아가야 할 것입니다.

주님이 나를 위하여 다섯 번 피를 흘리셨습니다. 생명을 바치는 대속의 제물이 되셨습니다. 주님의 피가, 보혈이 결코 헛되게 하지 말아야 할 것입니다.

8장 인류의 죄를 당당하신 예수님

(요 1:29)"이튿날 요한이 예수께서 자기에게 나아오심을 보고 이르되 보라 세상 죄를 지고 가는 하나님의 어린 양이로다"

예수님은 아담의 죄악으로부터 인류를 구원하기 위하여 친히 고통을 담당하셨습니다. 우리들의 이성과 경험을 너무나 아득히 뛰어넘는 사건에 부딪히게 되면 우리는 아연실색하고 마음이 당황하게 됩니다. 그리고 할 말을 잊어버리게 됩니다. 바로 지금부터 2600여 년 전, 하나님의 선지자인 이사야가 경험한 사실이 이와 같은 것이었었습니다. 이사야가 하나님 앞에서 하나님의 계시를 받게 되었는데, 그 계시는 다름 아닌 하나님의 아들이 사람으로 오시되 그것도 아기 예수로 오셔서, 이 땅에서 성장하시고 장성한 이후에 인류를 위한 제물이 되셔서 십자가에 올라가 몸 찢고 피를 흘려 처참하게 죽으심으로 인류를 구원하실 것임이라는 하나님의 장엄한 가르침이었었습니다.

그래서 그는 그 계시를 보고 난 다음에 너무나 상상을 초월하고 믿을 수 없는 사건이기 때문에, 외치며 말했습니다."우리의 전한 것을 누가 믿었느뇨, 이 사건을 내가 아무리 전한들 누가 이것을 참으로 믿어주겠느뇨, 여호와의 팔이 누구에게 나타났느뇨, 하나님의 권능과 능력의 팔이 나타나서 기사와 이적을 베풀어도 잘 안 믿어 주는 세상에 내가 이러한 사건을 설명한다고 해서 누가 이 사건을 믿어 주겠느냐"라는 것입니다. 그러나 이사야는 예수님 오시기 600년 전에 그가 하나님께로부터 받은 계시를 하나도 남김없이 우리에게 상세하게 전달해 주었습니다.

그리고 이 예언을 우리가 2600년이 지나간 오늘 이 시대에 찾아볼 때에 얼마나 상세하게, 얼마나 감격적으로 예언한 것임을 알 수가 있고, 이사야가 예수님 오시기 600년 전에 예언한 사실이 이제 2000년 지난 오늘 이 시대의 예수 십자가를 바라보는 우리에게 놀라운 성취를 보여주고 있는 것입니다.

성경은 예수님의 탄생으로부터 시작해서 그 죽으심까지 고난의 역경을 우리에게 밝히 보여주고 있는 것입니다. 먼저 예수님의 탄생을 이사야는 이렇게 말했습니다. "그는 주 앞에서 자라나기를 연한 순 같고 마른 땅에서 나온 줄기 같아서 고운 모양도 없고 풍채도 없은즉 우리의 보기에 흠모할 만한 아름다운 것이 없도다" 예수님의 태어나심이 연한 순같이 태어나겠다는 것입니다. 유대인들은 생각하기를 "예수님은 만왕의 왕, 만 주의 주로서 장엄하게 하늘의 구름을 타고 천군 천사를 거느리고 이 땅에 강림하실 것"을 기대하고 있었는데 그것에 정반대로 이사야는 말하기를 "예수님은 연한 순같이 이 세상에 태어날 것이라"고 말했습니다. 연한 순이란 어리고 연약한 아기로 태어날 것을 예언한 것입니다. 더구나 예수님의 태어난 환경을 마른 땅에서 나온 줄기 같다고 말했습니다. 마른 땅에서 줄기가 나온 것은 햇빛에

시들어지고 바람에 날리는 연약한 줄기인 것입니다. 바로 예수 님께서는 마른땅 같은 나사렛 빈촌의 무명의 가문에서 바짝 마른 처녀 마리아의 몸에서 태어난 것은 사실인 것입니다. 이것을 상세히 이처럼 설명해 준 것입니다. 그렇기 때문에 우리가 보기에 고운 모양도 없고 풍채도 없다고 말했습니다. 예수님께서 어린 아기로 태어났을 때, 그 어린 아기를 보는 사람마다 눈이 휘둥그레지면서"이는 과연 전대에 미물의 어린 아기다, 이는 정말 우리가 지금까지 보기 드물게 아름답고 영광스러운 어린 아기다" 이렇게 감탄할 아기로서 태어난 것은 아닙니다.

예수께서 어린 아기로서 어린 순 같이 마른 땅에서 낳은 줄기 같이 태어나매 사람들이 찾아와 보아도 그에게는 귀동자의 고움과 옥동자의 늘씬함이 없는 가장 평범한 어린 아기, 소위 우리가 요사이 말하는 보통 사람의 아기로서 태어난 것입니다. 그러므로 고운 모양도 없고 풍채도 없은즉 흠모할 만한 아무것도 없었습니다. 외면으로 볼 때에 예수 그리스도를 흠모할 만한 아름다운 것이 없었다고 이사야는 예언하고 있는 것입니다.

과연 그 예언 말씀 그대로 우리는 예수 그리스도의 탄생을 볼 때에 그는 베들레헴의 버린 마구간에서 태어나서 강보에 싸여 말구유에 놓여 있는데, 그 어린 아기를 보러온 목자들이 자세히 살펴보니 예수 그리스도가 다른 어린 아기보다 특출한 것은 조금도 발견할 수가 없었습니다. 물론 그 당시에 하늘의 천사들이 와서 노래 부르고 천군이 예수 그리스도 구주의 탄생하심을 예언했지만, 그러나 실제로 찾아온 예수 그리스도의 모습은 그렇게 영화롭고 흠모할 모습이 하나도 없었던 것입니다.

그리고 예수님의 생애에 관해서 이사야는 너무나 상세하게 우리에게 설명하고 있습니다."그는 멸시를 받아서 사람에게 싫어 버린바 되었으며 간고를 많이 겪었으며 질고를 아는 자라 마치 사람들에게 얼굴을 가리우고 보지 않음을 받는 자 같아서 멸시를 당하였고 우리도 그를 귀히 여기지 아니하였도다" 예수 그리스도의 일생이란 멸시와 천대, 박대를 겪는 삶을 살았습니다. 왜냐하면 로마인에게는 위험한 선동자로서 늘 감시를 받았습니다. 예수께서 가시는 곳마다 수많은 군중이 몰려왔기 때문에 혹시 예수가 민족주의자로서 민중 봉기 선동을 일으켜서 로마 정부에 대한 대항을 하지 않을까 싶어서 끊임없이 로마의 첩자들이 예수 그리스도의 뒤를 따라다녔습니다.

그리고 예수 그리스도를 감시했습니다. 유대인에게는 이단자로서 배척을 받았었습니다. 예수께서는 하나님이 자기 아버지라고 말하고, 하나님과 자기는 동일하다고 말함으로 유대인들은 예수 그리스도를 이단으로 낙인찍었습니다. 그래서 유대인의 종교 지도자들은 가는 곳마다 예수 그리스도를 배척하고, 예수 그리스도를 핍박하고, 그리스도를 환란으로 몰아쳐 넣은 것입니다.

그리고 소위 말하는 율법학자들은 예수님께서 정식 교육이 없는 자로 낙인을 찍고 무식한 자라고 해서 그리스도를 멸시했습니다. 귀족에게는 예수님은 바로 비천한 출신이기 때문에 나사렛에서 무슨 선한 이가 나겠느냐고 하면서 그리스도의 오고 감을 무시하고 멸시한 것입니다. 그리고 부자는 예수 그리스도를 거지 취급을 했었습니다. 예수님은 오고 갈데없는 방랑자와 같이 이 도시에서 저 도시로, 이 동네에서 저 동네로 방랑하면서 복음을 증거 했습니다. 그러므로 부자들은 예수님을 거지 취급했던 것입니다. 이러므로 그리스도는 가는 곳마다 멸시와 천대를 받았습니다. 물론 예수를 따라다니는 사람은 이 세상의 천민이요, 소외되고, 버림받고, 고통당하고, 슬픔을 당한 사람들만 따라 다녔기 때문에 더욱더 예수 그리스도를 사람들은 무시했던 것입니다. 성경은 말하기를 예수그리스도는 '간고를 많이 겪었다'고 말했습니다. 그리스도의 일생은 간난신고(艱難辛苦)의 쓴 삶이었습니다. 왜냐하면 그는 일정한 거처가 없었습니다.

그러므로 어느 곳에 이부자리를 갖다놓고, 좋은 옷 갖다놓고 자고 깨고 할 수가 없었습니다. 그는 거처가 없었습니다. 새도 들 집이 있고 여우도 굴이 있었지만 인자는 머리 둘 곳이 없다고 주님은 방랑자의 삶을 살면서 복음을 증거한 것입니다. 방랑자의 삶이란 절대로 행복하고 편한 삶은 아닌 것입니다. 그는 언제 맛있는 음식, 좋은 의복을 입어볼 수가 없었습니다. 방랑하는 사람이 어떻게 구미에 맞는 음식을 주문할 수 있겠습니까. 어느 곳에 가나 주는 대로 잡수셨습니다. 그러므로 언제나 구미에 맞는 맛있는 진미를 예수님은 잡수시지 못하셨습니다. 그는 언제 좋은 옷을 입고서 사람들 앞에 나서지 못했던 것은 누가 좋은 옷을 때때로 만들어 주지 않았었습니다. 그는 통으로 짠 의복을 한 평생 입고 다닌 것입니다. 늘 떠돌아다니니 그 삶의 고생스럽기가 말로 다 할 수가 없고, 가는 곳마다 핍박과 고난을 당하셔서 이 동네에서 저 동네로 피신하지 아니할 수가 없었습니다. 그리스도야말로 일생을 간난신고로써 이 땅에서 보내신 것입니다.

　그러나 성경은 말씀하기를 '예수님은 질고를 아는 자라'고 말했었습니다. 왜냐하면 예수님이 이 땅에 오신 것은 질고로써 고생하는 사람들을 도와주기 위해서 오셨습니다. 영이 병든 사람, 마음이 병든 사람, 육신이 병든 사람, 생활에 병든 사람, 예수님은 병든 자를 치료하기 위한 의사로서 이 세상에 오신 것입니다. 그렇기 때문에 예수 그리스도를 로마인은 기피하고, 유대인은 멸시하고, 학자들은 천시하고, 귀족은 멸시하고, 부자는 그를 가까이 아니 했지만, 그러나 가난하고 병든 사람들은 무리를 지어서, 떼를 지어서 예수님을 따라다녔습니다. 예수님께서는 아침에 일어나서 저녁에 잘 때까지 그 주위에 병자들이 몰려오지 않은 때가 없었습니다. 그러므로 성경은 말하기를 '그는 질고를 아는 자'라고 말했습니다. 병들어서 고통하고 고민하는 것을 예수님은 알고 계셨습니다. 그리고 예수님은 가는 곳마다 귀신을 쫓아내고 병을 고쳤습니다. 열두 제자에게도 그렇게 하라고 말씀하셨고, 칠십 인의 제자에게도 그렇게 하라고 명령했으며, 나중에는 최후의 명령으로 모든 믿는 자들에게 귀신을 쫓아내고 병을 고치라고 주님께서 명령하신 것입니다. 이러므로 오늘날도 예수님은 이 자리에 와 계십니다. '너희 두 세 사람이 내 이름으로 모인 곳에는 나도 너희 가운데 있겠다'고 말씀하신 것입니다. 예수님은 우리의 질고를 알고 계신 것입니다. 예수님은 우리의 질고를 치료하기를 원하시고 계신 것입니다. 기독교는 병 고치는 종교인 것입니다.

기독교가 질고를 무시하고, 기독교가 병자를 위한 기도를 그친다면, 그것은 벌써 예수 그리스도의 교회가 되기를 그친 교회가 되어버리고 마는 것입니다. 성경에 보면 예수님은 방랑 전도사로서 그는 가는 곳마다 거처 없이 멸시와 천대를 받았으며, 하나님을 찾는 사람들조차 그를 알아보지 못하고 귀히 여기지 아니했었습니다. 이사야가 하는 말이 '우리조차 그를 귀히 여기지 아니하였다'고 말했었습니다.

안 믿는 사람은 말할 필요 없고, 하나님을 찾는 우리조차도 예수가 하나님 아들인 것을 알지 못하고 그를 귀하게 여기지 아니했다고 외치고 있는 것입니다. 그러므로 그리스도의 일생이란 이와 같은 간난신고를 겪으며 살았지마는 그러나 수많은 앓는 자, 병든 자, 소외된 자들의 친구가 되고 그들을 사랑하고 그들을 치료해 주신 것입니다. 성경은 "어제나 오늘이나 영원토록 동일하시니라"고 말씀하십니다. 그러므로 오늘날도 소외된 자, 버림받은 자, 가난한 자, 병든 자, 슬픈 자, 외로운 자들에게 예수님은 찾아 오셔서 그들의 친구가 되어 주시고 치료자가 되어 주시고 그들을 위로하시고 돌봐주시고 계신 것입니다.

그리고 예수님의 고난을 성경은 우리에게 여실하게 말씀해주고 있습니다. "그는 실로 우리의 질고를 지고 우리의 슬픔을 당하였거늘 우리는 생각하기를 그는 징벌을 받아서 하나님께 맞으며 고난을 당한다 하였느니라" 예수님의 고난의 얘기를 계속 들어 보십시오. "그가 찔림은 우리의 허물을 인함이요, 그가 상함은 우리의 죄악을 인함이라, 그가 징계를 받음으로 우리가 평화를 누리고 그가 채찍에 맞음으로 우리가 나음을 입었도다." 예수 그리스도의 생애는 바로 우리를 위한 대속의 생애였었습니다.

예수님께서는 여기 성경에 친히 기록한대로 진짜로 우리 질고를 지고 우리 슬픔을 당했다고 말한 것입니다. 여기는 '실로'라고 말했습니다. 이것은 가상이 아닙니다. 진실로 예수님은 우리의 질고를 짊어지셨다고 말씀하는 것입니다. 빌라도의 뜰에서 예수님은 그 등이 찢어지고 채찍으로 그 살이 갈기갈기 파헤쳐져 선지피가 줄기줄기 흐르도록 얻어맞았었습니다. 그는 몸부림을 쳤습니다만 성경은 말씀하기를 '여호와께서는 저가 상함 받기를 원하사 우리의 질고를 당하게 했다'고 기록하고 있는 것입니다.

이러므로 예수님께서는 병을 미워하십니다. 예수님께서는 여러분이 병들기를 원치 않으십니다. 당신이 그렇게 몸이 찢어지고 살이 파헤쳐지고 피를 쏟기까지 우리의 질병을 대신 짊어지시기를 원하셨습니다. 우리 한국의 시조에 "여보! 저 늙은이 짐 벗어 나를 주오 나는 젊었으니 돌인들 무거우랴 늙기도 서러워라 하거든 짊을 쫓아 지실까"라고 말한 것입니다. 짐을 진자가 그 짐을 내려놓고 다른 사람이 짊어져 주면 자기는 가볍게 걸어갈 수 있는 것입니다. 성경은 말씀하기를 '예수님은 실로 우리의 질고를 짊어지고 우리의 슬픔을 당했다'고 말했었으니 오늘 우리의 질병의 슬픔을 모두 다 예수께 맡겨 버리게 되시기를 주님의 이름으로 소원합니다. 예수님은 우리의 질고를 짊어지고 슬픔을 당했습니다. 일생을 살면서 마음속에 슬픔을 체험해 보지 않은 사람이 누가 있습니까? 우린 이 세상에 살면서 가슴이 찢기는 수많은 슬픈 경험을 합니다. 이 슬픔을 예수님은 담당하셨다고 말씀하시는 것입니다. "누가 나의 슬픔을 알아주랴, 누가 나의 찢긴 가슴을 알아주랴, 누가 나의 마음의 고난을 알아주랴"고 외치는 사람이 있을지 몰라도 예수님은 바로 우리의 슬픔을 당했었습니다. 그렇기 때문에 우리의 슬픔 가운데 오셔서 우리를 위로하시고, 용기와 희망을 줄 수 있는 분이 바로 나사렛 예수님인 것입니다.

그렇기 때문에 성경은 밝히 말하기를 '그는 실로 우리 질고를 지고 우리 슬픔을 당했다'고 말한 것입니다. 그러나 그 당시에도 그랬고 오늘날에도 그렇고, 우리는 생각하기를 '그는 형벌을 받아서 하나님께 맞으며 고난당한다고 하였노라' 예수님의 고난당한 것은 우리를 위한 대속의 고난인 것을 이해하지 못하고 스스로가 하나님께 버림받아 고난당한다고 오해를 하고 있는 것입니다. 오늘 이 시간에 마음 문을 활짝 열어놓고 하나님이 주시는 그 계시를 우리의 중심에 받아들여야 합니다. 예수님은 우리의 질고를 지고 우리의 슬픔을 당했었습니다.

그러므로 예수님만이 우리를 질고에서 놓아주실 수 있고 우리를 슬픔에서 놓아주실 수 있는 위대한 힘과 능력을 가지고 있는 것입니다. 성경은 계속해서 말씀하기를 "그가 찔림은 우리의 허물을 인함이요 그가 상함은 우리의 죄악을 인함이라"라고 말했었습니다. 예수께서 수족이 찔리셨습니다. 머리는 가시관으로 찔리셨습니다. 우리의 허물 때문에 그랬다고 말씀합니다. 허물 된 생각과 허물 된 행위 때문에 예수께서 찔리셨다고 말하는 것입니다. 이 세상에 사는 사람 치고 허물이 없는 사람 보았습니까? 이 세상에 크고 작은 허물없는 사람은 아무도 없는 것입니다. 모두 다 인생은 허물 지고 하나님 앞에서 바로 설 수가 없습니다.

그러나 우리의 허물을 예수님께서 대신 짊어지고 대신 찔리신 것입니다. "그의 상함은 우리의 죄악을 인함이라"고 했습니다. 예수님은 그 온 몸이 얻어맞아 상했습니다. 그는 주먹으로 맞아서 얼굴이 붓고 수염이 뜯기고 눈이 터지고 온 몸 전체가 상처투성이였습니다. 얼마나 예수님이 맞았던지 이사야서 52장 14절에 말씀하기를 "이왕에는 그 얼굴이 타인보다 상하였고 그 모양이 인생보다 상하였으므로 무리가 그를 보고 놀랐거니와"라고 말했습니다. 우리가 예수를 보고 '저렇게 맞을 수가 있느냐, 저렇게 얼굴이 부어오를 수가 있느냐, 저렇게 상처투성일 수가 있느냐' 무리가 보고 놀랄 정도로 예수님은 상처를 입었었습니다. 그것은 우리의 죄악을 짊어지기 위한 것이었습니다. 육신의 상처와 영혼의 상처를 동시에 짊어지셨습니다.

그러므로 예수님은 아브라함과 이삭과 야곱같이 믿음을 가지고 나오는 사람들을 모두 다 구원하기 위해서 우리의 죄악을 주님이 다 담당해 주신 것입니다. 그러므로 이제 오늘날에 와서 죄를 지었음에도 불구하고 못났음에도 불구하고, 버림을 받아야 마땅함에도 불구하고, 죄 지은 그대로 못난 그대로 주님 앞에 나오면, 주께서 그 흘리신 보배로운 피와 상처 입은 몸으로 우리의 허물을 제하시고, 우리의 죄악을 용서하시고, 우리를 의롭다 하시고, 하나님의 자녀가 되도록 용납해 주시는 것입니다. 이렇기 때문에 천하 인간에 구원받을 만한 다른 이름을 주신 적이 없습니다.

　　다른 이름을 통해서는 구원을 받을 수가 없습니다. 왜냐하면 종교가 우리를 구원할 수 없습니다. 윤리와 도덕과 수양이 우리를 구원할 수 없습니다. 우리는 다 죄인입니다. 끝까지 죄인입니다. 용서받지 않고는 구원받을 수 없는데 용서하실 분은 우리 주 나사렛 예수 밖에 없습니다. 많은 종교인이 와서 훌륭한 종교를 주었고, 철학을 주었습니다. 또 도덕을 주었지만 우리를 대신해서 죄악과 허물을 짊어지고 십자가에 올라가서 몸 찢고 피 흘리고 상처투성이가 되어서 죽어서 갚아준 이는 우리 주 나사렛 예수 밖에 없는 것입니다. 그렇기 때문에 베드로가 외쳐 말하기를 "천하 인간에게 구원받을 만한 다른 이름을 주신 적이 없느니라"고 말한 것입니다. 예수! 예수! 예수! 예수만이 우리의 용서요, 구원이요, 희망이요, 사랑인 것입니다. 성경은 여기에 또 계속해서 말씀합니다. "그가 징계를 받음으로 우리가 평화를 누리고"라고 말했었습니다. 예수께서 왜 징계를 받으십니까? 하나님의 사랑의 아들인데 징계를 받는다는 것은 자격 정지를 당한다는 것입니다. 쫓겨난다는 것입니다. 아담과 하와는 범죄 했기 때문에 징계를 받아 에덴동산에서 쫓겨나고 저주를 받았습니다. 그러나 예수님은 징계를 받을 이유가 없는데 징계 받은 우리 인류를 대신해서 주님은 십자가에 올라가셨습니다. 그리고 하나님께 버림을 당했었습니다. 그가 고통의 극치 가운데서 외쳐 말하기를 "하나님이여, 하나님이여, 어찌하여 나를 버리셨나이까"라고 말했었습니다.

그가 하나님께 징계를 받아 완전히 버림을 당했었습니다. 성경은 말씀하기를 "그가 징계를 받음으로 그를 통해서 다시 우리가 하나님과 화목하게 되고 우리는 저주에서 해방을 얻게 되었다"고 말하고 있는 것입니다. "그리스도께서 우리를 위하여 저주를 받은바 되사 율법의 죄에서 우리를 속량하셨으니 이는 기록된바 나무에 달린 자마다 저주 아래 있는 자라 하였음이라 이는 그리스도 예수 안에서 아브라함의 복이 이방인에게 미치게 하고 믿음으로 말미암아 성령을 선물로 받게 하려 함이니라"라고 성경은 말씀하고 있는 것입니다. 이러므로 우리는 예수 그리스도가 하나님께 쫓겨 나가고 십자가에 못 박혀 징계를 받음으로 이제 그 대가로써 우린 하나님과 화목 되고, 그 대가로써 우리는 가시와 엉겅퀴에서 놓임 받아 하나님의 예비한 은총의 세계 속에 돌아오게 된 것입니다. 그리고 성경은 더 강조해서 말하기를

"저가 채찍에 맞음으로 너희가 나음을 입었다"고 말씀하는 것입니다. 우리 주 하나님께서는 얼마나 우리가 병 낫기를 원하시기에 이 대속의 장에서 3번이나 연달아서 주님께서는 우리 병의 문제를 해결했다고 말하고 있는 것입니다. 실로 예수 그리스도 사역의 3분의 2는 귀신을 쫓아내고 병 고치는데 세월을 보낸 것입니다. 오늘날 우리가 이 세상에 살면서 병 없이 살 수 있다면 얼마나 행복하겠습니까? 그러므로 우리 주님께서는 우리에게 오셔서 우리의 죄를 용서할 뿐만 아니라, 귀신을 쫓아내고 병을 고치고 우리의 저주를 주께서 처리하시기를 원하시고 계신 것입니다. 예수님은 오늘날도 살아서 우리와 같이 계십니다.

그리고 성경은 우리들의 실상과 대속의 은혜를 분명하게 보여주고 있는 것입니다. 성경은 말하기를 "우리는 다 양 같아서 그릇 행하여 각기 제 길로 갔거늘 여호와께서는 우리 무리의 죄악을 그에게 담당시키셨도다"라고 말한 것입니다. 남의 죄를 억울하게 짊어지고 고통을 당할 때 우리는 얼마나 억울한 심정이 생깁니까? '나는 죄를 안 지었는데 내가 왜 억울하게 속죄양이 되어야 하느냐'이러한 말을 하는 사람을 많이 듣습니다. 그러나 여기 성경은 말씀하기를 우리는 진짜로 다 양 같아서 제 멋대로 그릇 행하여 다 죄를 수없이 지었는데 하나님께서는 우리 무리의 죄악을 예수님께 담당시켰습니다. 예수님께서 십자가에 못 박혀 고난의 극치에 처했을 때 예수님을 조롱하는 사람들이 말했습니다. "하하, 네가 하나님의 아들이냐, 그러면 네 스스로 구원하라,

네가 십자가에서 내려오라, 그리하면 내가 너를 믿겠노라." 예수님은 십자가에서 내려 올 수 있는 능력이 있습니다. 열두 영이나더 되는 천사를 불러서 십자가에서 내려올 수 있지만, 예수님께서는 내려오지 않으셨습니다. 예수님께서는 내려오실 수 없었습니다. 왜냐하면 예수님께서 내려오시면 우리가 올라가서 못 박혀야 합니다. 예수님이 살면 우리가 죽어야 합니다. 예수님이 고난을 피하면 우리가 고난을 당해야 합니다.

그러므로 예수님은 우리를 구원하시기 위해서 십자가에 자원해서 올라갔기 때문에 내려 올 수가 없었습니다. 내려오기를 원치 않으셨습니다. 그는 고난의 마지막 잔까지 다 마셔 주셨습니다. 우리는 다 양 같아서 그릇 행하여 각기 제 길로 갔거늘 하나님께서는 우리 죄악을, 당신의 죄를, 저의 죄를, 당신의 불의를, 저의 불의를 예수께 담당시켰습니다. 예수님이 우리를 대신해서 그 죄와 불의를 짊어지고 십자가에 올라간 것입니다.

빌라도의 뜰에 불려가서 총독에게 심문을 받을 때 총독이 말했습니다."이 사람들이 이렇게 많이 고소하는데 왜 너는 대답하지 않느냐?" 예수님은 대답할 필요가 없었습니다. 예수께서는 장엄한 침묵으로 죽음을 향해서 걸어간 것입니다. 이것을 설명해서 말하기를 그는 곤욕을 당하여 괴로울 때에도 입을 열지 않고, 마치 도수장으로 끌려가는 양이 아무 소리 없이 끌려가고, 털 깎는 자 앞에서 털을 깎아도 양은 버둥대었지만 물지를 않습니다. 그와 같은 모습으로 예수님께서는 십자가의 고난을 당하신 것을 우리에게 설명해 주신 것입니다.

충만한 교회는 말씀과 성령으로 성도들을 치유하여 성령의 인도를 받는 영적인 성도가 되도록 하는 목회를 합니다. 충만한 교회 목회 방향은 성도들을 목회자 그늘에서 믿음 생활을 하는 나약한 성도가 되지 않도록 하는 것입니다. 말씀과 성령으로 치유받아 영의 통로를 열고 하나님과 직접 관계를 열어 교통하면서 세상 어디를 가더라도 자신 안에 임재하신 하나님께 기도하여 응답을 받으면서 세상을 살아가도록 합니다. 악한 영들을 권능으로 대적하여 환경을 변화시킬 수 있는 성도가 되도록 합니다.

영적인 자립을 하는 것을 목표로 훈련합니다. 하나님께서 부여하신 권능을 사용하여 세상을 장악하게 합니다. 그래서 주일날도 강한 성령의 역사가 일어나는 예배를 드립니다.

예배 시간은 1부 11:00-/ 2부 13:30-입니다. 영적인 눈이 열리고 사고가 영적으로 변하는 말씀을 준비하여 교재로 제공하고 설교를 합니다. 기도를 40분 이상 하면서 담임 목사가 일일이 안수하여 성령으로 충만 받도록 합니다. 필요한 성도는 토요일 날 개별집중치유를 하여 문제를 치유하고 영성을 깊게 합니다. 자신의 영을 자신이 지킬 수 있는 강한 성도가 되게 훈련하고 있습니다.

9장 하나님의 뜻대로 행하신 예수님

(눅 4:16~21)"예수께서 그 자라나신 곳 나사렛에 이르사 안식일에 늘 하시던 대로 회당에 들어가사 성경을 읽으려고 서시매 선지자 이사야의 글을 드리거늘 책을 펴서 이렇게 기록된 데를 찾으시니 곧 주의 성령이 내게 임하셨으니 이는 가난한 자에게 복음을 전하게 하시려고 내게 기름을 부으시고 나를 보내사 포로 된 자에게 자유를, 눈 먼 자에게 다시 보게 함을 전파하며 눌린 자를 자유롭게 하고 주의 은혜의 해를 전파하게 하려 하심이라 하였더라 책을 덮어 그 맡은 자에게 주시고 앉으시니 회당에 있는 자들이 다 주목하여 보더라 이에 예수께서 그들에게 말씀하시되 이 글이 오늘 너희 귀에 응하였느니라 하시니"

기독교는 살아계신 하나님을 믿는 것입니다. 우리가 예수를 믿는 것은 사상이나 철학을 믿는 것이 아닙니다. 예수님이 삼일 만에 부활하시므로 믿는 우리도 부활하여 영생한다는 것을 믿는 것입니다. 예수님께서는 안식일 날 나사렛 회당에 들어가셔서 늘 하는 식으로 서니까 거기에 있는 회당장이 성경을 예수님께 내주었습니다. 예수님이 성경을 어디를 펼쳤느냐."주의 성령이 내게 임하셨으니 이는 나를 보내사 포로 된 자에게는 자유를, 눈 먼 자에게는 다시 보게 함을 전파하며 눌린 자를 자유케 하고 하나님의 은혜의 해를 전파하게 하려 하심이라"(눅 4:18~19).

이렇게 기록한데를 펼쳤습니다. 그것을 보면 예수님이 상당히 열심히 성경묵상을 했다는 것을 알 수 있는 것입니다. 그냥 제자들 데리고 돌아다니시니까 성경은 안보는 것 같은데 주님이 구약성경을 상당히 열심히 보셨다는 것을 알 수 있는 것입니다. 예수님께서 뭐라 하시느냐. 쉽게 "주의 성령이 내게 임하셨으니 이는 나를 보내사 포로 된 자에게 자유를, 눈 먼 자에게 다시 보게 함을 전파하며 눌린 자를 자유케 하고 주의 은혜의 해를 전파하게 하려 하심이라"(눅 4:18~19)고 하셨으므로 일을 하신다는 것을 우리가 쉽게 알 수 있는 것입니다.

첫째, 가난한 자에게 복음을. 예수님께서는 가난한 자에게 복음을 전하기 위해서 오셨다고 말한 것입니다. 가난한 자에게 복음을 전하다니요. 아담은 하나님이 지으실 때 가난하게 짓지 않았었습니다. 아담이 있는 에덴은 낙원이었습니다. 낙원이라는 것은 지옥이 아닙니다. 인간이 상상할 수 있는 가장 아름다운 처소를 낙원이라고 말합니다. 아담과 하와는 낙원에 살도록 지음을 받았습니다. 그러나 하나님의 말씀에 거역해서 범죄하므로 낙원에서 쫓겨났습니다.

하나님께서 말씀하기를 동산에 있는 모든 실과는 따먹되 선악을 아는 실과는 먹지 말라 먹는 날에는 네 눈이 밝아져서 선악을 알기를 하나님이 선악을 판단하는 것처럼 될 것이라고… 그리고 그로 말미암아 하나님 앞에 죄를 범하게 되고 에덴에서 쫓겨날 것이라고 분명히 말한 것입니다.

창세기 2장 17절 "선악을 알게 하는 나무의 열매는 먹지 말라 네가 먹는 날에는 반드시 죽으리라"고 말한 것입니다. 반드시 죽는다. 그럼 마귀는 꼭 하지 말라는 것을 하도록 하는 것입니다. 마귀가 하와에게 와서 아니야~ 안죽어. 안죽어. 절대 안죽어. 너 먹으면 눈이 밝아져서 하나님이 좋다 나쁘다를 판별하는 것처럼 너도 좋다 나쁘다를 판별해서 하나님과 같이 동등하게 되므로 그것을 싫어해서 하나님께서 그것을 못먹게 한다. 한번 봐 ~ 얼마나 멋있느냐? 하와가 보니까 먹음직하고 보암식하고 지혜를 얻기에 탐스럽기까지 한지라 따먹고 기왕 먹은 바에는 자기 혼자 먹어 쫓겨나갈 이유가 어디 있느냐. 남편도 데리고 나가야지. 그래서 이 아담에게 주니까 이 바보 같은 아담이 받아서 먹었어요. 둘이가 공모를 해서 하나님을 거역했기 때문에 둘이가 다 똑같이 저주로 인하여 땅이 저주를 받은 것입니다.

하나님을 거역한 죄는 저주입니다. 그 저주가 땅에 임하여서 땅이 저주를 받아 가시와 엉겅퀴를 냈습니다. 가난이 거기에서부터 온 것이에요. 제일 처음에는 가시와 엉겅퀴가 에덴에는 없었습니다. 그리고 영과 육이 다 죽음의 종이 되고 만 것입니다.

창세기 3장 17절로 19절에 그것이 기록되어 있는 것입니다. "아담에게 이르시되 네가 네 아내의 말을 듣고 내가 네게 먹지 말라 한 나무의 열매를 먹었은즉 땅은 너로 말미암아 저주를 받고 너는 네 평생에 수고하여야 그 소산을 먹으리라" 여기 보십시오.

사람이 저주 받으니까 사람이 사는 땅이 저주를 받습니다. 사람이 복 받은 사람이 오면 그 땅도 복을 받습니다. 요사이도 한가지입니다. 복이나 저주는 사람 따라 오는 것입니다. 그렇기 때문에 어떤 집에 사람이 들어오는데 복받은 사람이 들어오면 그분이 들어오자마자 복덩어리가 굴러 들어오는 것입니다.

그러나 저주받은 사람이 들어오면 온 집안 만사가 다 가시와 엉겅퀴가 나고 저주가 쏟아지는 것입니다. 여기에 "땅이 네게 가시덤불과 엉겅퀴를 낼 것이라 네가 먹을 것은 밭의 채소인즉 네가 흙으로 돌아갈 때까지 얼굴에 땀을 흘려야 먹을 것을 먹으리니 네가 그것에서 취함을 입었음이라 너는 흙이니 흙으로 돌아갈 것이니라 하시니라"

욕심은 잉태하면 죄를 낳고 죄가 장성하면 사망을 낳습니다. 아담과 하와가 왜 사람이면 사람으로 살지 사람이 왜 하나님이 되려고 합니까? 욕심이 잉태하면 욕심을 따라 죄를 짓게 되고 죄가 자라면 사망이 오는 것입니다. 그들이 욕심만 잉태하지 않았으면 마귀의 말을 듣지 않았을 것인데 욕심이 잉태하니까 하나님 말씀보다도 마귀의 말을 듣고 죄를 짓고 죄를 계속 짓다가 보니까 하나님께로부터 버림을 받고 자기들만 버림받았으면 모르겠는데 자손 대대로 고통을 받게 만들어 준 것입니다. 아담과 하와보다도 우리가 더 고통을 많이 당할 때가 많습니다. 가만히 보면 격세유전이라고 해서 아버지 어머니 때보다도 손자 때에 머리가 더 좋은 자식들이 태어나기도 하고, 병이 더 심한 유전적인 병을 가지고 태어난 자식이 있기도 한 것입니다.

아담과 하와는 그때야 에덴 낙원에서 나왔기 때문에 땅이 저주를 받아도 혹심하게 안 받았는데 세월이 흘러가서 오늘날 수천년 지나니까 얼마나 저주를 받았는지 말로 표현을 못해요.

그런데 우리가 이만큼 살아있다는 것은 어떻게 해서 살아 있느냐. 예수님의 십자가 대속의 은총 때문에 살아있는 것입니다. 예수님의 대속, 예수님께서 아담과 하와가 가지고 온 저주를 당신이 청산한 것입니다.

고린도후서 8장 9절을 읽어 보십시다. "우리 주 예수 그리스도의 은혜를 너희가 알거니와 부요하신 이로서 너희를 위하여 가난하게 되심은 그의 가난함으로 말미암아 너희를 부요하게 하려 하심이라" 예수께서 이 땅에 오시기 전에 부요하신 분입니까? 아닙니까? 알고 계십니까? 하나님이에요. 하늘과 땅의 모든 권세를 다 가진 굉장히 부요하신 분입니다.

그런데 그것 다 털어버리고 가난한 목수 집안의 아들로 태어난 것은 그의 삶의 희생을 통해서 우리의 모든 가난과 저주를 청산하기 위한 것입니다. 예수님이 이 땅에 오셔서 죽었다가 부활하심으로 말미암아 이 땅에 모든 아담과 하와가 가져온 저주를 청산해 버리고 만 것입니다. 예수님 안에 더 이상 가난은 없습니다. 죄를 용서하신 예수님은 가난도 다 청산해 버린 것입니다.

고린도후서 9장 6절로 10절을 읽어 보십시다. "이것이 곧 적게 심는 자는 적게 거두고 많이 심는 자는 많이 거둔다 하는 말이로다. 각각 그 마음에 정한 대로 할 것이요 인색함으로나 억지로 하지 말지니 하나님은 즐겨 내는 자를 사랑하시느니라. 하나님이 능히 모든 은혜를 너희에게 넘치게 하시나니 이는 너희로 모든 일에 항상 모든 것이 넉넉하여 모든 착한 일을 넘치게 하게 하려 하심이라 기록된바 그가 흩어 가난한 자들에게 주었으니 그의 의가 영원토록 있느니라 함과 같으니라. 심는 자에게 씨와 먹을 양식을 주시는 이가 너희 심을 것을 주사 풍성하게 하시고 너희 의의 열매를 더하게 하시리니"

고린도후서 9장 6절로 10절은 엄청난 축복을 약속해 놓은 것입니다. 너희가 이제 이왕 상황이 이렇게 되었으니까 이제 저주가 사라지고 가시와 엉겅퀴가 사라졌으므로 심는 대로 거둘 수가 있다는 것입니다. 전에는 심어봤자 가시넝쿨에 휩싸여 가지고서 다 녹아버리고 말아요. 저주가 따르기 때문에 아무것도 안 되요. 그러나 이제 예수님께서 저주를 청산해 버렸기 때문에 하나님의 영광을 위해서 우리가 적게 심으면 적게 거두고, 많이 심으면 많이 거두고, 하나님의 우리를 향한 뜻은 모든 일에 항상 모든 일에 모든 것이 넉넉하여 모든 착한 일을 넘치게 하려 함이라. 이것이 하나님 뜻이에요.

거지로 사는 것 하나님 뜻 아닙니다. 모든 일에 항상 모든 것이 넉넉하여 모든 착한 일을 넘치게 하려 함이라. 이렇게 살아야 하나님이 무릎을 치시고 오냐, 내 아들 내 딸, 참 잘한다. 칭찬하게 되실 것입니다. 우리 주님께서는 우리가 언제나 풍성하게 살기를 원하시고 계신 것입니다. 고린도후서 8장 9절, 고린도후서 9장 6절로 10절 이 두 성경구절은 마음 판에 기록해서 묵상하십시오. 갈라디아서 3장 13절로 14절도 엄청난 약속입니다. 가난에 대한 하나님의 약속은 엄청납니다. 아예 이 약속을 다 깨달으면 부자가 안 될 도리가 없어요. 저는 늦게 약속을 깨달았습니다.

갈라디아서 3장 13절로 14절을 읽어 보십시다. "그리스도께서 우리를 위하여 저주를 받은바 되사 율법의 저주에서 우리를 속량하셨으니 기록된바 나무에 달린 자마다 저주 아래에 있는 자라 하였음이라 이는 그리스도 예수 안에서 아브라함의 복이 이방인에게 미치게 하고 또 우리로 하여금 믿음으로 말미암아 성령의 약속을 받게 하려 함이라"

갈라디아서 3장 13절로 14절 이런 축복의 말씀은 보배 덩어리입니다. 금덩어리입니다. 다이아몬드입니다. 이 말씀을 성경에서 팠으면 이걸 우리 마음에 간직하고, 호주머니에 넣고 다니면서 이로 말미암아 흔들리지 않는 믿음을 가지고 있으면 네 믿음대로 될지어다. 믿으면 되는 것입니다.

"그리스도께서 우리를 위하여 저주를 받은바 되사, 율법의 저주에서 우리를 속량하셨으니 기록된바 나무에 달린 자마다 저주 아래에 있는 자라 하였음이라 이는 그리스도 예수 안에서 아브라함의 복이 이방인에게 미치게 하고 믿음으로 말미암아 성령의 약속을 받게 하려 함이라"

예수님은 부요하신 이로서 우리를 위해 가난하게 되심은 그의 가난함으로 인하여 우리를 부요케 하려 했다고 말한 것입니다. 당신이 가난하므로 말미암아 그 대가로 우리가 부요하게 되어야 된다. 예수님은 죽었다가 부활하셔서 지금 만왕의 왕, 만주의 주로 보좌 우편에 계신 하나님이신 것입니다. 그 대가를 우리가 찾아야지요. 가난하게 있으면서 사랑하신 예수님~ 그러면 주님이 내 대가를 찾아라! 내가 너를 위해서 가난하게 된 대가를 찾아 나에게 내놓으라고 말한 것입니다. 이 문제가 쉬운 문제가 아닙니다.

하나님은 예수님을 통해서 우리에게 영혼이 잘됨같이 범사에 잘되며 강건하고 생명을 얻되 풍성히 얻게 하고 모든 일에 항상 모든 것이 넉넉하여 모든 착한 일을 넘치게 하기를 원하시고 참된 경건이란 가난한 것이 아니라 과부와 고아를 그 환난에서 도와주는 것이 참된 경건이다. 저는 그렇게 믿고 그렇게 실천하고 살아왔습니다.

둘째, 포로 된 자에게 자유를. 예수님께서는 무엇이 예수님의 사명이라고 말했냐면 포로된 자에게는 자유를 주기 위해서 왔다는 것입니다. 무슨 포로입니까? 죄의 포로입니다. 우리는 우리가 죄지어서 포로된 것이 아닙니다. 어머니 뱃속에서 잉태될 때에 죄인으로 잉태 되었습니다. 태어나자마자 죄의 포로가 된 것입니다. 아담과 하와 속에 60억 인구가 다 죄인으로 잉태되어 있었던 것입니다. 그러므로 우리는 태어날 때부터 죄인으로 태어나고 죄의 포로가 되고 죄의 삯은 사망으로 죄와 사망의 포로가 되어 태어난 것입니다.

그런데 예수님께서 오셔서 우리의 죄, 나의 죄, 우리의 사망, 나의 사망을 끌어안고 우리 대신 십자가에서 공개적으로 처형당했지 않습니까? 하나님의 아들이 벌거벗고 공개적으로 처형당하므로 주님께서 내가 다 이루었다. 청산해서 예수를 통해서 그 은혜를 인하여 믿음으로 말미암아 구원을 얻게 된 것입니다.

골로새서 1장 13절로 14절에 "그가 우리를 흑암의 권세에서 건져내사 그의 사랑의 아들의 나라로 옮기셨으니 그 아들 안에서 우리가 속량 곧 죄 사함을 얻었느니라" 주님께서 우리를 흑암의 권세에서 건져냈습니다. 우리는 모두 다 예수 그리스도로 말미암아 흑암의 권세에서 건져내 하나님의 아들의 나라로 옮긴 사람들인 것입니다.

예수님을 믿음으로 우리는 죄에서 해방을 얻고 사망에서 해방을 얻고 죄와 사망을 손에 쥐고 있는 마귀에서 자유와 해방을 얻게 된 것입니다. 죄에서 자유를 얻고 사망에서 자유를 얻고 마귀에서 자유를 얻고 해방된 우리들이 된 것입니다. 우리가 일정 36년의 압박에서 해방된 것처럼 공산주의의 침략에서 해방된 것처럼 우리는 예수 그리스도 안에서 영적으로 심적으로 해방을 얻게 된 것입니다.

로마서 8장 2절에 "이는 그리스도 예수 안에 있는 생명의 성령의 법이 죄와 사망의 법에서 너를 해방하였음이라" 갈라디아서 5장 1절에"그리스도께서 우리를 자유롭게 하려고 자유를 주셨으니 그러므로 굳건하게 서서 다시는 종의 멍에를 메지 말라"

우리가 우리의 위치를 알았으면 다시는 종의 멍에를 메지 말아야 되는 것입니다. 마귀는 와서 우리를 죄와 질병, 저주와 절망의 포로로 잡으려고 하는 것입니다. 우리는 예수 그리스도 안에서 단호하게 마귀를 물리쳐야 되는 것입니다. 그리고 해방과 자유를 마음속에 누려야 되는 것입니다. 마귀를 대적하라 그리하면 저가 너를 피하리라고 말한 것입니다. 대적 안하면 안 피하지요. 대적하면 피하게 되는 것입니다.

종교개혁자 마틴 루터는 이런 말을 했습니다."죄는 당신의 어깨 위에 있든지, 아니면 하나님의 어린 양인 그리스도의 어깨 위에 있든지 둘 중의 한 곳에 있어야 된다." 우리의 죄를 어깨에 걸머지고 있던지 예수님의 어깨위에 걸머지우든지 두곳 중에 한곳에 있어야지 공중에 떠있지 않다는 것입니다. 예수님 어깨 위에 맡기면 용서와 의를 얻고 천국 가는 사람이고 자신이 걸머지고 있으면 그 죄 짐으로 말미암아 지옥갈 것입니다. 그것은 선택에 달린 것입니다. 오늘날 얼마나 좋은 시대에 살고 있는지 예수님께서 우리의 죄와 불의, 추악과 저주를 다 짊어지고 십자가에서 청산해 버리셨으므로 예수님께 맡기면 다 맡겨지는 것입니다. 안 맡기면 안 맡겨지는 것입니다. 우리가 예수님의 십자가 대속의 은혜를 믿음으로 받아들일 때 우리는 마귀의 올무와 죄에서 자유와 해방을 얻게 되는 것입니다.

셋째, 눈 먼 자에게 다시 보게 함을. 예수님이 우리 가운데 오신 것은 눈먼 자에게 다시 보게 함을 전파하기 위해서 오셨습니다. 옛날에는 다 봤어요. 영안이 열려가지고서 하나님도 보고 천국도 보고 영적 세계를 다 보았는데 아담과 하와가 죄를 짓고 영이 죽으므로 눈이 어두워지고 영석인 눈이 까마귀가 되고 만 것입니다. 영이 죽은 인간은 영의 눈이 어두워져서 물질밖에 안 보이는 유물론자가 되고 하나님이 안보이니까 인본주의자가 되어서 인간 중심으로 서게 되고 천국과 지옥을 모르는 쾌락주의가 되고 만 것입니다.

시편 53편 1절에 "어리석은 자는 그의 마음에 이르기를 하나님이 없다 하도다 그들은 부패하며 가증한 악을 행함이여 선을 행하는 자가 없도다"라고 말한 것입니다.

그런데 예수님이 오신 것은 우리로 하여금 중생하여 영안이 열리게 만들어 주는 것입니다. 니고데모에게 주님께서 말씀하기를 물과 성령으로 거듭나지 아니하면 하늘나라를 볼 수 없다고 말한 것처럼 우리가 물은 회개를 말하고 회개하고 주 예수 그리스도의 십자가의 보혈의 은혜를 받아들이므로 영혼이 살아나면 영안이 열리게 되고 하늘나라를 깨닫게 되는 것입니다. 하늘나라를 깨닫게 되고 하나님의 임재하심을 깨닫게 되는 것입니다.

요한복음 3장 5절 말씀같이 "사람이 물과 성령으로 나지 아니하면 하나님의 나라에 들어갈 수 없느니라" 하늘나라의 영적인 세계는 우리가 물질적으로 이것이다. 저것이다. 지적할 수가 없습니다. 그냥 아는 거에요. 그냥 영적 세계에 거듭나게 되면 내가 거듭났다. 하나님이 와 계시다. 하나님의 천사들이 곁에 와 있다. 그렇게 내가 영적으로 깨달아 알게 되는 것입니다.

갈라디아서 4장 6절로 7절에 "너희가 아들이므로 하나님이 그 아들의 영을 우리 마음 가운데 보내사 아빠 아버지라 부르게 하셨느니라. 그러므로 네가 이 후로는 종이 아니요, 아들이니 아들이면 하나님으로 말미암아 유업을 받을 자니라"

하나님의 아들이 된 우리들이었기 때문에 아들의 영을 우리에게 보내셔서 하나님 아들의 영이 들어와 있기 때문에 우리가 하나님을 향해서 아바 아버지라고 부르는 것입니다. 하늘 아버지와 친해야 돼요. 그래서 우리가 말씀을 읽고 찬양을 하고 방언기도를 하고 이런 것을 통해서 아버지와 가까워지는 것입니다. 저는 방언기도를 할 수 있는 것을 굉장히 큰 축복으로 생각하는 것입니다. 그런데 아버지가 성령으로 우리에게 역사하시면 크나큰 변화가 다가오는 것입니다.

성령이 지금 우리와 같이 계신 것입니다. 우리 안에 계신 것입니다. 우리도 진실하고 성실하게 믿음으로 구하면 성령이 이

기적을 베풀어 주시는 것입니다. 누구든지 예수님을 구주로 영접하여 중생하면 즉시 새 사람이 되고 눈이 밝아 변화될 수 있습니다. 고린도후서 4장 6절에 "어두운 데서 빛이 비치라 말씀하셨던 그 하나님께서 예수 그리스도의 얼굴에 있는 하나님의 영광을 아는 빛을 우리 마음에 비추셨느니라"고 말씀하고 있는 것입니다.

넷째, 눌린 자에게 자유를. 예수님이 우리 가운데 오시면 눌린 자를 자유케 한다고 하신 것입니다. 눌린다. 누른다. 사람들이 누르면 밑에 깔리지요. 발로 짓밟히면 어떻게 되는 것입니까? 누르면 병이 됩니다. 심령을 누르면 마음에 병이 들고 육신을 억압하면 병이 드는데 그 누른다는 말을 고급적으로 말하면 스트레스라고 말합니다. 스트레스 걸렸다는 것도 우리 한국말로 말하면 눌림을 당했다. 가위 눌렸다. 마귀는 우리에게 다가와서 제일 처음에는 우리에게 따라다닙니다.

그 다음에는 따라다니다가 안 쫓아내면 붙어 다니는 것입니다. 붙어 다니다가 안 쫓아내면 그 다음에는 올라탑니다. 그 다음에는 올라타도 그대로 내버려 두면 억압합니다. 자유를 빼앗는 다구요. 그리고 마귀는 자기가 원하는 대로 그 사람을 변화시키는 것입니다. 이 세상에 어떤 마귀가 있느냐고요? 도둑질하는 마귀, 거짓말하는 마귀, 음란한 마귀, 방탕한 마귀, 미워하는 마귀, 오해하는 마귀, 부정적인 것은 99.9%가 다 마귀인 것입니다. 부정적인 것은 마귀역사입니다.

긍정적이고 좋은 것은 100%가 주님께로부터 오는 것입니다. 믿음, 소망, 사랑, 의, 평강, 희락, 사랑과 희락과 화평과 오래 참음과 자비와 양선과 충성과 온유와 절제 모든 것이 다 주님께로부터 오는 것입니다. 그러므로 우리는 주님의 은혜로 선하게 변화될 수도 있고 마귀를 내버려두면 마귀는 당신을 따라다니면서 도둑질하고 죽이고 멸망시켜서 인격을 빼앗고 마귀처럼 만들어 놓고 마는 것입니다.

마귀에게 눌려 심신이 병들면 마음에 미움, 분노, 시기, 질투, 불의, 추악, 불안, 우울, 절망 이러한 심적인 병이 짓눌려요. 이것 쫓아내야 돼요. 우리가 가만히 있는데 마음속에 끝없이 미움이 생기고 분노가 생기고 시기, 질투, 불의, 추악, 불안, 우울, 절망이 생기면 그것 내버려 놓으면 안돼요. 성령의 임재를 요청하고 나사렛 예수 이름으로 명하노니 물러가라! 내 마음에서 떠나가라! 물러가라! 물러가라! 대결하고 마귀를 대적하라. 그리하면 저가 너를 피하리라. 반드시 피합니다. 내버려 놓으면 안돼요. 마음에 평안을 얻게 되는 것입니다. 모든 육체의 병도 종국적으로 보면 마귀가 눌러서 병이 되는 것입니다.

주님은 십자가에 못박히기 전에 40에 하나 감한 39차례의 채찍을 맞아서 등이 갈기갈기 찢어졌습니다. 그럴 때마다 하나님께서 말씀하셨습니다. 한대, 두 대, 세대, 네 대… 채찍을 때릴 때마다 이것은 우리의 병을 대신 짊어진 것으로 선언했습니다.

암이다. 관절염이다. 폐병이다. 위장병이다. 심장병이다. 예수님이 채찍에 맞을 때 다 청산된 것입니다.

저가 채찍에 맞음으로 나음을 입은 것입니다. 왜 나은 사람들이 병이 들어 있습니까? 왜 예수님이 채찍 맞은 것을 무효로 돌립니까? 하나님의 아들이 흘린 피를 무효로 돌리면 어떻게 하는 것입니까? 나는 낫지 않아도 괜찮다. 낫지 않아도 괜찮은 것이 아니라, 예수님의 피를 무효로 돌리면 안 되는 것입니다.

우리 예수 믿는 사람은 잠재적으로 이미 나은 사람들인 것입니다. 우리는 나았어요. 따라 말씀하세요. 저가 채찍에 맞음으로 나는 나음을 입었다. 나는 건강한 사람이다. 병하고 상관없다. 나는 건강한 사람이다. 할렐루야~

베드로가 사도행전 10장 38절에 말하기를 "하나님이 나사렛 예수에게 성령과 능력을 기름 붓듯 하셨으매 그가 두루 다니시며 선한 일을 행하시고 마귀에게 눌린 모든 사람을 고치셨으니라." 지금 다 몸이 아픈 사람 마귀에게 눌려 있어요. 마귀에 눌려 가지고서 지금 몸도 못쓰고 다리도 절룩거리고 간을 누르면 간이 나빠질 것 아닙니까? 폐를 누르면 폐가 나빠지고, 심장을 누르면 심장이 나빠지고, 장을 누르면 장이 나빠지는 것입니다.

그러므로 마귀에게 눌린 모든 자를 고치신 예수님이 믿는 자에게 하나님의 권세와 능력을 주셨으므로 권세를 사용하여 이겨야 되는 것입니다. 성도들이 제게 와서 늘 하는 말이 무엇이냐면 목사님, 저는 자신이 없습니다. 목사님은 자신이 있으셔서 사탄아 물러가라고 담대하게 명령을 하시는데 저는 사탄 앞에 서면은 겁부터 먼저 납니다. 자신이 없습니다. 목사님 어떻게 할까요?

제가 이렇게 설명합니다. 특전사의 병사들이 얼마나 힘이 셉니까? 대단하지요. 그러나 국방부장관이 말하며 가라면 가고 오라면 옵니다. 국방부장관은 주먹은 없어도 권세가 있는 것입니다. 우리는 허리가 꼬부라지면 꼬부라질수록 권세가 더 있어요. 그러니까 두려워하지 마십시오. 주님이 우리에게 예수 이름으로 권세를 주셨습니다.

당신은 예수를 믿는 하나님의 자녀요, 예수님의 권세를 가지고 있습니다. 자기들이 아무리 능력이 커도 별 볼일 없어요. 권세가 얼마나 강한지 압니까? 권세 있는 사람이 사용하는 믿음은 겨자씨만 한 것이 태산을 바다로 던진다고 했습니다. 그런 권세가 대단한 것입니다. 예수 이름의 권세를 담대하게 사용하기를 바랍니다. "예수이름으로 명하노니 더러운 귀신아 물러갈지어다" "예수이름으로 명하노니 우리 가정에 환란풍파를 일으키는 귀신아 물러갈지어다" 권세를 사용해야 합니다. 권세를 사용해야 비정상적인 것들이 물러가는 것입니다. 하나님은 권세를 사용하는 자를 통해서 이땅에 하나님의 나라를 건설하십니다. 권세는 예수를 믿는 모두가 가지고 있는 것입니다.

10장 하나님의 꿈을 이루신 예수님

(사 53:7-10)"그가 곤욕을 당하여 괴로울 때에도 그의 입을 열지 아니하였음이여 마치 도수장으로 끌려가는 어린 양과 털 깎는 자 앞에서 잠잠한 양 같이 그의 입을 열지 아니하였도다. 그는 곤욕과 심문을 당하고 끌려갔으나 그 세대 중에 누가 생각하기를 그가 살아 있는 자들의 땅에서 끊어짐은 마땅히 형벌 받을 내 백성의 허물 때문이라 하였으리요. 그는 강포를 행하지 아니하였고 그의 입에 거짓이 없었으나 그의 무덤이 악인들과 함께 있었으며, 그가 죽은 후에 부자와 함께 있었도다. 여호와께서 그에게 상함을 받게 하시기를 원하사 질고를 당하게 하셨은즉 그의 영혼을 속건제물로 드리기에 이르면 그가 씨를 보게 되며 그의 날은 길 것이요 또 그의 손으로 여호와께서 기뻐하시는 뜻을 성취하리로다"

우리들은 모두 크고 작은 꿈을 가슴에 품고 살아갑니다. 우리가 그 꿈을 이루지 못하면 우리 자녀들이 그 꿈을 우리 대신 이루어주기를 늘 소원합니다. 만일 우리의 자녀들이 받아준다면 그 꿈이 자녀들로 말미암아 이루어지도록 전력을 기울여 어떠한 희생도 마다하지 않고 자녀들의 기회를 부모들이 밀어줍니다. 이처럼 우리 하나님 아버지께서도 꿈을 가지고 계십니다. 하나님의 꿈은 무엇이며 그것이 어떻게 성취될 수 을까요?

   첫째, 하나님의 꿈은 예수 그리스도 안에서 이루어진다. 인간
이 하나님을 배반하고 마귀와 짝을 하여 에덴을 떠났을 때 하나
님께서는 이미 인간을 구원하실 꿈을 가지고 계셨습니다. 성경
창세기 3장 15절에 보면 뱀을 심판하실 때 "내가 너로 여자와 원
수가 되게 하리니 너의 후손도 여자의 후손과 원수가 되게 하리
니 여자의 후손은 네 머리를 상하게 할 것이요 너는 그의 발꿈치
를 상하게 할 것이니라 하시고"말씀한 것입니다. 예수 그리스도
는 남자의 후손이 아니고 아버지 없이 태어난 여자의 후손인 것
입니다. 마귀를 상징하는 뱀의 머리를 깨뜨릴 것이고 뱀은 그의
발꿈치를 물어서 상하게 할 것이라는 예수 그리스도의 십자가를
주님께서는 멀리 바라보시고 예언하신 것입니다.
   그러므로 우리 인생을 다시 구원하겠다는 하나님의 꿈은 바로
예수 그리스도를 통해서 이루어진 것입니다. 예수 그리스도가
하나님의 꿈인 것입니다. 하나님께서는 예수님을 죄 없는 인간
으로 태어나게 하사 인간의 죄를 대신 갚게 하시는 꿈을 가지고
계셨습니다. 그리고 예수님의 고난을 통하여 인간을 구원하시는
것이 하나님의 꿈이셨습니다.
   그러므로 예수 그리스도 안에서 하나님이 세우신 꿈의 구체적
인 내용은 이러한 것입니다. 예수님께서 인간의 죄를 대속하기
위하여 십자가에 매달려 심판을 받으신 것입니다. 그 일을 통하

여 믿는 자를 구원하시겠다는 것이 하나님의 꿈이신 것입니다. 사람들이 죄를 짓고 불의하고 추악하고 버림을 받아야 마땅한 존재인데 이 죄 지은 인간을 대신해서 예수님이 십자가에서 몸 찢고 피 흘려 죽으심으로 인간의 죄를 청산하겠다는 것이 우리 하나님 아버지의 꿈이신 것입니다.

이사야서 53장 10절에 보면 "여호와께서 그로 상함을 받게 하시기를 원하사 질고를 당케 하셨은즉 그 영혼을 속건제물로 드리기에 이르면 그가 그 씨를 보게 되며 그 날은 길 것이요 또 그의 손으로 여호와의 뜻을 성취하리로다."말씀한 것입니다. 하나님은 예수 그리스도를 통해서 인류의 죄를 다 청산하고 인류를 구원하는 꿈을 성취하려고 하신 것입니다.

또한 여호와 하나님께서 예수님께서 심판을 받으심으로 하나님과 사람사이에 막혔던 원수된 담을 헐어내시고 주님 안에서 하나님과 인간이 화목하게 되는 꿈을 가지고 계셨습니다. 하나님은 인간이 하나님을 떠나 버렸으나 어찌하든지 다시 인간을 끌어안고 싶어 하셨습니다. 그래서 그리스도가 대신 심판을 받아 하나님과 사람 사이에 원수된 담을 헐고 하나님께서 사람에게 사람이 하나님의 품에 안기고 하나가 되는 이러한 꿈을 하나님은 가지고 계셨습니다.

또한 하나님께서는 예수님께서 채찍에 맞으시고 십자가의 고난을 당하심으로 우리의 질병과 우리의 슬픔을 대신 다 갚아 주심으로 예수님 안에서 믿는 자가 치료와 기쁨을 얻게 하는 꿈을 가지고 계셨습니다. 그러므로 예수 그리스도를 믿는 자마다 하나님은 치료를 받고 그리스도 안에서 슬픔에서 해방을 얻고 기쁨을 얻게 하는 그러한 꿈을 그리스도 안에서 하나님이 갖고 계셨습니다.

하나님께서는 하나님 앞에서 십자가에 높이 매달리심으로 저주거리가 되신 예수 그리스도, 바로 이 예수께서 저주를 받음으로 인간에게 내려진 저주를 대신 갚게 하사 그를 믿는 자가 저주에서 해방을 얻는 꿈을 하나님은 갖고 계셨습니다. 누구든지 예수를 믿으면 저주가 다 물러가고 가시와 엉겅퀴가 물러가고 아브라함의 축복을 받는 꿈을 하나님은 꿈꾸고 계셨습니다.

그리고 예수님께서 죽으시고 장사지내시고 사흘만에 부활하심으로 예수님 안에서 믿는 자가 함께 죽고 함께 장사된바 되고 함께 부활할 것을 하나님은 그 마음속에 꿈꾸고 계셨습니다. 그러므로 그리스도를 통해서 사망이 철폐되고 예수를 통해서 음부가 정복되고 그리스도 안에서 수많은 자녀들이 부활해서 하나님의 품에 안기는 이 꿈을 하나님은 그리스도 안에서 가지고 계셨습니다.

그러므로 예수님은 하나님의 꿈이요 하나님의 꿈을 이루시는 분이 바로 우리 주 예수 그리스도이신 것입니다. 이렇기 때문에 예수 그리스도를 떠나서는 하나님의 꿈은 전혀 없습니다. 예수 그리스도를 떠나서는 인간과 하나님과의 관계에서 아무런 꿈도 이루어질 수 없습니다. 그러므로 유대인들이 여호와 하나님을 아무리 부르짖고 여호와 하나님을 아무리 섬겨도 예수님을 통하지 않은 여호와 하나님은 인간의 아무런 꿈도 가지고 계시지 않습니다.

하나님의 꿈은 바로 예수 그리스도인 것입니다. 그리스도를 통해서 하나님은 인간에 대한 아버지 하나님의 꿈을 갖고 계시고 그 꿈을 이루시는 것입니다. 그러므로 예수 그리스도를 떠나서는 하나님의 꿈은 없습니다. 아무리 하나님의 이름을 부르짖고 아무리 몸부림친다고 해도 하나님과 인간은 아무 관계가 없는 것입니다.

이렇기 때문에 그리스도 예수만이 하나님의 꿈이라는 것을 알아야 되는 것입니다. 하나님의 꿈은 예수 그리스도 안에서 십자가에 몸 찢고 피 흘리는 고통을 통하여 이루어졌고 또 예수를 믿는 사람들 속에 하나님의 꿈이 이루어지는 것입니다.

둘째, 하나님의 꿈은 보혜사 성령이 알게 하신다. 확실히 알아야 될 것은 하나님의 꿈을 우리 마음속에 진실로 깨닫고 알리기 위해서 보혜사 성령님이 오셨다는 것입니다. 우리가 성령으로 말미암지 않고는 그리스도 안에서 이루시려고 하는 하나님의 꿈을 이해할 사람이 아무도 없습니다.

고린도전서 1장 18장을 보면 "십자가의 도가 멸망하는 자들에게는 미련한 것이요 구원을 얻는 우리에게는 하나님의 능력이라"고 말하는 것입니다. 믿지 않는 자에게는 십자가의 도가 너무나 어리석고 미련한 것입니다. 그들은 그리스도의 십자가 안에 있는 하나님의 꿈을 인간의 이성으로 이해할 수 없기 때문인 것입니다.

고린도전서 1장 22절로 25절에 "유대인은 표적을 구하고 헬라인은 지혜를 찾으나 우리는 십자가에 못 박힌 그리스도를 전하니 유대인에게는 거리끼는 것이요 이방인에게는 미련한 것이로되 오직 부르심을 입은 자들에게는 유대인이나 헬라인이나 그리스도는 하나님의 능력이요 하나님의 지혜니라"고 말하고 있는 것입니다. 그런데 그리스도의 십자가가 하나님의 능력이요 하나님의 지혜요 그것이 바로 인류에 대한 하나님의 꿈인데도 불구하고 사람들은 인간의 지혜나 지식으로 이해가 되지 않습니다.

고린도전서 12장 3절에 보면"그러므로 내가 너희에게 알게 하노니 하나님의 영으로 말하는 자는 누구든지 예수를 저주할 자라 하지 않고 또 성령으로 아니하고는 누구든지 예수를 주시라 할 수 없느니라"말하신 것입니다. 성령이 오셔야 비로소 성령이 그리스도 예수 안에 있는 하나님의 꿈을 우리에게 보여주시지 성령의 역사가 아니고는 아무리 공부를 하고 연구하고 수양과 도덕을 쌓아도 하나님의 꿈을 이해할 수가 없습니다.

하나님의 꿈이신 예수 그리스도의 탄생과 죽으심과 부활의 메시지는 인간의 이성으로서는 도저히 받아들이기 힘든 사건인 것입니다. 예수님께서 십자가에 못박혀 죽으셨을 때 원수들은 기뻐하고 춤을 추고 좋아했었습니다. 왜냐하면 예수께서 죽으심으로 이제 그리스도의 복음 사역은 끝나고 유대교에 대한 위협은 끝났다고 생각한 것입니다. 실상은 예수 그리스도의 십자가가 하나님의 꿈을 이루는 것인데도 불구하고 그것을 유대인들은 이해하지 못했습니다. 그러므로 오히려 하나님의 꿈이 파괴되었다고 생각하고 기뻐하고 즐거워했습니다.

그리고 예수님을 3년 반 동안 따라다니면서 배움을 받았던 제자들조차도 망연자실했습니다. 예수 그리스도가 죽으심으로 말미암아 그들의 모든 꿈은 다 사라지고 희망은 다 깨어지고 이제는 절망밖에 남아 있지 않다고 생각한 것입니다. 실상은 하나님께서 예수 그리스도를 통해서 십자가의 고난을 받게 하심으로 하나님의 꿈을 이루는 한 과정인데도 불구하고 이것은 유대인도 이해하지 못하고 예수님의 제자들도 이해하지 못했습니다.

예수님이 부활하신 후 40여일동안 제자들을 수없이 만나 보셨습니다. 부활한 예수님을 그렇게 만나고도 예수님의 죽으심과 부활이 무슨 의미가 있는지 제자들은 도무지 알 수 없어 어리둥절했습니다. 왜 예수님은 구태여 죽으셨다가 또 살아나셔서 동에 번쩍 서에 번쩍 하면서 자꾸 나타나시는가 도대체 왜 우리를 번거롭게 하시는가? 살아날 바에야 죽지 않았으면 좋았는데 무엇 때문에 죽었다가 살아나서 또 나타났다가 나타났다 번거롭게 하시는가? 그렇게 생각했었습니다.

그러나 오순절 날 성령께서 강림하시자 순식간에 예수 그리스도의 고난이 하나님의 인간 구원의 계획이요 꿈이시라는 것을 확실하게 깨닫게 된 것입니다. 성령이 오시자마자 아 예수님이 오셔서 십자가에 몸 찢고 피 흘려 죽어서 사흘동안 음부에 내려 갔다가 사흘만에 부활해서 일어난 것이 바로 하나님의 인류 구원의 계획이요. 우리에 대한 하나님의 꿈의 성취였구나 이것을 순식간에 깨달아 알게 된 것입니다. 이러므로 성령이 오시기 전에는 예수님의 친 제자들조차도 부활하신 예수님을 눈으로 보고도 왜 예수님이 부활하셨는지 이유를 알 수가 없었던 것입니다.

오늘날 성령께서는 오순절 이후에 우리 가운데 역사하여 주셔서 하나님 성령은 우리의 마음을 열어 주시는 것입니다. 성령이 우리의 마음을 열어주지 아니하시면 우리는 절대로 예수 그리스도의 죽으심과 부활이 하나님의 꿈인 것을 이해하지 못합니다. 하나님의 성령께서 우리가 말씀들을 때 우리 마음 문을 열어 주셔야 되는 것입니다.

빌립보에서 바울과 실라가 복음을 증거할 때 성령께서 루디아의 마음을 열어 주심으로 그가 예수 그리스도를 믿게 되었고, 그 가족과 함께 세례 받고 구원을 받았다고 말한 것입니다. 그러므로 오늘 이 시간에 예수를 구주로 모신 우리들은 모두 다 성령이 마음 문을 열어준 사람들인 것입니다.

그러므로 성령으로 말미암지 않고는 예수 그리스도를 주라고 할 수 없는 것입니다. 이런데다가 우리가 성령 충만한 세례를 받으면 예수님의 구원에 대한 능력 있는 신앙을 갖게 되는 것입니다. 성령이 충만해지면 그리스도의 죽으셨다 부활하신 그 진리와 그 은혜와 그 영광이 우리 속에 충만하게 되는 것입니다. 이렇기 때문에 성령님과의 깊은 교통만이 그리스도 안에서 살도록 우리를 이끌어 주는 것입니다.

하나님의 성령은 보혜사입니다. 보혜사라는 것은 하나님께로부터 보내심을 받아 우리를 돕기 위해서 항상 우리 곁에 계신 이를 말하는 것입니다. 하나님 아버지는 보좌에 계시고 예수님은 일을 다 완성하시고 보좌 우편에 와 계시지만, 성령은 이 땅에서 예수 그리스도의 십자가에 죽으셨다 부활한 것이 하나님의 인류 구원의 계획이요. 하나님의 꿈이라는 사실을 우리 가운데 끊임없이 깨닫게 해 주시는 것입니다. 기억나게 해 주시고, 가르쳐 주시고, 깨닫게 해 주시고, 능력을 주시고, 위로를 주시고, 은혜를 주시고, 꾸짖어 주시고, 온갖 일을 다 하는 것이 보혜사 성령님의 역사인 것입니다. 그렇기 때문에 성령님의 도우심이 없이 우리가 예수 그리스도를 믿을 수 없고 그 그리스도의 은혜를 통해서 하나님의 꿈을 우리가 받아들일 수가 없는 것입니다.

이렇기 때문에 우리의 삶 속에 우리는 항상 우리 곁에 계신 보혜사 성령님을 인정하고 환영하고 모셔들이고 의지하고 감사해야 되는 것입니다. 성령은 영이시기 때문에 우리 눈에는 보이지 않습니다. 바람을 눈으로 보셨나요? 바람은 눈으로 보지 못해도 바람이 우리와 같이 있는 것을 아는 것입니다. 그리고 숨쉬면 우리 폐 속에 들어왔다 나갔다 하는 것을 아는 것입니다. 성령은 바람과 같이 영이십니다.

그러므로 우리 눈에는 보이지 않지만 성령은 우리와 함께 거하시며 우리 안에 거하시며 우리를 충만히 채우시고 우리를 기도하게 하시고 우리를 손잡아 이끌어 주시는 것입니다. 이러므로 성령을 인정하시면 아멘! 하십시다.

환영하면 아멘! 하십시다. 모셔들이면 아멘! 하십시다. 감사하면 아멘! 하십시다. 보혜사 성령으로 말미암지 않은 개인이나 교회는 종교 단체에 불과한 것입니다. 그리스도와 아무 상관이 없는 것입니다.

우리 충만한 교회가 온 천하만국에 책을 통하여 복음을 증거하게 된 것도 우리가 성령님을 인정하고 환영하고 모셔들이고 의지하고 성령충만하게 살기 때문에 성령이 우리를 붙잡아서 그리스도의 일꾼들로 만들어 주신 것입니다. 이렇기 때문에 우리가 이 땅에 사는 동안에 우리의 삶은 전적으로 성령님과 함께 동행 한다는 것을 아시고 매일 같이 성령충만한 삶을 살게 되시기를 주님의 이름으로 축원합니다.

셋째, 하나님의 꿈과 우리들의 관계. 우리가 하나님의 꿈이신 예수 그리스도를 모셔들이고 하나님의 구원의 꿈이 우리 안에 이루어지기 위하여 항상 애를 써야 되겠는데 어떻게 해야 될까요? 하나님은 예수 그리스도 안에서 우리를 구원하실 꿈을 꾸셨는데 그럼 우리는 어떻게 해야 될까요? 우리는 예수님에 대한 하나님의 꿈을 나의 꿈으로 받아들여야만 하는 것입니다. 십자가를 통하여 하나님이 꿈꾸신 그 꿈을 내 꿈으로 받아들여야 되는 것입니다. 하나님의 꿈, 나의 꿈, 하나님이 예수 그리스도 안에서 꿈꾸신 그것을 나의 꿈으로 내가 받아들여야 되는 것입니다. 눈에는 아무 증거 안보이고 귀에는 아무소리 안 들리고 손에는 잡히는게 없을지라도 나의 생각이나 감각이나 현실적인 환경을 초월하여 하나님의 꿈을 나의 꿈으로 받아들여야만 하는 것입니다.

고개를 들어 갈보리 십자가를 바라보십시오. 그것이 바로 하나님의 꿈이 있는 자리를 보는 것입니다. 십자가에 높이 달려있는 예수 그리스도를 보십시오. 몸을 찢고 피를 흘린 그리스도를 보십시오. 그것이 바로 우리에 대한 하나님의 꿈입니다. 그 하나님의 꿈을 내가 받아들여야 되는 것입니다. 나의 대한 하나님의 꿈을 받아들이면 어떻게 될까요? 죄를 사함받고 하나님과 친밀하게 지내는 권능있는 성도가 됩니다.

죄 사함에 대한 꿈을 받아들여야 되는 것입니다. 요한 1서 2장 2절에 "저는 우리 죄를 위한 화목 제물이니 우리만 위할 뿐 아니요 온 세상의 죄를 위하심이라."고 말씀하셨는데 그리스도의 십자가를 바라보고 하나님의 꿈인 예수 그리스도를 내가 받아들일 때 나는 죄 용서함 받고 의롭게 되었다는 하나님의 꿈을 내 꿈으로 받아들이는 것입니다. 나는 용서받았다. 하나님 앞에 의롭다 함을 얻었다고 하는 그 꿈을 내가 확실하게 받아들여야 되는 것입니다. 나의 꿈으로 받아들이는 것입니다. 그것이 하나님의 꿈이 아닌 나의 꿈으로 받아들여야 되는 것입니다. 오늘 이 시간에 내가 예수 그리스도 안에서 용서받고 의롭게 되었습니다. 그 꿈을 내가 받아들이면 하나님의 꿈이 내 꿈이 되는 것입니다.

우리는 화해에 대한 꿈을 내 꿈으로 받아들여야 되는 것입니다. 골로새서 1장 20절에 "그의 십자가의 피로 화평을 이루사 만물 곧 땅에 있는 것들이나 하늘에 있는 것들을 그로 말미암아 자기와 화목케 되기를 기뻐하심이라."고 하셨습니다. 하나님은 예수 그리스도를 통해서 원수된 담이 무너지고 화목 되게 하는 꿈을 꾸고 계시는데 이 하나님의 꿈인 예수를 받아드리면 나는 이제 화목하게 된 것입니다.

그러므로 하나님의 꿈을 내 꿈으로 받아들이면 나는 이제 하나님과 화목하게 된 것입니다. 그러므로 하나님의 꿈을 내 꿈으로 받아들이면 이제 내가 하나님 안에 하나님이 내 안에 들어오시게 되고 내가 하나님 앞에 조금도 부끄럼 없이 두려움 없이 당당하게 나갈 수 있는 것입니다. 왜! 내가 하나님의 꿈을 받아들여서 내 꿈으로 만들었기 때문에 나는 하나님과 이제 화해되었기 때문인 것입니다.

치료와 기쁨에 관한 꿈도 그런 것입니다. 베드로전서 2장 24절에 "친히 나무에 달려 그 몸으로 우리 죄를 담당하셨으니 이는 우리로 죄에 대하여 죽고 의에 대하여 살게 하려 하심이라 저가 채찍에 맞음으로 너희는 나음을 얻었나니"라고 말했는데 하나님은 예수 그리스도가 채찍에 맞고 십자가에 매달림으로 우리의 질병과 우리의 슬픔을 대신 질머지고 가는 꿈을 그 속에 이루어 놓았었습니다.

그 하나님의 꿈을 내가 받아들여서 내 꿈으로 만듭니다. 나는 이제 그리스도를 통해서 치료를 받았다. 나는 슬픔에서 놓여남을 받았다. 이 하나님의 꿈을 내 꿈으로 내가 받아들이면 우리 하나님의 꿈이 내 것이 되어버리고 마는 것입니다.

그리고 하나님의 축복에 대한 꿈을 내 것으로 받아들여야 됩니다. 고린도후서 8장 9절에 "우리 주 예수 그리스도의 은혜를 너희가 알거니와 부요하신 자로서 너희를 위하여 가난하게 되심은 그의 가난함을 인하여 너희로 부요케 하려 하심이니라"하였는데 하나님은 우리를 부요케 할 꿈을 예수 그리스도 안에서 꾸고 계셨습니다. 예수께서 저주를 받은바 되사 율법의 저주에서 우리를 속량하심으로 우리를 가난에서 부요케 하는 꿈을 가지고 있었는데 이 하나님의 꿈인 예수 그리스도를 내가 받아들이고 하나님의 꿈을 내가 꾸어야 되는 것입니다.

나는 이제 저주에서 해방을 얻었고 내가 가난해서 놓여남을 받았다는 꿈을 영롱하게 내 마음속에 받아들여야 되는 것입니다. 이건 내가 만든 꿈이 아닙니다. 하나님의 꿈을 내 꿈으로 내 마음속에 받아들여야 되는 것입니다.

영생 복락 천국에 관한 하나님의 꿈도 내 꿈으로 받아들여야 되는 것입니다. 고린도후서 5장 1절로 2절에 "만일 땅에 있는 우리의 장막집이 무너지면 하나님께서 지으신 집 곧 손으로 지

은 것이 아니요 하늘에 있는 영원한 집이 우리에게 있는 줄 아나
니 과연 우리가 여기 있어 탄식하며 하늘로부터 오는 우리 처소
로 덧입기를 간절히 사모하노니"라고 말했었습니다.

하나님께서는 예수 그리스도를 통해서 사망을 멸하시고 음부
를 멸하시고 부활시킴으로 우리 인생들을 다 부활시키는 꿈을
예수 안에서 이루어 놓은 것입니다. 이 예수 그리스도를 모셔 들
임으로 나는 이제 사망과 음부를 이기고 부활하여 천국 영생에
들어가는 꿈을 받아들여야 되는 것입니다.

그 꿈을 꾸어야 되는 것입니다. 우리 예수 믿는 사람들은 꿈꾸
는 사람들인 것입니다. 우리의 꿈은 우리가 만든 것이 아니라,
하나님의 성령이 가르쳐 준 것으로 하나님이 예수 안에 꾼 꿈을
내 꿈으로 받아들이면 이제 나는 나의 힘으로 살지 않고 하나님
의 능력으로 살아가게 되는 것입니다. 오늘 이 시간에 입을 넓게
열고 그리스도 안에 있는 하나님의 꿈을 예수 이름으로 받아들
이게 되시기를 주의 이름으로 축원합니다.

이것은 하나님의 꿈입니다. 우리의 꿈이 아닙니다. 그러나 하
나님의 꿈을 내가 내 속에 받아들여서 내가 그것을 내 꿈으로 만
들게 되면 하나님의 꿈이 나의 속에서 역사하게 되는 것입니다.

이래서 하나님의 꿈을 나의 꿈으로 받아들이고 마귀의 부정적
인 생각을 단호히 물리치고 긍정적으로 생각하고 믿어야만 되는
것입니다. 마음속에 부정적인 생각이 들어오지 못하게 해야 되
는 것입니다. 원래 우리는 부정적인 세계에서 살고 있습니다. 타

락한 우리 아담 이후의 우리의 모든 삶은 부정적인 삶입니다. 여기 하나님의 꿈을 받았으니 이제 하나님의 꿈을 따라 믿고 하나님의 꿈을 따라 말할 줄 알아야 하는 것입니다.

이것이 내 꿈이면 내가 긍정적으로 말해야죠? 반대로 나는 유한한 인간이요 무능력하기 때문에 내 꿈을 꾸었다면 내가 부정적으로 말할 수밖에 없는 것입니다. 이제 우리는 하나님의 꿈을 예수 안에서 받아들인 사람이기 때문에 그 꿈을 따라 믿고 그 꿈을 따라 입으로 강하게 시인해야 하는 것입니다.

이렇기 때문에 마음속에 부정적인 생각이 들어오면 언제나 갈보리 십자가 위에 매달린 예수를 바라보십시오. 그리고 그것을 지적하십시오. 저기에 하나님의 꿈이 매달려 있다. 나는 저 하나님의 꿈을 받아들여서 내가 변화되었다 이것은 내 생각이 아니라 하나님의 생각이다. 나는 하나님의 꿈을 받아들임으로 하나님의 생각을 하게 됨으로 사탄아 물러가라. 너희 흑암은 물러가라. 너 인간의 부정적인 생각은 물러가라. 그리고 입술로 강하게 우리는 하나님의 꿈을 믿었으니 그것을 입으로 시인해야 되는 것입니다.

나는 예수 안에서 용서와 의로움을 받은 사람이다. 나는 그리스도 안에서 하나님과 화목 되고 하나님의 사랑을 받고 성령을 모신 사람이다. 나는 그리스도 예수 안에서 질병에서 치료를 받고 모든 슬픔에서 놓여남을 받은 사람이다. 나는 예수 그리스도로 말미암아 가난과 저주에서 벗어나고 가시 엉경퀴에서 해방되고 아브라함의 복을 들어가며 나가며 누리는 사람이다. 나는 예수 그리스도 안에서 하나님의 능력으로 말미암아 사망과 음부를 벗어나고 천국과 영생을 얻어 누리고 내 집이 천국에 있는 사람이다. 나는 이런 사람이다. 누구든지 그리스도 안에 있으면 새로운 피조물이라 이전 것은 지나갔으니 보라 하나님의 꿈인 예수 그리스도 안에서 나는 새 것이 되었도다. 새 말을 해야 되는 것입니다. 새 생각을 해야만 하는 것입니다. 새 노래를 불러야 되는 것입니다. 그리고 하나님의 꿈이 예수님으로 말미암아 성령님의 능력으로 내게 이루어진 것을 항상 감사해야 되는 것입니다.

주님이여 감사합니다. 나는 헐벗고 굶주리고 저주받고 버림받을 수밖에 없는데 그리스도인 하나님의 꿈을 내가 받아들임으로 내가 새로운 사람이 되었습니다. 나는 영혼이 잘 되게 되었습니다. 범사가 잘 되게 되었습니다. 예수님 안에서 강건하게 되었습니다. 그리고 생명을 얻되 넘치게 얻게 된 것 하나님 아버지 감사합니다. 우리는 입술로써 끊임없이 감사해야 되는 것입니다. 눈에는 아무 증거 안보이고 귀에는 아무소리 안 들리고 손에는 잡히는 게 없어도 나는 내 입술로 계속 감사 찬송을 드려야 됩니다. 왜! 하나님의 꿈을 내 마음속에 받아들였기 때문인 것입니다.

그리고 하나님의 꿈을 이루기 위해서 하나님의 성령이 내 안에서 역사하고 계시기 때문인 것입니다. 부모가 자녀의 꿈을 이루어 주기 위하여는 전력을 기울여 뒤를 밀어 주는 것처럼 우리가 하나님의 꿈이신 예수 그리스도를 알고 모셔들이고 믿어 드리면 하나님은 전지전능한 권세와 능력으로 우리 안에서 성령으로 일하시사 그리스도 안에 있는 하나님의 꿈을 이루려고 하나님께서 역사하여 주시는 것입니다.

하나님의 꿈은 이루어져야만 하는 것입니다. 하나님의 꿈은 이루어지고야 말 것입니다. 하나님은 그 꿈을 이루시기 위해서 예수 그리스도의 몸을 찢었습니다. 예수님이 피를 흘리시고 그를 통해서 하나님의 꿈을 이루십니다. 하나님의 꿈은 너무나 값비싼 댓가를 지불했습니다.

이 하나님의 꿈인 예수 그리스도를 바라보고 이 하나님의 꿈인 예수 그리스도를 모셔들이고 그리스도를 통해서 하나님의 꿈을 내 꿈으로 꿈꾸고 믿고 긍정적으로 시인하고 입으로 시인하면 하나님은 보좌에서 기뻐하사 박수를 치시고 하나님은 성령을 통해서 말씀하실 것입니다. 성령이여 저 사람 속에 내 꿈을 이루어라 저 사람 속에 내 꿈을 이루어라 저 교회 속에 내 꿈을 이루어라. 오늘 그래서 하나님은 성령을 통해서 끊임없이 꿈을 이루시는 하나님이신 것입니다.

3부 구원에 대한 하나님의 뜻

11장 지금 마음 천국을 누려라.

(요3:16)"하나님이 세상을 이처럼 사랑하사 독생자를 주셨으니 이는 그를 믿는 자마다 멸망하지 않고 영생을 얻게 하려 하심이라"

하나님은 예수를 믿는 우리가 지금 심령천국을 이루고, 아브라함의 복을 받으며 살다가 천국에 입성하기를 소원하십니다. 우리가 잘못이해하고 있는 것이 있습니다. 예수를 믿으면 천국에 가는 것입니다. 그래서 불신자들에게 전도할 때 예수님 믿고 천국가세요! 합니다. 여기서 우리가 바르게 알아야 할 것이 있습니다. 죽어서 천국 가는 예수님만 믿으면 안 된다는 것입니다. 예수님은 지금 이 땅에 천국을 만드시려고 오셨습니다. 하나님의 입장에서는 지금 이 땅에 하나님의 나라가 건설되는 것이 중요합니다. 그렇기 때문에 예수를 믿는 우리가 지금 이 땅에서 심령에 천국을 누리면서 하나님의 나라를 건설하는 것을 하나님은 원하신다는 것입니다. 한마디로 예수님을 누리면서 살아가라는 것입니다. 예수님을 누리면서 예수님의 권능을 세상에 적용하여 세상을 하나님의 나라를 만드는 것이 우리를 향한 하나님의 뜻입니다. 그래서 '예수축복' '불신불행'이 맞는 말입니다.

하나님의 사람창조의 본래 목표는 사람이 하나님의 생명을 얻어 하나님처럼 사는 것입니다. 사람은 하나님을 담는 그릇이라고 표현하는 것이 타당합니다. 하나님은 사람에게 삼대 요소(첫째 충만, 둘째 정복, 셋째 치리권(다스리라))를 주는 동시에, 넷째 모든 열매를 식물로 준 것입니다. 하나님은 사람을 위하여 만물을 창조하신 것은 사람으로 하여금 이것을 바로 사용하여 다스리는 동시에 너는 나를 순종하며 공경하면 내가 너를 통하여 영광을 받고, 너는 내 영광을 길이 누리면서 영원히 아름다운 열매를 맺어서 나의 뜻(이 땅에 하나님의 나라건설)을 이루라는 것이 하나님이 사람에게 맡기신 사명입니다.

아담이 하나님의 뜻을 따라 생명나무의 열매를 먹었다면 하나님의 자녀가 되어 하나님처럼 살게 되었을 것입니다. 그러나 불행히도 선과 악을 알게 하는 나무의 열매를 먹고 그 영이 죽어 버리고, 혼을 따라 살게 되었습니다. 나중에는 더욱 더 타락하여 몸의 정욕을 따라 살게 되는 지경에 이르러 온갖 죄악을 범하게 되자, 하나님은 노아와 그 가족을 제외한 모든 인간들을 홍수로 모두 다 멸하셨습니다.

오늘날에도 육을 따라 사는 사람, 혼을 따라 사는 사람, 영을 따라 사는 사람이 있습니다. 이 범죄하고 타락하여 영이 죽고, 육이나 혼을 따라 사는 죄인이 된 인류는 거듭나서 새사람이 될 필요가 있습니다. 그래서 하나님의 구원은 먼저 죽은 영을 살리는 것입니다.

"진실로 진실로 너희에게 이르노니 죽은 자들이 하나님의 아들의 음성을 들을 때가 오나니 곧 이 때라 듣는 자는 살아나리라" (요5:25). 하셨으며, 하나님의 음성을 듣고 나오는 것은 굉장하게 중요한 것입니다. 왜냐하면 구원이 예비 된 영혼들에게만 하나님의 음성이 들리기 때문입니다. 음성을 듣고 나오는"허물과 죄로 죽었던 너희를 살리셨도다"(엡2:1). 말씀하고 계십니다. 예수를 믿고 영이 살아나니, 성령의 인도를 받으면서 혼(이성)을 변화시켜 구원에 이르게 하는 것입니다.

사람은 스스로 믿기로 작정하고 교회 가서 이름 등록하고, 교인이 되어 열심히 봉사함으로 그리스도인이 되는 것이 아니고, 위로부터 임하는 성령으로 다시 태어나야 하는 것입니다. 반드시 성령으로 세례를 받아 하나님과 같은 영적인 사람으로 바뀌어야 합니다. 교인이 되는 것은 사람이 임의로 할 수 있지만, 거듭나서 새 생명을 얻는 것은 사람의 뜻으로 되는 것이 아닙니다. 반드시 성령의 역사가 개입이 되어야 거듭나서 새 생명을 얻을 수가 있는 것입니다. 믿음도 사람이 스스로 믿는 믿음이 있고, 위로부터 주어진 믿음이 있습니다. 위로부터 주어지는 믿음은 성령으로 발원되는 것입니다.

오늘날 많은 기독교인들이 있지만, 스스로의 믿음, 사람 자신이 믿는 믿음을 가지고 종교 생활하는 사람들이 너무나 많은 것을 보게 됩니다. 그 믿음은 하나님이 주신 믿음이 아니기 때문에 마음의 변화가 없고, 삶의 변화가 없는 것입니다. 언제인가 배신할 수 있는 요소가 다분하게 잠재하여 있습니다. 기본 성품(인성)이 변화되는 믿음은 성령으로 되는 것입니다. 그렇기 때문에 예수를 믿고 교회에 들어오면 성령으로 세례를 먼저 받아야 합니다.

첫째, 마음 천국을 누리지 못하는 이유. 성도가 마음에 천국을 이루면서 살아가려면 하나님의 말씀을 전폭적으로 순종할 때 가능한 것입니다. 하나님의 말씀에 순종하면 하나님께서 자신을 통하여 일을 하심으로 힘이 들지 않아서 마음에 천국을 누릴 수가 있는 것입니다. 반대로 성도가 마음에 고통을 당하는 것은 자신의 욕심으로 일을 하기 때문입니다. 성도에게 고난이 찾아오는 것은 욕심 때문입니다. 절대로 하나님께서 지시하는 대로 순종하면 고통을 당하지 않습니다. 그런데 순종하지 못하고 욕심을 부리는 이유는 상처 때문입니다. 하나님은 성도가 이 땅에서도 마음의 천국을 누리기를 원하십니다.

그런데 왜 심령천국을 이루지 못하고 불안과 두려움으로 살아갑니까? 자신의 심령에 상처 때문입니다. 심령의 상처로 말미암아 하나님과 통로가 막혔기 때문입니다. 하나님의 축복을 방해하는 세력은 남이 아니고 환경도 아닙니다. 오직 내 마음속에 있는 돌, 가시, 상처입니다. 하나님의 은혜를 막는 나의 최대의 적은 바로 나 자신입니다. 말씀과 성령으로 자신을 치유해야 하나님이 원하시는 대로 마음 천국을 누릴 수가 있습니다.

내 속에 잠재되어 있는 악습, 습관으로 인하여 마음의 평안을 누리지 못하는 것입니다. 질병으로 묶이고, 물질로 묶이고, 인간관계에 묶인 것 등으로 인하여 마음에 천국을 누리지 못하는 것입니다. 믿음생활을 하면 할수록 점점 더 자유롭게 풀려야합니다. 그러나 삶의 성장을 막고, 묶고 있고, 누르고 있는 것들로 인하여 예수를 믿으면서도 삶이 풀리지 않고 마음의 천국을 누리지를 못하는 것입니다. 마귀는 묶고 방해하는 역사를 합니다. 질투, 분노, 염려, 불평 등은 우리를 묶는 것입니다. 이러한 것들은 우리를 묶어 성장을 방해하는 마귀의 오랏줄입니다. 출애굽한 유대인들은 비록 홍해를 건넘으로 바로라는 세상의 묶임으로부터 자유하게 되었으나, 애굽에서 받은 상처로 인한 욕심, 분노, 두려움, 옛 성품이라는 마귀의 묶임을 풀지 못함으로 진정한 자유를 누리는 일, 젖과 꿀이라는 풍성한 삶에 이르는 일에 실패하였습니다. 상처로 인하여 가나안에 들어가지 못하고 "그러나 그들의 다수를 하나님이 기뻐하지 아니하셨으므로 그들이 광야에서 멸망을 받았느니라."(고전10:5). 내면의 상처로 인하여 마음 천국을 누리지를 못하는 것입니다.

우리가 알아야 할 것은 예수를 영접하면 원죄가 사해집니다. 그러나 이성과 감정과 육체에 있는 자범죄는 사해지지 않습니다. 조상의 죄악과 자신의 죄과인 자범죄는 반드시 성령의 임재 가운데 회개하고 그 때 들어온 귀신을 축귀해야 합니다. 상처는 성령의 임재가운데 용서하고 풀어야 이성과 감정과 육체가 성령의 지배를 받아 전인구원에 이르게 됩니다. 이렇게 되어야 하나님의 뜻대로 지금 마음의 천국을 이룰 수가 있는 것입니다.

둘째, 성령의 임재하에 회개해야한다. 하나님은 회개하고 돌아오라고 말씀하십니다. 상처는 죄와 긴밀한 관계가 있습니다. 그리고 회개는 치유를 위한 것입니다. 용서와 죄 사함은 예수를 믿음으로 이미 받은 것입니다. 회개가 철저하지 않더라도 예수를 믿음으로 이미 용서는 받고 구원은 얻은 것입니다. 그러므로 예수를 믿고 하는 회개는 십자가의 용서의 효과를 내게 적용하기 위한 것, 하나님과 같은 영적인 수준을 높이기 위한 것입니다. 용서를 받기 위해서 회개하는 것이 아닙니다.

하나님은 용서해주시는 분입니다. 회개가 필요한 것은 하나님의 용서를 위한 것이 아니라, 우리의 상처를 치유하기 위한 것입니다. 회개를 해야, 상처가 치유 받고, 성령님이 우리 속에서 활동하실 수가 있게 됩니다. 성령의 인도하심 속에서 하는 회개는 이성과 육체에 있는 상처를 치유하기 위한 것이요, 자신의 잘못을 인정하고 회개하는 곳에 치유의 역사가 나타나는 것입니다. 우리가 회개하는 만큼 우리 속에서 성령님이 역사 하십니다.

회개하지 않고 죄를 붙잡고 있는 만큼 우리는 마귀에게 활동영역을 보장하고 있는 것입니다. 성령의 임재 가운데 회개하십시오. 회개함으로 성령님에게 더 넓은 활동영역을 내어드리세요. 성령님에게 사로잡히세요. 회개하고 성령을 선물로 받으세요. 더 많이 받으세요. 더 많은 부분을 성령님에게 내어드리세요. 더 많은 부분에서 성령께서 역사 하시게 하십시오.

이러한 회개는 우리 마음대로 할 수 있는 것이 아닙니다. 이미 우리 속에 내재하신 성령님의 도우심으로만이 가능합니다. 성령의 임재 가운데 영의 차원에서 회개해야 합니다. 그러므로 우리는 늘 성령님의 도우심을 받아야 합니다. 성령님의 도우심으로 늘 회개를 해야 합니다. 성령의 도우심으로 하는 회개를 통해서 악한 마음, 분노하는 마음, 상처들을 치유하십시오. 그리고 이 모든 것들이 있던 이성과 육체에 성령님이 임하고 활동하게 하는 것이야말로 진정한 크리스천의 모습입니다.

회개는 내 영혼을 정결케 하는 것이요, 내 마음을 치유하는 것이고, 원석을 가지고 보석을 만드는 것입니다. 하나님은 거룩하시고, 정결하시며, 또 우리와 함께 하시기 위하여 우리에게도 정결하고 거룩할 것을 요구하십니다. 회개는 그릇을 닦아내듯 내 영혼을 닦는 것입니다. 회개는 부패한 것을 신선하게 만드는 것입니다. 회개할 때, 하나님의 치유 약이 우리에게 발라집니다. 성령의 임재가운데 영의 차원에서 회개하십시오.

셋째, 성령으로 세례를 받으라. 성령으로 세례를 받아야 심령이 정화되어 마음의 천국을 이룰 수가 있는 것입니다. 성령의 인도를 받아야 구원을 누릴 수가 있는 것입니다. 성령은 성도가 예수를 믿을 때 마음 안에 오십니다. 마음 안에 오신 성령은 성도가 성령으로 세례 받기를 고대하고 계십니다. 성령으로 세례를 받을 때 비로소 성령이 성도의 전인격을 장악하기 때문입니다.

그 성령이 전인격을 지속적으로 장악하고 통치하는 것이 성령의 충만 입니다. 이 성령이 성도의 마음 안에서 밖(육)으로 역사할 때 성령의 권세로 마귀는 정체를 드러내고 떠나가는 것입니다. 성령의 권능이 귀신을 밀어내는 것입니다.

그래서 성도가 성령으로 세례를 받아야 권능 있는 성도가 되는 것입니다. 그래서 예수님은 불과 성령으로 세례를 받으라고 하시는 것입니다. 그러나 성령이 예수를 믿게 했다고 성령으로 세례 받는 것은 아닙니다. 믿는 것과 세례를 받는 것은 다르며, 성령님이 내주하는 것과 성령의 세례를 받는 것도 다른 것입니다. 물세례를 받는 것이 적당히 넘어갈 수 있는 문제가 아니듯이 성령의 세례도 마찬가지입니다. 성경에서 성령과 관련하여 사용된 심오한 진리 중의 하나는 "성령으로 세례 받으라."라는 것입니다. 성령 세례란 예수 그리스도께서 주시는 것입니다. 성령의 세례란 성령에 의해서가 아니라 주 예수에 의해 행해지는 그리스도의 사역입니다.

성령으로 세례를 받을 때 성령이 예수 그리스도의 이름으로 임하므로 성령으로 세례 받는 것은 체험으로 느낄 수 있습니다 (행 11:15-18). 성령으로 세례 받을 때 성령의 권능이 함께 임합니다. 권능은 하나님의 일을 행하는 데 능력 있는 사람으로 준비시킵니다. 성령으로 세례를 받을 때 전인격이 성령으로 장악됨으로 질병이 치유되기 시작하는 것입니다.

성령으로 세례 받음은 하나님의 영으로 사로잡히는 것입니다

(행 9:17-20). 성령 세례는 성도의 마음을 그리스도에 대한 이해와 사랑과 신뢰로 가득 차게 하며, 성령이 삶의 주관자가 되게 하며, 하나님의 자녀로서 하나님의 부름에 적합하도록 능력을 부여합니다. 하나님의 영으로 사로잡혀야 질병이 치유되고 영육에 역사하던 마귀가 물러가는 것입니다. 성령 세례를 체험하기를 바랍니다. 체험이라는 것은 내가 하나님의 역사하심을 몸으로 느끼고 눈으로 보았다는 것입니다. 성령의 사람이 되었다는 것입니다.

넷째, 내적상처를 치유하라. 마음의 상처가 마음 천국을 누리지 못하게 합니다. 그러므로 치유가 되어야 합니다. 외부의 상처는 쉽게 치유되나 마음 안에 받은 상처는 쉽게 치유되지 않습니다. 사라지지 않고 깊은 곳에 남아서 계속 나에게 영향을 줍니다. 나의 삶을 좋지 못한 쪽으로, 파괴적인 쪽으로 이끌어갑니다. 나이가 들어도 사라지는 것이 아니라, 오히려 절제력이 약해짐으로 더욱 강하게 나의 삶에 역사 합니다.

상처는 잠복기간이 지나면 꼬리를 들고일어납니다. 상처가 꼬리를 들고일어나는 시기는 취약한 시기로서 스트레스를 심하게 받을 때 여러 가지 영육의 문제로 나타납니다. 상처는 상처를 주는 상대방보다, 쉽게 상처를 받는 나에게 문제가 있는 것입니다. 이 사실을 인정해야 자신을 치유할 수 있습니다.

상처는 반드시 치유되어야 합니다. 상처를 치유하는 방법 중의 하나는 마음을 하나님 앞에 토설하는 것입니다. 상처를 하나님 앞에 토설하는 것은 마음을 수술하는 것과 같습니다. 상처는 치료가 되기 때문에 상처라고 합니다. 상처를 빨리 치료 받는 길은 하나님과 가까워지는 것입니다. 마음에 상처를 담아 두지 말고 성령의 임재 하에 심정을 가감 없이 토설해 내기 시작할 때 하나님의 치료가 시작되는 것입니다. 내적치유에 관심이 있는 분은 "내적치유 쉽게 하는 법"과 "내적상처를 스스로 치유하는 기도문"을 읽어보시기를 바랍니다.

다섯째, 자아를 십자가에 매달아라. 마음에 천국을 이루지 못하는 것에는 자아가 많은 영향을 미칩니다. 자아는 복음과 성령의 역사와 진리의 역사를 반감하게 하는 요소입니다. ① 자아 중에 제일 큰 것은 샤머니즘의 신앙의 잔재입니다. 많은 성도들이 말씀을 듣고 행하는 자가 되는 방법을 잘 모르는 것이 사실입니다. 왜냐하면 샤머니즘의 신앙의 잔재가 남아있기 때문입니다. 샤머니즘의 신앙이 신이 문제를 해결하여 주기를 기다리는 것이기 때문입니다. 예수를 믿고도 하나님께서 문제를 해결하여 주시기를 바랍니다. 기독교는 문제가 있을 때 하나님께 기도하여 하나님의 음성(레마)대로 순종해야 문제가 풀어지는 것입니다. 그래서 하나님은 말씀을 듣고 행하는 자가 천국에 들어간다고 말씀하시는 것입니다(마 7:21-24).

목회자들도 말씀을 듣고 행하는 것이 무엇인지 성도들에게 명확하게 알려주지 않기 때문입니다. 하나님은 성도들을 통하여 세상에 하나님의 나라를 건설하십니다. 그렇기 때문에 하나님의 말씀(레마)를 듣고 행하는 성도가 필요한 것입니다. 먼저 기도에 대한샤머니즘의 신앙의 잔재를 부수어야 합니다. 하나님은 문제를 해결하여 달라고 기도를 아무리 많이 해도 해결을 해주시지 않습니다. 반드시 하나님의 말씀(레마)를 듣고 행해야 문제가 해결되는 것입니다. ② 교회의 전통입니다. 교회에는 귀신이 역사하지 못한다는 것입니다. 성경에 교회에 귀신 역사가 없다는 말씀은 없습니다. 유형 교회에도 귀신역사가 있을 수 있습니다.

③ 성도들이 유형교회와 무형교회의 역할에 대하여 바르게 알지 못합니다. 보이는 유형 교회가 중요한 것으로 믿는 성도가 많다는 것입니다. 성도들이 보이는 교회에 치중을 함으로 자신 안에 임재하신 하나님과 관계를 열지 못하는 것입니다. 분명하게 유형교회는 성도들을 위해서 있는 것입니다. 성도들의 신앙의 성장과 하나님께 예배를 드리기 위해서 유형교회가 존재하는 것입니다. 분명하게 유형교회는 성도들을 위해서 존재하고 있는 것입니다. 성도들이 유형교회에 와서 담임목사의 설교를 들으면서 영을 깨우고, 성령 충만한 예배를 통하여 성령으로 세례도 받고, 성령 충만도 받고, 영육의 치유도 받는 것입니다.

④ 예수를 믿을 때 성령으로 세례를 받았다는 자아입니다. 이렇게 자아가 고정되어 성령으로 세례를 받는 것이 관심을 두지 않으니 성령께서 혼(이성/감정)과 육체를 장악하지 못하므로 하나님께서 원하시는 전인구원에 이르지 못하는 것입니다. 반드시 성령으로 세례를 받아야 합니다. 성령으로 세례를 받은 후부터 전인적인 치유가 일어나기 시작하는 것입니다.

⑤ 기도는 교회에서 해야 된다는 것입니다. 기도는 아무 곳에

서나 할 수 있는 것입니다. 자신 안에 하나님이 임재 하여 계시기 때문입니다. 교회 가서 기도해야 한다는 자아가 하나님과 깊은 관계를 유지하는데 큰 장애가 됩니다. 나아가 마음에 천국을 이루지 못하는 것입니다.

⑥ 성령을 받는다. 은사를 받는다는 것입니다. 성령은 처음은 받아야 하지만 후로는 자신의 마음 안에서 나타나야 하는 것입니다. 받는 다는 자아가 있어서 자신의 마음 안에 관심을 갖지 않고 밖에 능력 있는 사람에게만 관심을 가지니 마음의 천국을 이루지 못하는 것입니다. 성령은 마음 안에서 나타나야 합니다.

⑦예수만 믿으면 구원받고 새사람이 된다는 자아입니다. 하나님은 빌립보서 2장 12절에서 "그러므로 나의 사랑하는 자들아 너희가 나 있을 때뿐 아니라, 더욱 지금 나 없을 때에도 항상 복종하여 두렵고 떨림으로 너희 구원을 이루라"고 말씀하십니다. 그리고 데살로니가전서 5장 23절에서"평강의 하나님이 친히 너희를 온전히 거룩하게 하시고, 또 너희의 온 영과 혼과 몸이 우리 주 예수 그리스도께서 강림하실 때에 흠 없게 보전되기를 원하노라"말씀하십니다. 따라서 전인구원을 위하여 관심을 갖아야 합니다. 영-혼-육이 성령의 지배를 받아야 합니다.

여섯째, 혈통에 역사하는 귀신을 몰아내라. 귀신은 두루 다니면서 삼킬 자를 찾고 있기 때문에 그렇습니다. 세대적인 악령은 그 가족 가운데에서 어느 한 사람을 선택해서 집중적으로 공격하고 마침내는 파멸로 몰아가는 것입니다. 그 선택은 오로지 악령의 뜻에 달렸다고 볼 수 있을 것입니다. 이에 대한 연구는 더 많이 진전되어야 할 것입니다. 우리는 부모 세대에 어떤 죄얼을 저질렀고 그 죄를 철저하게 회개하지 않았다면 그 죄를 틈타서 들어온 세대적인 악령으로부터 자녀가 공격을 받을 수 있는 개연성이 있다고 보아야 할 것입니다. 그러므로 부모 세대가 그 죄를 회개하고 세상을 떠난 경우, 자녀들은 부모를 대신해서 죄를 회개해야 하며, 그리고 악령을 추방하는 절차를 반드시 해야 합니다. 예수를 믿었다고 세대에 역사하는 귀신이 스스로 떠나지 않습니다.

필자가 매주 토요일날 개별 집중 치유를 하면서 성령으로 전인격이 사로잡히니까, 나이가 어린 사람들도 손이 오그라들면서 중풍의 영이 정체를 폭로하는 것입니다. 이는 영은 구원이 되었으나 이성(혼)과 육은 성령께서 장악하지 못하여 이성(혼)과 육체에 역사하던 중풍의 영이 떠나가지 않았다는 것입니다. 성령께서 이성(혼)과 육을 장악하고, 진리의 말씀의 비밀을 깨닫는 만큼씩 이성(혼)과 육체에 역사하던 세상신이 떠나가는 것입니다. 혈통의 문제 치유에 대하여는 "가계의 고통을 끊고 축복받는 비결"과 "가계가 축복받는 선포기도문"을 읽어보시기를 바랍니다.

일곱째, 성령으로 기도해야 한다. 지금 마음에 천국을 이루려면 성령으로 기도해야 합니다. 성령으로 기도하는 것은 성령의 임재가운데 성령 안에서 기도하는 것을 말합니다. 마음으로 기도하여 마음의 문이 열려야 영으로 기도하게 되는 것입니다. 영으로 기도하는 것이 성령으로 기도하는 것입니다. 그렇기 때문에 먼저 마음의 기도로 마음의 문을 열어야 영으로 기도할 수가 있는 것입니다. 영으로 기도가 되어야 마음에 천국을 이룰 수가 있습니다. 성령으로 마음의 기도를 해야 마음에 천국이 됩니다.

　성령으로 하는 영의 기도에서 중요한 것은 깊이 들어가는 것입니다. 깊이 들어가야 맑은 생수가 나오게 됩니다. 전에는 조금만 파도 되었으나, 이제는 오염되었으므로 깊이 파야합니다. 깊이 파는 훈련을 게을리 하지 말아야 합니다. 문제는 지속적인 훈련입니다. 얼마나 계속하느냐 입니다. 이것이 바로 믿음입니다. 믿음으로 계속하는 것입니다.

　마음에서 역사하시는 성령으로 깊은 영의기도를 계속하는 사이에 자신도 모르는 사이에 내적, 육체적 상처가 치유되며, 성품이 새로워지며, 삶의 소망과 기쁨이 넘치며, 영성이 발달되며 영감과 지혜가 발달되며, 신앙의 궁극적 목적인 하나님을 뜨겁게 사랑하게 됩니다. 마음에는 천국이 이뤄지게 됩니다.

　특별히 성령으로 기도하여 성령의 임재가 깊어지면 토설기도를 통해 심령을 정화시키는 것입니다. 시142편은 다윗이 사울을 피해 굴에 숨어있을 때 지은 기도 시입니다. 다윗은 특별히 잘못하거나 죽을 만한 죄가 없었습니다. 그는 이스라엘을 골리앗의 손에서 구원했으며 사울의 충신이었으나 사울의 시기 때문에 도망을 다녀야 했습니다. 칭찬과 보상을 받아 마땅한 사람을 죽이려고 할 때 이보다 더 억울하고 원통한 일이 어디 있겠습니까? 그러나 다윗은 그렇게 원통한 일을 당하면서도 살길을 알았습니다. 그 원통함을 하나님께 기도로 토해낸 것입니다. 다윗은 "내가 내 원통함을 그 앞에 토하며 내 우환을 그 앞에 진술 하는

도다"(시142:2)라고 고백하고 있습니다.

사무엘상 1장에 보면 한나는 아이를 낳지 못한다는 이유로 브닌나에게 많은 고통을 받았습니다. 얼마나 고통을 받았는지 성경은 "그 대적 브닌나가 그를 심히 격동하여 번민케 하더라."(삼상1:6)고 했습니다. 브닌나는 한 지붕 아래 사는 가족이었지만 한나를 공격하는 대적이었습니다. "브닌나가 그를 격동시키므로 그가 울고 먹지 아니하니"(삼상1:7) 브닌나의 공격 때문에 한나는 밥을 먹지 못했습니다. 그런데 한나에게 살길이 열렸습니다. 한나가 그 마음의 원통함을 하나님에게 기도하며 상한 마음을 토해냈기 때문입니다. "한나가 마음이 괴로워서 여호와께 기도하고 통곡하며 서원하여 가로되."(삼상1:10). 얼마나 심하게 통곡하며 마음을 토해냈는지 엘리 제사장은 한나가 술에 취한 줄 알고 포도주를 끊으라고 권면했습니다. 한나는 엘리 제사장에게 자신을 이렇게 설명합니다. "나의 주여! 그렇지 아니하니이다. 나는 마음이 슬픈 여자라 여호와 앞에 나의 심정을 통한 것 뿐이오니 당신의 여종을 악한 여자로 보지 마소서. 내가 지금까지 말한 것은 나의 원통함과 격동됨이 많음을 인함이니이다."원통함과 격동됨이 많은 심정을 솔직하게 하나님에게 통회 자복하는 것이 토설기도입니다. 이렇게 마음의 상처를 토설하며 기도하니 심령이 깨끗해집니다. 마음이 치유되니 심령이 천국됩니다. 영적인 상태가 되니 하나님의 응답을 받습니다. "엘리가 대답하여 이르되 평안히 가라 이스라엘의 하나님이 네가 기도하여 구한 것을 허락하시기를 원하노라 하니"(삼상 1:17). 토설을 하면서 깊은 기도를 하면 영육의 건강에도 무척 도움이 됩니다. 마음의 천국을 누리기 위하여 마음으로 하는 깊은 영의 기도를 숙달하여 보시기를 바랍니다. 기도에 대하여 깊게 알고 싶은 분은 "깊은 영의기도 숙달하는 비별"과 "기도 쉽게 바르게 하는 방법" 그리고 "방언기도의 오묘한 신비"을 읽어보시기를 바랍니다.

충만한 교회에서는 매주 토요일 10:00-12:30까지 각각 2시간 30분씩 개별 특별집중 기적치유 시간을 갖고 있습니다. 한번에 4-6명밖에 할 수 없으므로 1주일 전에 지정된 선교헌금을 입금하시고 예약을 합니다.

*대상은 이렇습니다. 충만한 교회 화-수-목 정기 집회에 참석해도 상처가 깊어서 효과가 나지 않는 분들이 최우선입니다. 여기서도 저기서도 치유와 능력을 받지 못한 분/ 불치병, 귀신역사를 빨리 치유 받을 분/ 목과 허리디스크, 허리어깨통증, 근육통, 온몸이 아프고 무거움에서 치유해방 받고 싶은 분/ 자녀나 본인의 우울증, 공황장애, 조울증, 불면증을 빨리 치유 받을 분/ 가슴이 답답하고 기도하기가 힘이 드는 분/ 축복과 영의 통로를 뚫고 싶은 분/ 성령의 불세례를 체험하고 싶은 분/ 최단기간에 성령치유 능력 받고 싶은 분입니다.

믿음을 가지고 오시기만 하면 무슨 문제라도 치유되고 해결이 됩니다. 염려하시지 말고 성령께서 감동하시면 오셔서 빠른 시간에 치유 받고 권능을 받아 쓰임을 받으시기를 바랍니다.

반드시 일주일 전에 선교헌금을 전화 확인하시고 입금 후 예약해야 합니다(전화 02-3474-0675).

12장 아브라함의 복을 받아 누려라.

(갈3:13-14)"그리스도께서 우리를 위하여 저주를 받은바
되사 율법의 저주에서 우리를 속량하셨으니 기록된바 나무에
달린 자마다 저주 아래에 있는 자라 하였음이라. 이는 그리스도
예수 안에서 아브라함의 복이 이방인에게 미치게 하고 또 우리
로 하여금 믿음으로 말미암아 성령의 약속을 받게 하려 함이라"

하나님은 성도들을 세상에서 부르신 것은 복주시고, 하나님
의 나라 건설에 사용하시기 위해서 부르신 것입니다. 하나님은
자녀들이 잘 되기를 원하십니다. 부모가 계시면 자녀들을 위하
여 최선을 다해서 준비하십니다. 그것도 뭐 아주 고약한 술주정
뱅이 부모 같으면 모르겠지만, 정상적인 부모는 자식을 자기 목
숨같이 사랑합니다. 생활상 필요한 것을 다 돌보시고 건강상, 교
육적 문제를 해결할 준비를 다 해 주십니다. 그런데 부모의 부모
된 하나님은 어떻겠습니까? 하나님은 무엇을 입을까, 무엇을 마
실까, 무엇을 입을까, 어디에 살까 다 준비하시는 하나님이신 것
입니다. 이 땅에 사는 생활 만 준비하는 것이 아니라, 주님께서
말씀하기를 내가 가서 너희를 위해서 처소를 예비하면 내가 다
시 와서 나 있는 곳에 너희도 함께 있게 하겠다고 말씀한 것입니
다. 금세 안심, 내세 복락을 할 수 있도록 해주신 것이 우리 주님

이신 것입니다. 구원을 누리는 것은 우리는 기도하고 하나님 앞에 간구하고 성령의 인도를 받아서 전인격이 성령의 지배를 받는 삶을 사는 것입니다. 하나님은 언제나 우리를 하나님의 군사가 되도록 성령으로 이끌어 주시는 것입니다.

「그리스도를 본받아」를 쓴 토마스 아 켐피스는 그의 책에서 이렇게 말했습니다. "하나님을 전적인 후원자로 삼는 자는 성공을 보장받을 수 있다." 왜냐하면, 하나님은 성공이십니다. 하나님은 실패한 적이 없습니다. 하나님은 축복이시고 하나님은 성공이신데 성공이신 하나님과 같이 삶을 사는데 성공 안할 수가 있어요? 반드시 성공하게 되는 것입니다. 찰스 스펄전 목사님은 "하나님은 그의 백성들을 위해 엄청난 것들을 예비해 놓았다." 우리가 상상을 초월한 좋은 일들을 주님은 예비해 놓았습니다. 현재와 미래에 관해 모든 일을 주님은 예비하시고 하나님을 의지하는 사람에게는 그 예비한 길로 이끌어 주시는 것입니다.

그런데 왜 예수를 믿으면서도 하나님의 뜻인 아브라함의 복을 받아 누리지를 못하는 것입니까? 그것은 전인격이 성령의 지배를 받지 못하기 때문입니다. 전인격이 성령의 지배를 받지 못하여 지금 마음의 천국을 누리지 못한 연고입니다. 이는 자신에게 남아있는 아담의 잔재에 마귀가 역사하면서 방해하기 때문에 아브라함의 복을 받지 못하는 것입니다. 하루라도 빨리 말씀과 성령으로 찾아서 해결하여 역사하는 마귀를 몰아내야 합니다.

첫째, 아브라함과 하나님의 예비하심을 우리가 봐야 되는 것입니다. 우리 믿음의 조상 아브라함의 삶의 출발이 하나님이 예비한 곳으로 이끌어 간 것입니다. 고향과 친척과 아버지의 집을 떠나 내가 네게 지시할 땅으로 가라. 떠나고 하나님이 지시할 땅으로 인생을 새 출발 하기를 원하시는 것입니다. "하나님께서 아브람에게 이르시되 너는 너의 고향과 친척과 아버지의 집을 떠나 내가 네게 보여 줄 땅으로 가라! 내가 너로 큰 민족을 이루고 네게 복을 주어 네 이름을 창대하게 하리니 너는 복이 될지라. 너를 축복하는 자에게는 내가 복을 내리고 너를 저주하는 자에게는 내가 저주하리니, 땅의 모든 족속이 너로 말미암아 복을 얻을 것이라 하신지라. 이에 아브람이 하나님의 말씀을 따라갔고 롯도 그와 함께 갔으며 아브람이 하란을 떠날 때에 칠십오 세였더라"(창 12:1~5).

아브라함이 갈데아우르를 떠날 때 하나님의 조건이 있습니다. 내 고향, 친척, 아버지 집을 떠나라. 그 말의 뜻은 뭡니까? 아내 손만 잡고 가거라. 아내 손만 잡고…. 자식은 못 낳았으니까 없고…. 굉장히 어려운 요구입니다. 그런데 조카 롯이 아저씨, 아주머니 집에 자라면서 떠나기를 원치 않습니다. 아마 아브라함의 동생 내외가 세상을 떴는가? 봅니다. 고아가 된 롯이 자기 집에 있었는데 하나님은 롯을 데려가라는 말 안했습니다. 내 고향, 친척을 떠나라. 아버지 집을 떠나라. 아버지 집에서 얻은 모든 재산도 다 버리고 떠나라. 빈손 들고 떠나라. 그러면 어떻게 떠납니까? 하나님만 바라보고 떠나라. 실감 안 나지요. 성령께서 말씀하시면 실감이 납니다.

필자가 최근에 엎드려서 기도하면서 하나님께 말씀드렸습니다. 하나님 저는 하나님께서 도와주셔서 지금까지 은혜가운데 살았는데 세월이 흐름을 따라 나이가 늘어갑니다. 조금 있으면 아브라함의 나아가 될 것입니다. 그런데 지위, 명예, 권세, 돈, 아무것도 가진 것 없습니다. 그러니까 "잔소리하지 마라. 네가 굉장한 부자다" 그래요. 그래서 내가 무슨 부자입니까? "네 마음속에 들어있는 믿음이 가장 큰 재산인줄 모르느냐. 시험과 환난이 다가오면 지위도 떠나고 명예도 떠나고 권세도 떠나고 돈도 떠나고 이웃도 떠나고 친척도 떠나고 심지어는 자녀까지 떠난다. 그래도 안 떠나는 것은 네 속에 있는 나 하나님이다. 저 하늘이 무너지고 이 땅이 꺼져도 일점일획도 변함이 없는 하나님의 인격을 믿는 믿음이 가장 큰 부자다. 아무나 믿는 줄 아느냐? 내가 너와 함께하는 것으로 만족함을 가지라. 너는 나의 자녀이다."

예수를 믿는 우리는 부자입니다. 믿음의 부자에요. 우리가 하나님을 바라보고 의지하면 하나님이 모든 문제의 해답이 되시는 것입니다. 그 나라와 그 의를 먼저 구하라. 그리하면 이 모든 것을 너희에게 더하시리라고 말씀한 것입니다. 그런데 이 롯은 아저씨와 아주머니에게 딱 달라붙었습니다. 그러므로 아브라함이 가나안 땅을 떠날 때 하나님의 명령을 따라서 가나안을 향해서 출발했지만 조건을 지키지 않았습니다. 내 고향, 친척, 아버지 집을 떠나 내가 네게 지시할 땅으로 가라고 했는데 조카를 데리고 친척을 데리고 갔습니다. 그 다음에 하란에서 얻은 모든 재산과 종들을 다 데리고 한 떼를 이루어서 가나안 땅으로 들어왔습니다. 그 결과 어떻게 되었습니까? 가나안에 들어가는데 엄청나게 가나안에 기근이 다가왔습니다.

너는 내가 하라는 대로 안하고 네 인간의 수단과 방법으로 했으니 어디 맛보아라. 기근을 주셔서 먹을 것이 없으니까 제일 먼저 하란에서 가져온 짐승 떼가 다 굶어죽었습니다. 들판에서 다 굶어죽었어요. 그 다음에 배가 고프니까 종들이 다 달아나 버렸습니다. 그러면 그로써 끝나면 좋은데 조카가 배고프다고 아브라함의 품에 매달려서 밥 달라고 웁니다. 롯이 하도 울고 매달리니까 할 수 없이 아브라함이 하나님께 묻지도 않고, 자기 부인보고 우리 여기 가나안은 기근이 들어 살 수 없으니까 애굽으로 내려가자. 애굽에 바로 왕이 다스리는 애굽은 잘 산다. 나일강변에서 풍부하니까 우리가 얻어먹고 사는 것이 좋겠다. 그래서 아브라함이 사라 데리고 롯 데리고 애굽으로 내려가면서 아브라함이 사라보고 말했습니다.

여보! 당신 나에게 호의를 베풀어 주십시오. 뭐요. 당신 절세미인 아니요? 틀림없이 애굽에 가면 바로 왕이 당신 빼앗으려고 날 죽일 거다. 그러니까 내가 안 죽기 위해서는 당신이 날 보고 여보라고 하지 말고 오빠라고 하라. 지금부터 몇 천 년 전에 벌써 아브라함은 요사이 젊은이들 하는 것을 했어요. 요사이는 전부 오빠 누이동생 아닙니까? 결혼을 하고 난 다음에도 오빠. 그러니까 그것 어렵지 않다고…. 오빠라고 부르는 게 뭐가 어렵냐고…. 그래서 애굽으로 내려가니까 소문이 쫙 났습니다.

히브리에서 한 남자가 한 여자하고 조카하고 왔는데 그 같이 온 여자가 인물이 절세미인이다. 곧장 바로의 귀에 들어가니까 바로가 두 사람을 바로 궁으로 들어오라 했습니다. 그래서 바로 궁으로 들어가니까 바로가 가만히 보니까 바로 앞에서 오빠~ 괜찮아~ 화장실에 좀 갔다 올래? 물먹고 싶냐? 바로가 눈이 휘둥 그레져서…. 아니 오빠라니…. 우리가 올해 유목민족의 생활을 하고 떠돌아다니니까 장가가 여가도 없고, 시집갈 여가도 없어 우리 아버지, 어머니가 낳아 준대로 오빠 동생으로 같이 살고 있습니다. 그래? 무릎을 탁 치면서 오늘부터 오빠 동생 그만둬라! 너 내 마누라 돼라. 당장 그 자리에서 바로가 수많은 자기 아내 중에 한 사람으로 택해 버리고 만 것입니다.

그리고 아브라함은 처남, 같이 식사하게, 밥도 같이 먹고 좋은 침대에서 자고 재산도 얻고 짐승들도 얻고 대접이 기가 막힙니다. 그러니까 아브라함이 생각하기를 아내 뺏긴 것은 안 되었는데 대접받는 것은 괜찮다. 괜찮아. 그런데 얼마 있지 않다가 같은 왕궁에 있으니까 서로 만나서 이야기를 하게 되잖아요. 그래서 바로 눈을 피해서 서로 이야기를 하는데 바로가 있을 때는 오빠라고 하더니만 바로가 없으니까 여보! 당신~ 완전히 서로가 끌어안고 부부라. 그것이 바로의 귀에 들어가서 바로가 불러다가 자초지종을 물으니까 부부거든. 형제간이고…. 크게 꾸짖고 그들에게 많은 물질을 주어가지고서 다시 가나안으로 쫓아 버렸었습니다.

보십시오. 하나님의 뜻을 따라서 가나안에 내려갔는데 왜 가나안에 그렇게 기근이 있었느냐. 축복을 받을 조건을 구비하지 않았기 때문인 것입니다. 우리도 한가지입니다. 우리도 하나님 뜻대로 살지만 하나님이 제시한 1,2,3 조건을 구비하지 아니하면 그것을 구비할 때까지 시험과 환난에 들게 되는 것입니다. 고난이 오는 것은 하나님께 대한 불순종을 제거하기 위해서 수술칼로써 삶속에 다가오게 되는 것입니다.

하나님이 아브라함에게 내 고향, 친척, 아버지 집을 떠나라. 인생을 새 출발 할 때는 옛 삶을 떠나고 새로 출발해야 된다는 것입니다. 우리가 창조적인 삶을 살기 위해서는 불필요한 정보를 끊고 창조적 단절이 필요한 것입니다. 인간적인 안락함을 떠나서 우리는 하나님이 예비한 땅으로 예수 그리스도의 은혜 속으로 들어와야만 될 것인 것입니다. "믿음으로 아브라함은 부르심을 받았을 때에 순종하여 장래의 유업으로 받을 땅에 나아갈 새 갈 바를 알지 못하고 나아갔으며"(히 11:8). 갈 바를 알지 못해도 하나님이 오라고 하면 가는 것입니다. 하나님이 우리를 이끄시면 끝까지 이끌어 주시는 것입니다.

아브라함이 불완전하게 순종하여 조카 롯을 데리고 하란에서 모은 모든 재산과 얻은 사람들을 데리고 갔습니다. 그 결과에 가나안에 기근이 다가온 것입니다. 그러므로 환경에 변화가 다가오는 것도 우리 때문에 다가오는 것입니다. 우리를 통해서 우리의 운명과 환경이 만들어 지는 것입니다. 아브라함이 가나안 온 땅에 기근이 들게 만든 것입니다. 우리 예수 믿는 대한민국 천만 성도들이 하나님을 주인으로 모시고 말씀대로 살면 이 땅이 낙원이 되는 것입니다. 변화가 다가오게 되어 있는 것입니다. 우리는 우리의 삶 속에 기근이 다가오지 않게 해서 하나님께서 우리를 통해서 늘 영광 받으시도록 노력하시기를 주의 이름으로 축원합니다.

둘째, 하나님은 우리의 삶을 위해서 예비할 뿐 아니라 영원한 삶을 위해서 구주를 예비하신 것입니다. 인류의 구원을 위하여 독생자를 예비하신 것입니다. 이사야 53장 필자는 읽으면 간이 떨립니다. 예수님 오시기 6백년에서 7백 년 전의 일입니다. 어떠한 예언자도 인간의 힘으로는 그렇게 내려다 볼 수 없지요. 5,6백 년 전에 이사야는 하나님께로부터 계시를 받아서 이 예언을 했습니다. "그는 실로 우리의 질고를 지고 우리의 슬픔을 당하였거늘" 이사야 53장 4절로 6절에 예수님이 우리의 몸 살 감기까지 걸머지고 암이나 관절염이나 신경통이나 신장염이나 대장암이나 이런 것은 말할 필요 없이 "그는 실로 우리의 질고를 지고" 그 질고 때문에 고통스러운 슬픔을 당했다. 병든 사람 얼마나 슬픕니까? 예수님이 그 질병과 그 질병으로 오는 질병도 다 당했으니 우리 예수 믿는 사람 털어버려야 돼요. 마귀가 그것을 가지고 묶어 놓을 수 없어요. "우리는 생각하기를 그는 징벌을 받아 하나님께 맞으며 고난을 당한다 하였노라" 생각을 잘못하면 큰일입니다.

그것을 예수님이 저렇게 고통당하고 매를 맞고 피를 흘린 것은 하나님께 쫓겨나서 고난당한다. 생각 잘못입니다. 생각이 얼마나 중요합니까? 바른 생각해야 해요. "그가 찔림은 우리의 허물 때문이요, 그가 상함은 우리의 죄악 때문이라. 그가 징계를 받으므로 우리는 평화를 누리고, 그가 채찍에 맞으므로 우리는 나음을 받았도다. 허물과 죄를 대신해서 예수님이 찔리고 상하고 십자가에 고난 당하셨다." 허물없는 사람 누가 있으며 죄 없는 사람 누가 있습니까? 우리 허물과 죄를 그것도 하루 이틀이 아니라, 이 평생의 허물과 죄를 대신 짊어지고 청산해 버리고 그 다음에 또 강조해서 저가 채찍에 맞음으로 너희가 나음을 입었도다. 예수님이 40에 하나 39 차례의 매를 맞았는데 갈기갈기 찢어진 그 살은 너희 병이 고침받기 위해서 그렇게 했다. 성경은 말씀하기를 "우리는 다 양 같아서 그릇 행하여 각기 제 길로 갔거늘 하나님께서는 우리 모두의 죄악을 그에게 담당시키셨도다"

우리는 멋대로 살았어요. 개망나니같이 살았는데 우리 무리의 죄악을 주님은 예수님께 다 담당시켰다. 이사야 53장 4절로 6절을 반드시 외우든지 안 그러면 적어서 벽에 붙여 놓으십시오. 하나님이 우리에 대한 뜻입니다. 이 보통 귀한 말씀이 아니에요. 우리 한번 읽어 보십시다. 53장 4절로 6절 "그는 실로 우리의 질고를 지고 우리의 슬픔을 당하였거늘 우리는 생각하기를 그는 징벌을 받아 하나님께 맞으며 고난을 당한다 하였노라. 그가 찔림은 우리의 허물 때문이요 그가 상함은 우리의 죄악 때문이라. 그가 징계를 받으므로 우리는 평화를 누리고 그가 채찍에 맞으므로 우리는 나음을 받았도다. 우리는 다 양 같아서 그릇 행하여 각기 제 길로 갔거늘 하나님께서는 우리 모두의 죄악을 그에게 담당시키셨도다"

그러므로 예수님 안에서 우리는 어떻게 되었습니까? 용서받은 의인이요, 예수님 안에서 축복받은 사람이요, 예수님 안에서 병을 다 벗어버린 건강한 사람이요, 나는 영혼이 잘됨같이 범사에 잘되며 강건하고 생명을 얻되 풍성하게 얻는 전인구원을 받은 사람이라는 확신을 가지고 있어야 되는 것입니다. 그것이 하나님이 우리에 대한 뜻인 것입니다. 따라 말씀하세요. 나는 예수님 안에서 내 영혼이 잘됨같이 범사에 잘되며 강건한 사람이다. 할렐루야~ 네 믿음대로 될지어다. 그렇게 생각하고 그렇게 꿈꾸고 그렇게 믿고 그렇게 말하십시오. 그러면 운명과 환경이 그렇게 달라지는 것입니다. 주님은 우리의 질병을 대속했고, 죄악을 대속했고, 평안을 대속했고, 저주를 대속해서 이제는 아브라함의 복을 받은 사람이 된 것입니다. 예수 믿는 것만큼 복 받은 것이 어디 있나요?

셋째로, 나를 위한 여호와 이레. 주님께서 개인의 매일매일

생활을 위해서 예비하신 하나님이신 것입니다. 이레라는 것은 예비하는 하나님인 것입니다. 잠언서 16장 9절에 "사람이 마음으로 자기의 길을 계획할지라도 그의 걸음을 인도하시는 이는 여호와시니라" 하나님이 우리의 길을 인도하기를 원하세요. 시편 48편 14절 한번 같이 읽어 보십시다. "이 하나님은 영원히 우리 하나님이시니 그가 우리를 죽을 때까지 인도하시리로다" 죽을 때까지 인도해요. 그렇게 좋은 하나님이 세상에 어디 계십니까? 예비하신 하나님께서는 시편 139편 2절로 3절에 "주께서 내가 앉고 일어섬을 아시고 멀리서도 나의 생각을 밝히 아시오며 나의 모든 길과 내가 눕는 것을 살펴보셨으므로 나의 모든 행위를 익히 아신다"고 말한 것입니다.

고아의 아버지 독일 사람이 영국 런던에 가서 3천명의 고아를 돌보았습니다. 먹고, 입고, 자고, 학교 가고…. 그래서 영국에 있는 사업가들이 모여가지고서 찾아 갔습니다. 당신 독일 사람이 영국에 와서 영국 고아 3천명을 돌보는데 아무 도와주는 스폰서도 없이 너무나 안 되다 우리가 지금부터 매달마다 스폰서가 되어서 도와주겠다고 하니까. 괜찮습니다. 나는 큰 스폰서가 있습니다. 몰랐는데요? 있고 말구요. 누구십니까? 하늘과 땅을 지으신 하나님이십니다. 내가 하나님께 엎드려 기도해서 한 번도 하나님이 안 도와주신 적이 없습니다. 그러므로 하나님이 먹을 것, 입을 것, 마실 것 다 대 주십니다. 걱정해 주시는 것만으로도 감사합니다. 조지 뮬러는 한평생에 오만 번 기도해서 오만 번

응답을 받았습니다.

넷째, 우리는 예비하시는 하나님을 모시기 위해서 우리가 늘 마음속에 어떻게 해야 하느냐. 마음에 늘 하나님의 예비하심을 소원하십시오. 소원하지 않는 사람은 하나님 절대 안 해주는 것입니다. 예수님께서는 장님 바디매오에게도 내가 네게 무엇해주기를 원하느냐? 하나님은 무엇 해주기를 원하느냐? 소원이 없는 사람은 주님께서 그냥 지나가 버리는 것입니다. 그러므로 하나님이 나의 인생을 위해서 예비해 주실 것을 항상 소원하시기 바랍니다. 그리고 늘 마음속에 하나님이 우리를 위해서 예비해 주시는 것을 꿈꾸십시오. 우리가 꿈은 꿀 수 있지 않습니까? 우리 하나님이 나를 도와주시므로 나는 모든 일이 해결된다고 꿈을 꾸십시오. 마음에 걱정은 하더라도 꿈은 버리면 안 되는 것입니다.

긍정적인 꿈을 꾸십시오. 그리고 믿으십시오. 믿으면 하겠네. 주 예수만 믿어서 하신 일을 힘입어 영원 삶을 얻네. 믿음으로 나가십시오. 눈에는 아무증거 안보이고 귀에는 아무 소리 안 들리고 손에는 잡히는 것 없고 귀에는 안 들리는 때라도 믿음으로 나가면 되는 것입니다. 왜냐하면 하나님께서는 그 아들을 아끼지 않고 우리에게 주신 이가 그 아들과 함께 무엇을 선물로 주지 않겠습니까? 그리고는 입술로서 늘 자랑을 하십시오. 시인을 하십시오. 입술의 시인은 꽝장한 힘이 있는 것입니다. 마음으로 믿어 의에 이르고 입으로 시인하면 구원에 이르는 것입니다.

마태복음 16장 19절 들어 보세요. "내가 천국 열쇠를 네게 주노니" 따라 말씀하세요. 나는 예수 믿고 천국 열쇠를 받았다. 그 열쇠가 뭐냐 하면 땅에서 무엇이든지 매면 하늘에서도 매일 것이요 네가 땅에서 무엇이든지 풀면 하늘에서도 풀리는 입술의 고백을 말하는 것입니다. 엄청나지 않습니까? 자신의 입술에서 나오는 말이 천국 열쇠입니다. 우리가 하늘의 천국 열쇠를 입술의 고백으로써 닫아 버릴 수도 있고 열어 놓을 수도 있습니다. 나는 못한다. 안 된다. 할 수 없다. 하나님의 역사를 닫아 버립니다. 왜, 천국은 할 수 있거 든이 무슨 말이냐 믿는 자에게 능치 못하심이 없다고 했는데 못한다고 하니까 닫아 버립니다.

그리고 음부의 문을 엽니다. 죽는다. 못산다. 패배다. 절망이다. 마귀가 좋아하는 문을 열어요. 열쇠가 자신에게 있습니다. 열쇠가 하늘에 예수님 보좌 우편에 잡고 있는 것이 아니라, 주님이 가실 때 우리의 삶의 거의 모든 문제의 90%는 하나님의 지혜로 자신이 해결하도록 만들어 놓은 것입니다. 하나님이 직접 개입해서 해결할 만한 문제는 10% 정도밖에 안 됩니다. 예를 들어 말하면 아침 몇 시에 일어날꼬? 자신이 결정할 일이지 몇 시에 일어날 것까지 하나님이 책임지도록 하면 하나님이 종입니까? 오늘 무슨 옷 입을까? 자신이 결정하는 것입니다.

기도는 하지만…. 무슨 밥을 먹을까? 내가 결정하는 것입니다. 모든 것이 90% 가까이는 하나님의 은혜 속에서 자신이 결정하는 것입니다. 열쇠가 자신에게 있어요. 그러므로 닫고 여는 열쇠가 내게 있다는 것을 알고 믿음으로 생각하고 꿈꾸고 기적을 믿고 창조적인 말을 하십시오. 사람이 신앙이 자라면 점점 말을 조심하게 되는 것입니다. 어린 아이도 그렇지 않습니까? 철이 없을 때는 지지배배, 지지배배 무슨 말이든 하지만 철이 들면 말을 조심하는 것입니다. 우리는 영적인 사람으로서 우리 입술의 말은 창조적인 말이 되는 것입니다. "내 입의 말로 내가 묶였으며 내 입의 말로 내가 사로잡힌바 되었느니라." "죽고 사는 권세가 혀에 있으니 혀를 사용하기를 좋아하는 자는 그 열매를 먹으리라." 열쇠가 자신에게 있습니다. 천국 열쇠를 네게 주리니…. 오늘 이 시간에 천국 열쇠를 다 받아서 가지고 있는 것입니다. 그 천국 열쇠가 어디 있느냐. 혀에 있는 것입니다. 그러므로 오늘 이 시간부터 말을 창조적으로 하십시오. 말을 잘하십시오. 그러면 자신의 삶 속에 하늘나라의 역사가 일어나게 되는 것입니다.

하나님께서는 아브라함의 복을 받아 누리면서 하나님의 나라를 건설하는 도구가 되기를 원하십니다. 예수를 믿는 성도가 아브라함의 복을 받는 것은 하나님의 뜻입니다. 예수를 믿었으면 당연하게 복을 받는 것입니다. 만약에 전인 복을 받지 못하고 생활이 어렵다면 이유가 무엇인지 하나님께 물어보아야 합니다.

반드시 이유가 있습니다. 이 원인을 말씀과 성령으로 찾아서 해결하면 삶에서 아브라함의 복이 넘쳐나게 됩니다. 하나님은 거짓말 하시는 분이 아닙니다. 말씀하신 것을 반드시 이루시는 하나님이십니다.

13장 하늘나라 이루는 군사가 되라.

(행3:6-8)"베드로가 이르되 은과 금은 내게 없거니와 내게 있는 이것을 네게 주노니 나사렛 예수 그리스도의 이름으로 일어나 걸으라 하고, 오른손을 잡아 일으키니 발과 발목이 곧 힘을 얻고, 뛰어 서서 걸으며 그들과 함께 성전으로 들어가면서 걷기도 하고 뛰기도 하며 하나님을 찬송하니"

하나님은 성도가 하나님의 나라를 확장하는 군사가 되기를 바라십니다. 예수님께서 승천하시기 전에 제자들에게 남겨주신 말씀은 "오직 성령이 너희에게 임하시면 너희가 권능을 받고 예루살렘과 온 유대와 사마리아와 땅 끝까지 이르러 내 증인이 되리라 하시니라."(행1:8)입니다. 누가복음 11장에서 주님은 우리가 '예수님의 이름으로' 기도하면 '성령'을 받게 될 것이라고 말씀하셨습니다. 여기 사도행전 본문에서는 '성령'이 임하면 '권능'을 받게 될 것이며, 그 '권능'을 받아야 땅 끝까지 이르러 '주님의 증인'이 될 수 있다고 하셨습니다. 그리고 오순절 성령강림을 통해서 실제로 주님께서 약속하신 성령이 제자들에게 하나씩 임했습니다.

자, 그렇다면 제자들이 성령이 임함으로써 받게 된 '권능'이 구체적으로 무엇일까요? 오순절 성령강림절 당일에 제자들이 다른 나라의 말로 '방언'을 말함으로써 예수 그리스도의 복음이 선포되는 정말 놀라운 일이 나타났습니다. 그러나 '방언'을 '권능'이라고 표현하기에는 무언가 충분하지 않다는 느낌입니다. 성령이 임하심으로 제자들이 받게 된 '권능'이 무엇일까요?

베드로가 행한 오순절 설교에서 이 '권능'의 의미가 잘 설명되고 있습니다. "이스라엘 사람들아 이 말을 들으라. 너희도 아는 바와 같이 하나님께서 나사렛 예수로 큰 권능과 기사와 표적을 너희 가운데서 베푸사 너희 앞에서 그를 증언하셨느니라."(행 2:22)입니다.

베드로는 예수님께서 이미 '권능'을 나타내셨다고 이야기합니다. 예수님께서 행하신 '권능'(權能)이란 기사(wonders)와 표적(signs)을 행하실 수 있는 눈으로 보이는 '능력'(power)이라는 것입니다. 그 권능을 통해서 예수님이 하나님의 아들이요. 그리스도이심을 하나님께서 '증언'하셨다는 것입니다. 반드시 예수님의 권능은 말로만 그치는 것이 아니라 실제 몸으로 느끼고, 눈으로 보이는 실제적인 현상이 나타나야 합니다. 정리하자면, '권능'은 기사와 표적을 행하는 능력인데, 그것을 통해서 예수 그리스도가 증명(prove)될 수 있는 그런 능력입니다.

자, 그렇다면 오순절 성령강림 사건을 통해서 제자들이 받게 된 '권능'은 무엇일까요? 그것은 예수님과 똑같습니다. '기사'와 '표적'을 행할 수 있는 '능력'입니다. 그 권능을 사용함으로써, 주님께서 하신 말씀처럼, 제자들은 비로소 땅 끝까지 이르러 예수님을 증언하는 사역을 할 수 있게 되었던 것입니다. 그러니까 예수님께서 제자들에게 '예수님의 이름으로' 하늘 아버지께 기도하여 '성령'을 받으라(눅11:13)고 말씀하신 이유는, 결국 제자들이 성령을 받아야 이와 같은 권능을 사용할 수 있게 되기 때문인 것입니다. 권능은 성령으로 기도할 때 기사와 표적이 나타나기 때문입니다. 그렇기 때문에 예수님의 권능을 사용하려면 반드시 성령으로 세례를 받아야 합니다.

그렇게 해서 실제로 초대교회에서는 성령 받은 제자들로 말미암아 많은 '기사와 표적'이 나타나게 되었습니다(행2:43). 그 중의 그 첫 번째 사건이 바로 성전 미문에서 구걸하던 나면서부터 못 걷게 된 장애인을 베드로와 요한이 치유한 일입니다. 이때 베드로가 그를 향해서 무엇이라고 말했습니까? "베드로가 이르되 은과 금은 내게 없거니와 내게 있는 이것을 네게 주노니 나사렛 예수 그리스도의 이름으로 일어나 걸으라 하고…."(행3:6)라는 말입니다.

여기에서 우리가 주목해야 할 부분은, 베드로가 권능을 행하면서 사용한 '나사렛 예수 그리스도의 이름으로'라는 말입니다. 베드로는 '내가 명하노니 일어나 걸으라!'라고 하지 않습니다. '예수님의 이름으로 일어나 걸으라!'고 명령합니다. 바로 이것이 '예수님의 이름으로' 기도하여 성령의 권능을 받은 사람들이, 그 권능을 행할 때 하는 방법입니다. '예수님의 이름으로' 기도하여 얻은 권능은 오직 성령 안에서 '예수님의 이름으로' 명령함으로써 그 능력이 나타나게 되는 것입니다.

그렇다면 예수님은 기사와 표적을 행하실 때에 당신의 이름을 사용하셨을까요? 아닙니다. 예수님은 당신의 이름을 사용하실 필요가 없으셨습니다. 그냥 '말씀하심'으로 놀라운 기사와 표적을 보이셨습니다. "…중풍병자에게 말씀하시되 일어나 네 침상을 가지고 집으로 가라 하시니 그가 일어나 집으로 돌아가거늘…"(마9:6b-7). 베데스다 연못가에 누워 있던 38년 된 병자를 향해서도 예수님은 그냥 명령하셨습니다. "예수께서 이르시되 일어나 네 자리를 들고 걸어가라 하시니 그 사람이 곧 나아서 자리를 들고 걸어가니라."(요5:8-9). 명령하셨습니다.

예수님은 굳이 '예수님의 이름으로' 선포하실 이유가 없으십니다. 왜냐하면 그분이 바로 예수 그리스도 자신이시기 때문입니다. 그러나 제자들은 다릅니다. 제자들은 자신의 능력으로 기사와 표적을 나타내 보이는 것이 아닙니다. 성령 안에서 예수님의 이름으로 기도하여 얻은 '권능'으로 기사와 표적을 보이는 것입니다. 따라서 그들은 반드시 '예수님의 이름으로' 그렇게 선포하고 명령해야 하는 것입니다.

그러니까 엄밀하게 말하자면 제자들이 기사와 표적으로 '권능'을 행할 때에, 예수님께서 그 일을 행하신다는 믿음을 가지고 '예수님의 이름으로' 기도하는 것이며, 동시에 예수님께서 행하실 일(기사와 이적)에 대해서 선포하고 명령하는 것입니다. 예수님께서는 믿음의 '기도'를 들으시고 이적이 나타날 대상에게 성령으로 '명령'하는 것입니다. 이 명령을 대상이 알아듣고 순종하니 기적이 나타나는 것입니다.

이와 같은 놀라운 일은 베드로에게만 경험된 것이 아니었습니다. 바울은 그보다 더 놀라운 일을 행했습니다. 빌립보에서는 예수 그리스도의 이름으로 귀신들린 여종에게서 귀신을 내쫓기도 했습니다. "…바울이 심히 괴로워하여 돌이켜 그 귀신에게 이르되 예수 그리스도의 이름으로 내가 네게 명하노니 그에게서 나오라 하니 귀신이 즉시 나오니라."(행16:18). 바울이 말 한대로 귀신이 나왔습니다. 에베소에서 사역할 때에는 정말로 믿기지 않는 놀라운 역사가 나타나기도 했습니다. "하나님이 바울의 손으로 놀라운 능력을 행하게 하시니 심지어 사람들이 바울의 몸에서 손수건이나 앞치마를 가져다가 병든 사람에게 얹으면 그 병이 떠나고 악귀도 나가더라."(행19:11-12). 이는 실제로 일어난 성령의 역사입니다.

이 이야기는 마치 12년 동안 혈루증을 앓던 여인이 예수님의 옷에 손을 대고 고침을 받은 장면을 연상하게 합니다. 그러나 그것은 어디까지나 예수님 이야기입니다. 하나님의 아들이신 예수님이라면 물론 얼마든지 그런 일을 행하실 수 있습니다. 그런데 바울의 몸에서 손수건이나 앞치마를 가져다가 얹으면 병이 고쳐지고 악귀가 나가는 이런 일이 어떻게 벌어진단 말입니까? 오랫동안 선교활동에 헌신하다가 보니까 바울도 예수님과 같은 어떤 초자연적인 능력을 가지게 된 것일까요? 아닙니다. 그것은 바울이 가지고 있는 능력이 아닙니다. 본문은 이와 같은 오해를 막기 위해서 분명한 어조로 말합니다. "하나님이 바울의 손으로 놀라운 능력을 행하게 하셨다."

바울을 통해서 나타난 일은 분명히 보통 사람들로서는 감히 행할 수 없는 아주 '이례적인'(extraordinary) 것이었습니다. 그러나 그것은 바울이 자신의 능력으로 행한 일이 아니라, 하나님께서 바울을 통해서 하신 일입니다. 지금도 하나님은 성령으로 세례를 받고 믿음 있는 성도들을 통해서 일을 하십니다.

왜 하나님께서는 바울을 통해서 그런 놀라운 능력을 나타내셨을까요? 그것은 바울이 선포하는 '말씀의 권위'를 세워주시기 위해서였습니다. 잘 새겨들으십시오. '바울의 권위'가 아닙니다. '말씀의 권위'입니다. 바울이 가르치고 전하는 주님의 말씀의 권위를 높여주시기 위해서 놀라운 능력을 보여주신 것입니다. 하나님이 바울을 통하여 일을 하신다는 것을 나타내신 것입니다.

이와 같은 일은 예수님의 공생애 기간 동안에 이미 경험되어진 일입니다. 예수님께서 제자들을 파송하셨을 때에도 제자들을 통해서 놀라운 권능이 나타났습니다. "예수께서 열두 제자를 불러 모으사 모든 귀신을 제어하며 병을 고치는 능력과 권위를 주시고 하나님의 나라를 전파하며 앓는 자를 고치게 하려고 내보내시며…."(눅9:1-2). 예수님은 열두 제자를 한 자리에 불러놓으시고, 그들에게 '모든 귀신을 제어하며 병을 고치는 능력(power)과 권위(authority)를 주셨다'고 합니다. 이 '능력'과 '권위'를 한 마디로 줄여서 말하면 바로 '권능'(權能)이 되는 것입니다. 그런데 이 '권능'의 구체적인 내용이 무엇이었을까요? 그렇습니다. 바로 성령 안에서 '예수님의 이름을 사용할 수 있는' 능력과 권위입니다. 우리는 이 능력과 권위를 예수 이름으로 사용해야 합니다.

실제로 이때 파송 받은 제자들은 '각 마을에 두루 다니며 곳곳에 복음을 전하며 병을 고쳤다'(눅9:6)고 합니다. 또한 '귀신들이 제자들에게 항복하는'그런 일들도 체험했습니다(눅10:17). 그것 또한 제자들의 능력이 아니었습니다. 오히려 그들이 전하는 하나님 나라의 '복음의 권위'를 드러내기 위해서 주님께서 제자들에게'예수님의 이름을'사용할 수 있는 권능을 주셨고, 그것을 통해 놀라운 능력을 실제로 나타내신 것입니다.

베드로와 바울이 행했던 권능도 이와 같이 예수님의 이름을 사용하는 능력이었습니다. 그것을 통해서 놀라운 기사와 표적이 나타났던 것입니다. 그러나 '예수님의 이름'을 사용한다고 해서, 누구에게나 이와 같은 놀라운 일이 나타나게 되는 것은 아닙니다. 바울이 에베소에서 사역할 때에 '예수님의 이름으로'귀신을 쫓아내는 것을 본 마술사들이 그 흉내를 냈던 일이 있었습니다. "이에 돌아다니며 마술하는 어떤 유대인들이 시험 삼아 악귀 들린 자들에게 주 예수의 이름을 불러 말하되 내가 바울이 전파하는 예수를 의지하여 너희에게 명하노라 하더라."(행19:13). 여기에서 '돌아다니며 마술하는 어떤 유대인들'은 그냥 눈속임수로 사람들을 즐겁게 해주는 '마술사'를 의미하지 않습니다. 이들은 사실'악한 영들을 쫓아내는' '유대인 퇴마사'였습니다.

사도행전 8장에서 빌립이 사마리아 성에 내려가 복음을 전하다가 만난 '시몬'이라는 마술사나, 사도행전 13장에서 바울이 첫 번째 선교여행 중에 구브로의 바보에서 만난 '바예수'라는 유대인 거짓 선지자인 마술사도, 엄밀하게 말하면 사실 퇴마사들이었습니다. 물론 그들이 행하는 것은 눈속임수의 가짜 마술에 불과했지만, 그것을 잘 모르는 사람들에게는 '퇴마사'로서 큰 영향력을 행사하고 있었습니다. 그러다가 빌립이나 바울을 통해서 진짜 능력이 나타남으로써 그들의 가짜 행세가 들통 나고 말았습니다.

바로 이곳 에베소에도 그와 같이 여기저기 떠돌아다니며 사기쳐서 먹고 사는 가짜 퇴마사들이 나타났던 것입니다. 그들은 바울을 모방하여 '시험 삼아'귀신을 축출하려고 했습니다. 악귀 들린 사람들에게 '내가 바울이 전파하는 예수를 의지하여 너희에게 명하노라!'라고 말하면서, 예수님의 이름을 이용하여 귀신을 쫓아내려고 했던 것입니다. 아마도 바울이 '예수 그리스도의 이름으로'귀신을 쫓아내는 장면을 목격했었던 모양입니다.

자, 과연 어떤 일이 벌어졌을까요? 그들도 정말 귀신을 쫓아낼 수 있었을까요? "악귀가 대답하여 이르되 내가 예수도 알고 바울도 알거니와 너희는 누구냐 하며 악귀 들린 사람이 그들에게 뛰어올라 눌러 이기니 그들이 상하여 벗은 몸으로 그 집에서 도망하는지라."(행19:15-16).

그렇습니다. 예수 그리스도의 이름을 아무리 큰 소리로 부른다고 하더라도, 만일 그가 예수님을 구주로 믿지 않는 사람이라면, 그에게는 아무런 능력도 나타나지 않습니다. 왜냐하면 그 능력의 근원은 '예수 그리스도의 이름'에 있는 것이 아니라 '예수님 자신'에게 있기 때문입니다. 예수님께서 행하신다는 믿음이 없는데, 그 이름을 부른다고 무슨 일이 나타나겠습니까?

믿음 없이 부르는 '예수 그리스도의 이름'은 아무런 능력도 나타내지 않는 공허한 '주문'(呪文)이 되고 맙니다. 그것이 바로 하나님께서 십계명을 통해서 엄중하게 금지하신 '하나님의 이름을 망령되이 일컫는'죄를 범하는 것입니다.

베드로가 성전 미문에서 행한 표적을 보고 놀란 사람들이 솔로몬 행각으로 모여들었을 때에, 그들에게 베드로는 이렇게 선포했습니다."그 이름을 믿으므로 그 이름이 너희가 보고 아는 이 사람을 성하게 하였나니 예수로 말미암아 난 믿음이 너희 모든 사람 앞에서 이같이 완전히 낫게 하였느니라."(행3:16). 그렇습니다. 예수님의 이름을 불렀다고 권능이 나타나는 것이 아니라, 예수 그리스도의 이름을 믿는 믿음이 그와 같은 놀라운 기적을 나타낸 것입니다. 예수님이 자신을 통해서 일하신다는 믿음이 있을 때 성령이 역사합니다. 절대로 자신이 행하는 것이 아닙니다. 예수님이 하신다는 믿음을 보고 행하시는 것입니다. 우리는 예수님이 사용하시는 도구에 불과합니다.

요한복음 14장에서 주님은 '내 이름으로 무엇이든지 내게 구하면 내가 행하리라'(요14:14)고 말씀하셨습니다. 그래서 우리 그리스도인들은 기도할 때마다 반드시 예수님의 이름으로 기도합니다. 그러나 예수님의 이름으로 구한다고 해서, 무조건 우리가 간구하는 모든 기도와 소원이 이루어지는 것은 아닙니다. 믿음으로 기도해야 합니다. 예수를 그리스도로 믿는 믿음으로 기도해야 합니다. 그럴 때에 우리의 생각과 기대를 뛰어넘는 하나님의 놀라운 은혜와 능력으로 응답되는 것입니다.

'예수님의 이름으로' 기도할 때에 우리는 성령으로 세례를 받습니다. 성령을 세례를 받아 성령이 임하게 되면 우리는 '예수 이름으로 명령하는 권능'을 받게 됩니다. 예수님께서 행하신다는 확실한 믿음을 가지고 '예수님의 이름으로'기도하며, 또한 '예수님의 이름으로'명령할 때에, 하나님께서는 우리를 통해서도 얼마든지 놀라운 기사와 표적을 나타내시면서 예수님이 하나님의 아들이요, 그리스도이심을 증언하게 하실 것입니다.

성도들은 하나님께서 주신 예수 이름의 권세를 사용해야 합니다. 많은 목회자들이 성도들에게 예수님을 믿으면 하나님의 자녀가 되는 권세가 있다고 말합니다. 그래서 많은 성도들이 자신에게 하나님의 권세가 있는 줄 압니다. 자신에게 권세가 있다는 것을 안다고 권세가 나타나는 것이 아닙니다. 성령 안에서 믿음으로 사용할 때 권세가 권능으로 나타납니다. 그런데 문제는 권세를 사용할 줄을 모른다는 것입니다. 권세가 있어도 사용하지 않으면 무용지물입니다. 사용할 때 권능으로 역사가 나타나는 것입니다.

경찰관에게는 나라에서 부여한 권세가 있습니다. 그러나 경찰에게 부여한 권세를 사용하지 않으면 세상에 범죄가 판을 치고, 교통이 혼잡하게 됩니다. 교통사고가 많이 나고, 도둑이 판을 칠 수가 있습니다. 경찰관이 나라에서 부여한 권세를 사용하면 모든 것이 질서를 잡고 잠잠해지는 것입니다.

이와 마찬가지로 성도에게 하나님이 주신 권세를 사용하지 않으면 마귀 귀신이 활개를 칠 것입니다. 당신도 성령의 임재가운데 예수이름으로 명령하면 병이 고쳐지고, 귀신이 떠나가는 역사를 체험합니다.

하나님의 아들이신 예수 그리스도가 이 땅에 오셔서 마귀와 그의 추종자 귀신들을 쫓아내셨습니다. 예수님은 공생애 3년 동안 가는 곳마다 귀신을 쫓아내시고, 병든 자를 고치셨습니다. 왜냐하면 예수님이 이 땅에 오신 것은 마귀의 일을 멸하기 위함이었기 때문입니다(요일3:8). 그리고 예수님은 십자가를 지시고 죽으셨고, 사흘 만에 부활하셨습니다. "이르시되 너희는 가서 저 여우에게 이르되 오늘과 내일은 내가 귀신을 쫓아내며 병을 고치다가 제삼일에는 완전하여지리라 하라"(눅13:32).

부활하신 후 예수님은 다시 오신다는 약속을 하시고 승천하셨습니다. 그러나 그냥 가신 것이 아닙니다. 우리를 고아처럼 버려두고 그냥 가신 것이 아니라는 것입니다. 우리를 잠시 이 땅에 두고 가시는 주님은 우리를 염려하사 우리를 지키고, 우리를 인도하고, 우리를 보호할 다른 분을 보내주셨습니다. 바로 성령이십니다. "내가 아버지께 구하겠으니 그가 또 다른 보혜사를 너희에게 주사 영원토록 너희와 함께 있게 하리니"(요14:16).

예수님은 예수님이 떠나고 우리에게 그 성령이 오시는 것이 더욱 유익하다고 말씀하셨습니다. "그러나 내가 너희에게 실상을 말하노니 내가 떠나가는 것이 너희에게 유익이라 내가 떠나가지 아니하면 보혜사가 너희에게로 오시지 아니할 것이요 가면 내가 그를 너희에게로 보내리니"(요16:7). 왜 유익이냐면 육체를 입으신 예수님은 우리 각자와 연합할 수 없으나 성령은 우리 한 사람, 한 사람의 보혜사로 각 심령에 임재하실 수 있기 때문입니다.

예수님은 이 세상이 얼마나 험한지 잘 알고 계셨습니다. 주님이 그의 제자들을 세상으로 보내면서 "너희를 보냄이 양을 이리 가운데 보냄과 같다"고 말씀하실 정도로 이 세상이 무서운 곳임을 그 분은 잘 알고 계셨습니다. 왜 무섭습니까? 이 세상의 임금은 사단, 마귀이기 때문입니다. 그런 곳에서 당신이 피 값을 주고 산 하나님의 자녀들이 혼자서는 살아갈 수 없음을 아셨기에 성령을 보내주신 것입니다.

성령을 받으면 하늘의 권세를 받게 됩니다. "오직 성령이 너희에게 임하시면 너희가 권능을 받고"(행1:8). 권능이 무엇입니까? 권세와 능력입니다. 무슨 권세와 능력입니까? 하나님이 모든 권세를 예수 그리스도에게 넘기셨지 않습니까(마28:18)? 그 권세와 능력을 예수님이 우리에게 주신 것입니다. 즉 성령 안에서'예수 이름'을 사용하면 우리도 예수님이 하셨던 것처럼, 악한 마귀와 귀신들을 추방할 수 있고, '예수 이름'을 사용하면 하늘의 것과 땅의 것, 그리고 땅 아래 있는 것들이 우리 앞에 복종할 수밖에 없다는 것입니다. 왜냐하면 예수의 이름은 곧 예수님이기 때문입니다.

예수님은"믿는 자들에게는 이런 표적이 따르리니 곧 그들이 내 이름으로 귀신을 쫓아내며 새 방언을 말하며, 뱀을 집어 올리며 무슨 독을 마실지라도 해를 받지 아니하며 병든 사람에게 손을 얹은즉 나으리라 하시더라"(막16:17~18)라고 말씀하셨는데, 이런 능력은 성령이 임해야 가능합니다. 그래서 예수님이 승천하기 바로 전에 "볼지어다! 내가 내 아버지께서 약속하신 것을 너희에게 보내리니 너희는 위로부터 능력으로 입혀질 때까지 이 성에 머물라 하시니라"(눅24:49)라고 말씀하신 것입니다.

그 말씀대로 120문도가 마가의 다락방에 모여 기도하며 성령을 기다렸던 것입니다. 성령이 불 같이 하나씩 임하자 그들이 나가 민간에게 표적과 기사를 행했습니다. 심지어는 베드로의 그림자만 밟아도 병이 낫는 일이 일어났습니다. 베드로뿐입니까? 스데반이나 빌립 집사 등 일곱 집사들도 성령의 권능이 충만하여 귀신을 쫓아내고 병을 고쳤습니다. 왜요? 어떻게요? 베드로의 말대로 '나사렛 예수 그리스도의 이름으로'행한 것입니다. 사도 바울이 귀신을 쫓은 것 역시 '예수 이름'입니다.

예수 그리스도가 성령으로 주신 '예수 이름'으로 귀신을 향하여 명령하면 귀신은 떠날 수밖에 없는 것입니다. 그런데 안합니다. 사용하지 않습니다. 안 믿습니다. 왜요? 그게 되냐는 겁니다. 그런 법이 어디 있냐는 겁니다. 한 번도 예수 이름으로 기도하여 기사와 표적을 행하는 것을 보지 못했기 때문입니다. 예수 이름을 사용하는 훈련을 받지 못해서 하는 말입니다. 말씀 만 많이 알면 다된다고 배웠기 때문입니다. 머리로 아는 지식적인 말씀은 실제 살아있는 역사를 일으키지 못합니다.

예수 이름으로 쫓지 않으면 귀신이 들끓게 되어 있고, 그러면 인생이 꼬이는 것은 물론이고, 병들고 망하게 되는 것입니다. 내 집이, 내 육체가 귀신의 집이 되기 때문입니다. 그런데도 사람들은 이렇게 말합니다. "귀신만 쫓으면 다냐? 말씀을 알아야지" 저는 이렇게 말할 수 있습니다. "말씀만 많이 알면 다냐. 말씀 처럼 생명(역사)이 나타나야하지" "영적인 세계를 알고 체험하고 보면 귀신은 쫓아야 한다고 자연스럽게 이해하게 됩니다." 아무리 말씀을 많이 알아도 방해꾼이 있으면 평안하지 못합니다. 성령 안에서 예수 이름을 사용하면 방해꾼들이 떠나갑니다. 생각해보십시오. 적이 없으면 편안한 거 아닙니까? 우리를 망하게 하고, 병들게 하고, 부부간에 싸우게 하는 영적인 놈을 쫓아내면 우리 가정이 편안하지 않겠습니까? 그 악한 것들로 인해 우리의 영혼이 병들어 지옥에 가면 어쩝니까? 그러므로 귀신은 무조건 쫓아내야 합니다. 그러나 귀신 쫓는 것만 가지고 안 됩니다. 생명의 말씀과 성령으로 충만 받아야 합니다. 그래야 귀신이 감해 넘보지 못합니다.

예수 이름의 권세는 성령으로 세례 받은 남녀노소를 무론하고 다 나타납니다. 그러나 만 원짜리와 천 원짜리의 가치가 다르듯 하나님의 능력 또한 기도의 양과 정비례한다는 것을 알아야 합니다. 한 시간 기도한 사람과 세 시간 기도한 사람의 능력은 차이가 있습니다. 성령으로 기도하면 성령이 충만해지기 때문입니다. 성령으로 충만하면 그 만큼 권능이 강하게 나타나는 것입니다. 베드로의 그림자만 밟아도 병이 낫는 것은 베드로가 성령 안에서 기도를 습관화했기 때문입니다.

하나님은 예수를 믿는 성도들이 권능을 사용하여 이 땅에 하나님의 나라를 건설하기를 원하십니다. 권능을 사용하여 먼저 가정을 천국을 만들고, 세상을 천국을 만드는 군사로서 쓰임을 받으시기를 바랍니다. 하나님은 하나님의 음성을 듣고 행하는 성도를 필요로 하십니다. 모세나 여호수아나 갈렙같이 하나님의 음성을 듣고 행하는 성도가 되게 하기 위하여 성령으로 인도하시는 것입니다. 하나님의 나라에는 하나님의 음성에 따라 움직이는 군사가 팔요하기 때문입니다.

14장 가나안에 들어가는 성도가 되어라.

(민 14:20-25)"여호와께서 이르시되 내가 네 말대로 사하노라. 그러나 진실로 내가 살아 있는 것과 여호와의 영광이 온 세계에 충만할 것을 두고 맹세하노니, 내 영광과 애굽과 광야에서 행한 내 이적을 보고서도 이같이 열 번이나 나를 시험하고 내 목소리를 청종하지 아니한 그 사람들은 내가 그들의 조상들에게 맹세한 땅을 결단코 보지 못할 것이요 또 나를 멸시하는 사람은 한 사람도 그것을 보지 못하리라. 그러나 내 종 갈렙은 그 마음이 그들과 달라서 나를 온전히 따랐은즉 그가 갔던 땅으로 내가 그를 인도하여 들이리니 그의 자손이 그 땅을 차지하리라. 아말렉인과 가나안인이 골짜기에 거주하나니 너희는 내일 돌이켜 홍해 길을 따라 광야로 들어갈지니라"

하나님은 예수를 믿는 모든 성도들이 가나안(천년왕국)에 들어가기를 원하십니다. 이스라엘 백성이 애굽에서 구원받고 하나님의 인도로 가나안으로 들어가기 위하여 출발했습니다. 그러나 출애굽 1세대는 여호수아와 갈렙 만에 가나안에 입성을 했습니다. 즉, 가나안(천년 왕국)에 여호수아와 갈렙 만이 들어갔다는 것입니다. 가나안(천년왕국)은 여호수아와 갈렙 같은 성도들이 들어갑니다.

필자는 늘 의문이었습니다. 여호수아와 갈렙이 가나안에 들어가는데, 여호수아는 그래도 늘 모세의 곁에서 보좌를 했으므로 모세가 죽은 이후에 이스라엘을 이끌고 가나안에 들어가는데 별로 의문을 달지 않을 수 있으나 갈렙은 그렇지 않았습니다.

필자는 늘 왜? 하고 많은 이스라엘 사람 중에 갈렙이 가나안에 들어가게 되었는가에 대해서 늘 의구심을 가지고 있었습니다. 그가 정탐을 하고 난 후에 여호수아와 같이 말을 해서 가나안에 들어갔다는 것도 물론 이해가 되지만, 그것만으로는 갈렙이라는 인물을 설명하기에는 너무 부족했기 때문입니다.

"여호와께서 이르시되 내가 네 말대로 사하노라. 그러나 진실로 내가 살아 있는 것과 여호와의 영광이 온 세계에 충만할 것을 두고 맹세하노니, 내 영광과 애굽과 광야에서 행한 내 이적을 보고서도 이같이 열 번이나 나를 시험하고 내 목소리를 청종하지 아니한 그 사람들은 내가 그들의 조상들에게 맹세한 땅을 결단코 보지 못할 것이요 또 나를 멸시하는 사람은 한 사람도 그것을 보지 못하리라"(민14:20-23).

이스라엘이 왜 가나안에 들어가지 못했는가를 말씀하고 있습니다. 하나님께서는 아브라함과 이삭과 야곱에게 맹세한 그것을 이루시기 위해 이스라엘을 애굽의 강한 군대에서 수중에서 이끌어 내셨습니다. 그리고 그들이 가나안에 정탐을 보내기 까지 수많은 이적과 기사를 행하시면서 그들에게 하나님이 살아 계심을 보여 주셨습니다.

그러나 이스라엘은 하나님을 계속해서 시험을 했습니다. 또 하나님의 목소리를 청종치 아니 하면서 늘 자기들의 생각대로 나아가려고 했습니다. 하나님을 신뢰하고 믿기 보다는 자기들의 눈에 보이는 당장의 것에 급급하여 늘 하나님을 시험하는 일을 하고 말았습니다. 정탐꾼을 보내지 않아도 되는데 그들은 정탐꾼을 보냈습니다. 그리고 그들이 돌아와서 그 땅을 악평하고 다시 애굽으로 돌아가자고 통곡을 하면서 울었습니다.

그것은 누구나 다 압니다. 이제 갈렙이 어떤 사람인가를 알아보겠습니다. 민수기 13:6절을 보면 "유다 지파에서는 여분네의 아들 갈렙이요"갈렙이 유다 지파 사람입니까? 필자도 그렇게만 알고 있었습니다. 우리는 성경을 너무 쉽게 보는 경향이 있습니다. 정탐꾼을 보내는데 각 지파에서 대표를 뽑는데 당연히 그 대표에 뽑혔다면 이스라엘 사람이라고 생각을 하게 됩니다.

조금도 의심의 여지가 없습니다. 필자도 이제까지는 갈렙이 유다 지파라는 것에 대해서 의심을 가지지 않았고 당연히 그럴 것이라고 생각했습니다. 가나안을 정탐하는데 각 지파의 족장 중에 대표를 뽑는데 누가 의심을 하겠으며, 누가 갈렙을 유다지파 사람이 아니라고 생각할 수 있겠습니까?

민수기32:12절을 보면 "다만 그나스 사람 여분네의 아들 갈렙과 눈의 아들 여호수아는 볼 것은 여호와를 온전히 순종하였음이니라 하시고" 갈렙을 그나스 사람 여분네의 아들이라고 소개를 하고 있습니다. 갈렙이라는 이름의 뜻은 개(dog) 종, 노예라는 뜻입니다. 갈렙은 그냥 보통 사람이 아니라, 개 같이 취급을 받았던 그런 노예 출신이었던 것으로 그 이름에서 알 수 있습니다. 개라고 하는 것은 정말 비참한 노예를 그렇게 불렀습니다.

갈렙이 어떤 삶을 살았는가를 알 수 있습니다. 그는 애굽에서 이스라엘보다 더 비참하게 살다가 하나님께서 모세를 보내 이스라엘을 이끌어 낼 때 같이 따라 나온 사람입니다. 출애굽기 12장에 중다한 잡족이 이스라엘과 함께 나왔다고 말씀을 하고 있습니다. 갈렙은 이스라엘 사람이 아니라, 중다한 잡족 중에 끼어 있던 무리였습니다. 중다한 잡족들은 이스라엘의 각 지파에 소속이 되었고, 갈렙은 유다 지파에 들어가 거기서 잡족들의 족장으로 있는 갈렙을 보고, 모세가 정탐꾼으로 보내는 대표로 뽑았습니다. 아니 어쩌면 그 당시 유다 지파에서는 갈렙 만한 사람이 없었던 것 같습니다.

왜 그 이름의 뜻이 그런가를 조상을 통해 알아 볼 수 있습니다. 그나스라는 이름이 어디에 나오는가를 성경을 통해 살펴보면 그가 정말 이스라엘 사람인가를 쉽게 알 수 있습니다. 성경은 우리에게 다 가르쳐 주고 있지만, 우리가 성경을 너무 쉽게 보고 있기 때문에 깨닫지를 못하고 있습니다.

창세기 36:15절을 보면"에서 자손 중 족장은 이러하니라. 에서의 장자 엘리바스의 자손에는 데만 족장, 오말 족장, 스보 족장, 그나스 족장과"여기 그나스가 나옵니다. 에서의 자손 중에 그나스 족장이 나옵니다. 이 갈렙은 아마도 애굽이 그 당시 제일

강대국이었기 때문에 전쟁을 해서 포로로 잡혀 와서 애굽에 살고 있던 사람 중에 하나였던 것 같습니다

그래도 이스라엘의 같은 경우 요셉으로 인하여 대우를 받고 살았지만, 전쟁 포로인 갈렙은 개 같은 삶을 살았습니다. 정인찬 역 성경 대 백과사전에도 갈렙을 이방인으로 말하고 있습니다. 이방인이었지만 그가 정탐꾼의 대표로 유다 지파를 대표할 수 있었던 것은 하나님을 온전히 믿는 믿음이 특출했습니다. 아니 어쩌면 자기 처지가 개 같기에 이스라엘 보다 더 간절하게 가나안에 들어가 유업을 받고 싶어 했을지도 모르겠습니다.

갈렙은 다시 애굽으로 돌아 갈 수 없었습니다. 개 같은 노예로 살다가 이제 자유를 맛보고 있는 갈렙의 입장에서는 다시 애굽으로 돌아간다는 것은 있을 수 없는 일입니다. 이스라엘보다도 더 가나안 땅을 사모했고, 그 땅에 들어가 유업을 받아 사람답게 살고 싶었던 갈렙으로서는 가나안 정복만이 자기가 살길이었습니다. 가나안은 천년왕국입니다. 예수님께서 천국은 침노하는 자의 것이라고 분명히 말씀해 주셨습니다.

민수기 13:30절을 보면"갈렙이 모세 앞에서 백성을 안돈시켜 가로되 우리가 곧 올라가서 그 땅을 취하자 능히 이기리라 하나" 애굽도 이기신 하나님입니다. 그 당시 가장 강대국이었던 애굽에서 이스라엘을 이끌어 내시고, 그들의 조상과 언약을 한 그 땅을 주시기 위해 광야로 이끌어 내셨는데, 사실 가나안을 점령하는 것은 애굽과는 비교도 안 될 정도로 쉬운 일이라는 것을 너무

도 잘 알고 있었습니다.

아니 어쩌면 절박했을 것입니다. 갈렙의 입장에서는 다시 돌아가고 싶어도 돌아갈 수 없는 애굽이었기에 너무도 절박했습니다. 그렇기에 그는 어떻게 하든지 가나안에 들어가야만 했습니다. 민수기 14:3-4절을 보면 "어찌하여 여호와가 우리를 그 땅으로 인도하여 칼에 망하게 하려 하는고 우리 처자가 사로잡히리니 애굽으로 돌아가는 것이 낫지 아니하랴 이에 서로 말하되 우리가 한 장관을 세우고 애굽으로 돌아가자 하매"

다시 애굽으로 돌아가자고 합니다. 이스라엘은 다시 돌아 갈 수 있을지 몰라도 갈렙은 개 같은 노예로 살았는데 어떻게 다시 돌아갈 수 있겠습니까? 이스라엘은 고난을 받았지만 그래도 죽는 것 보다는 낫다고 생각을 했고, 갈렙은 애굽으로 다시 돌아가는 것은 죽는 것 보다 못하다고 생각할 수 있습니다.

왜 따라 왔겠습니까? 자기들과는 아무 상관도 없는 이스라엘을 따라 나왔을 때는 개 같이 살던 그 노예의 삶에서 해방이 되고 싶었기 때문입니다. 주인으로 살고 싶었을 것입니다. 애굽에서는 노예지만 이스라엘과 함께 하면 최소한 노예는 되지 않을 수 있고, 또 모세가 각 지파로 보내 그들에게도 가나안 땅을 주겠다고 하는데 갈렙은 죽는 것이 두렵지 않았을 수 있습니다. 절박했습니다. 다시 돌아가자는 이스라엘 백성의 말을 듣고 너무도 절박한 갈렙의 입장에서는 옷을 찢을 수밖에 없었을 것입니다. 애굽으로 돌아가도 개 같은 노예가 될 것이고, 또 설령 싸우다가

진다해도 역시 개 같은 노예가 될 것이 뻔하지만, 그래도 가나안은 한번 싸움이라도 해 볼 수 있는 곳입니다. 그러나 애굽으로 돌아가면 싸움도 하지 못하고 그들의 노예로 살아야 합니다.

당신이라면 어떤 선택을 하겠습니까? 갈렙이라는 그 이름의 뜻에서 그가 어떤 선택을 할 수밖에 없는가를 우리는 이해할 수 있습니다. 싸워 보지도 않고 노예가 되는 것과, 싸워서 이기면 그 땅을 차지할 수 있는 것과, 어떤 것을 선택을 하느냐는 누구나 쉽게 공감을 할 수 있으리라 믿습니다. 민수기 14:6절을 보면 "그 땅을 탐지한 자 중 눈의 아들 여호수아와 여분네의 아들 갈렙이 그 옷을 찢고" 물론 여러 가지 이유가 있을 수 있습니다.

성경에는 갈렙에 대해서 여러 가지 말씀을 하고 있지만, 가장 현실적인 것은 갈렙은 희망을 가질 수 있는 곳은 가나안뿐이었다는 사실입니다. 가나안이 아니고는 그는 다시 절망의 늪으로 빠질 수밖에 없습니다. 오로지 가나안만이 갈렙의 소망이었습니다. 그러니 그가 옷을 안 찢을 수 있겠습니까?

세상에 소망이 있는 사람은 자꾸 돌아봅니다. 롯의 아내를 생각하면 쉬울 것입니다. 그러나 세상에서 노예로 밖에 살 수 없다는 것을 개 같은 노예 밖에는 안 된다는 것을 아는 사람은 그것을 처절할 정도로 몸으로 격은 사람은 싸우다 죽더라도 가나안으로 가야 합니다. 그러나 세상에 미련이 남아 있는 사람은 자꾸 돌아보고 그 세상의 끈을 의지하려고 합니다. 당신은 어떤 심정입니까? 천국을 바라보고 그것을 소망하는 그 심정이 어떠한가를 곰

곰이 생각해 보시기 바랍니다. 갈렙과 같이 이 세상에서는 개 같은 노예로 밖에는 살 수 없을 때, 그는 오직 천국만을 바라보고 어떻게 하든지 싸워서라도 들어가려고 합니다.

초대교회를 교회를 생각해 보시기 바랍니다. 사도 바울이 전도를 했을 때 가장 많이 복음을 믿고 따랐던 사람들은 바로 노예들이었습니다. 그들은 이 세상에서 더 이상 소망이 없기 때문에 사도 바울이 전하는 천국 복음에 대해서 가슴이 와서 심금을 울릴 수밖에 없었고 그렇게 좋은 천국에 어떻게 하든지 들어가고 싶었습니다. 그들에게는 소망이 없었습니다. 노예에서 벗어날 수 있는 그런 실 낫 같은 소망도 없었습니다. 그렇기에 더욱 사도 바울이 전하는 천국 복음이 간절했고, 비록 이 세상에서는 개 같은 노예로 아니 주인이 기르는 개보다도 못하는 노예로 살다 죽을지라도 정말 천국이 있다면 그곳에 가고 싶었을 것입니다. 그 노예들이 초대 교회의 주축이 되었다는 것을 잊어서는 안 됩니다. "내 종 갈렙은 그 마음이 그들과 달라서 나를 온전히 좇았은즉 그의 갔던 땅으로 내가 그를 인도하여 들이리니 그 자손이 그 땅을 차지하리라"이것은 하나님의 은혜입니다

가나안은 천국의 모형입니다. 그곳은 이방인에게 허락이 된 것이 아니라, 아브라함과 이삭과 야곱의 자손 이스라엘에게 허락이 된 땅입니다. 그런데 하나님께서 갈렙에게 그 땅을 주시겠다고 말씀을 해 주시고 있습니다. 갈렙은 이방인입니다. 우리는 여기서 하나님의 놀라운 경륜을 깨달아야 합니다. 이스라엘은

자기들만 천국에 들어가는 줄 알았는데 갈렙을 통해 천국에는 이방인도 들어간다는 것을 예표로 보여 주셨습니다. 이방인이 우리에게도 소망을 가질 수 있게 해 주셨다는 말씀입니다. 갈렙은 이스라엘 자손이 아닙니다. 천국에 들어갈 수 있는 조건이 하나도 없는 이방인입니다. 그는 더구나 개보다도 못한 노예였고 이방인입니다. 갈렙을 통해 그런 이방인에게 은혜를 주시기 위해 갈렙을 통해 우리도 소망을 가질 수 있게 해 주셨습니다.

얼마나 놀랍습니까? 애굽에서 나온 20세 이상의 모든 남자가 다 광야에서 죽었는데 오직 갈렙 만이 여호수아와 함께 가나안에 들어가는 축복을 누릴 수 있게 되었습니다. 여호수아가 이스라엘을 대표하는 사람이라면 갈렙은 이방인을 대표하는 사람으로 하나님께서 우리에게 보여 주시고 있습니다.

갈렙도 사람입니다. 그가 무엇을 특별히 잘 해서가 아니라, 그는 하나님의 능력을 믿었습니다. 비록 자기와 약속한 것은 아니지만, 이스라엘의 조상들과 약속한 그 땅을 반드시 주실 것이라고 믿었습니다. 그는 애굽에서 나올 때부터 하나님의 능력을 보았고, 또 그 능력을 믿고 가나안에 들어갈 수 있다고 확신을 했습니다. 갈렙이 가나안에 대하여 긍정적인 보고를 할 수 있었건 것은 일은 하나님께서 하신다는 믿음이 있었기 때문입니다. 갈렙은 광야를 걸어오면서 문제가 생길 때마다 모세가 기도하면 하나님께서 해결 방법을 주시는 대로 순종하면 해결되는 것을 보았기 때문입니다. 하나님께서 문제를 해결하도록 지혜를 주시면서 도와주신다는 것을 보고 믿은 것입니다. 모세가 문제가 생기면 직접 해결하는 것이 아니라, 하나님께서 알려주신 방법대로 순종하면 해결이 되는 것을 체험한 것입니다.

그래서 가나안의 문제도 하나님께 기도하여 해결하면 된다는 믿음이 있었다는 것입니다. 갈렙은 하나님을 향한 믿음이 있었다는 것입니다. 갈렙은 하나님께서 함께 하시니 넉넉하게 가나안을 점령할 수 있다는 믿음이 있었습니다. 갈렙은 평소에 하나님께 기도하고 있었기 때문입니다.

갈렙은 하나님께서는 빛이시라 그 가운데 어두움이 없다는 것을 믿었습니다. 하나님은 하지 못하시는 것이 없다는 것을 알고 믿었습니다. 빛을 가지고서 긍정적이고 적극적이며 창조적이고 소망을 가지고 사물을 바라보는 사람에게는 주께서 흑암 가운데 빛이 일어나도록 해 주신다는 믿음이 있었다는 것입니다.

이스라엘은 여호수아입니다. 여호수아는 이스라엘 사람들의 대표입니다. 그러나 이방인에게는 갈렙이 있었습니다. 갈렙은 이방인의 대표입니다. 천국은 이스라엘만 들어가는 것이 아니라, 처음부터 하나님께서는 예수 그리스도를 보내 주셔서 우리 이방인들에게도 은혜를 주셨습니다. 그것을 보여 주시기 위해서 개 같은 노예로 산 갈렙을 통해 어떤 자가 가나안에 들어갈 수 있는가를 가르쳐 주고 있습니다.

지금 이 시대는 너무도 풍족합니다. 그리고 교회가 마치 세상의 주인이 된 것처럼 행동을 하고 있는 것을 볼 때 안타깝기만 합니다. 광야 같은 세상에서 우리는 더 이상 소망이 있는 사람이 아니라, 그곳은 잠시 머물다 가는 곳이며, 우리 눈은 갈렙과 같이 오직 가나안(천국)을 향해 있어야 합니다. 그러나 오히려 세상 사람들보다 더 주인 행세를 하고 있는 그들에게 천국은 그리 절박하지도 않고 가슴에 와 닿지도 않습니다.

갈렙은 정탐꾼으로 갔습니다. 오직 그만이 하나님으로부터 자기가 정탐 했던 그 땅을 주겠다는 약속을 받았습니다. 실제 20세 이상의 남자들이 광야에서 다 죽고 난 후에 그는 가나안에 들어가 자기가 정탐 했던 헤브론 땅을 얻을 수 있었습니다.

정말 놀라운 일입니다. 이스라엘에게 약속한 가나안을 가장 먼저 받은 사람이 이스라엘이 아니라, 이방인인 바로 갈렙이라는 말씀입니다. 아직 가나안에 들어가지도 않았고, 또 그 땅을 분배하기도 전에 이방인이 갈렙에게 하나님께서는 그가 정탐한 땅을 주시겠다고 약속을 하시고, 실제 가나안에 들어갔을 때 여호수아는 갈렙에게 그 땅을 주어서 이스라엘로 살아가게 되는 것을 볼 수 있습니다.

갈렙이 가나안 땅을 받은 것은 우연도 아니고, 또 그가 다른 사람 보다 더 뛰어나서가 아니라, 오직 하나님의 마음에 갈렙을 기뻐하시고 하나님께서 원하시는 그 마음에 따라 갈렙에게 가나안 땅에 기업을 주셨습니다. 천국은 내가 노력한다고 얻을 수 있는 것이 아니라, 오직 하나님께서 기뻐하시는 자만이 얻을 수 있는 은혜입니다. 하나님의 마음에 합한 자만이 들어갈 수가 있습니다.

하나님의 뜻입니다. 갈렙은 그 뜻을 알고 기뻐했으며, 가나안을 너무도 사모 했기에 이스라엘 모두가 반대를 하고, 그 땅을 악평하여 소리 내어 통곡을 하면서 울 때 그는 옷을 찢고 하나님이 기뻐하시면 우리가 그 땅을 얻을 것이라고 확신을 했습니다.

자신을 분별하시기 바랍니다. 하나님께서 나를 기뻐하시는가 냉정하게 내 자신을 분별할 수 있는 지혜를 가지시기 바랍니다. 갈렙은 하나님께서 자기를 기뻐하고 있다는 것을 확신하고 있었던 사람입니다. 그 기뻐하는 사람이 어떤 사람인가를 성경을 통해 보겠습니다. 히브리서 11:6절을 보면 "믿음이 없이는 기쁘시게 못하나니 하나님께 나아가는 자는 반드시 그가 계신 것과 또한 그가 자기를 찾는 자들에게 상주시는 이심을 믿어야 할지니라" 갈렙은 믿음이 있었던 사람이었습니다.

이스라엘이 60만이 나왔지만 그 중에 믿음이 있는 사람은 여호수아와 갈렙 만이 하나님을 향한 믿음이 있었다는 말씀입니다. 그래서 여호수아와 갈렙은 민수기 14:8절에서 하나님께서 기뻐하시면 그 땅을 우리에게 주시리라고 확신에 찬 믿음을 가지고 있었던 것을 볼 수 있습니다. 오직 두 사람 만이 믿음이 있었습니다. 하나님께서는 믿음이 있는 여호수아와 갈렙 만을 가나안 땅으로 들어가게 하셨습니다.

천국에 들어갈 수 있는 조건입니다. 내가 이방인이냐 아니 이방인 중에서도 개 같은 노예로 살았느냐 하는 것은 중요한 것이 아니라, 그가 어떤 삶을 살았느냐는 중요한 것이 아니라, 오직

믿음이 있는 사람, 하나님이 자기를 기뻐하시고 있다고 확신하는 사람만이 천국에 들어갈 수 있다는 말씀입니다

지금 교회에는 하나님이 자기를 기뻐하시고 있다고 확신하는 사람이 적습니다. 믿음이 있는 사람은 아주 적다는 것을 명심하시기 바랍니다. 하나님께서 모든 이적과 기사를 다 보여 주시고 가장 강대국인 애굽에서 자기들을 이끌어 내셨는데도, 그리고 낮에는 구름기둥으로 밤에는 불기둥으로 인도하시고, 또 그들을 위해 만나와 메추라기로 먹이셨는데도 그것을 보고도 믿지 않았습니다. 가나안에 대한 명확한 소망 없이 건성으로 따라왔기 때문입니다. 기사와 이적을 일으키며 인도해도 누가 어떻게 하여 자신들에게 물을 주고, 만나를 주는지 관심을 갖지 않았기 때문입니다.

갈렙은 모형입니다. 어떤 사람이 천국에 들어갈 수 있는가를 가르쳐 주는 그림자입니다. 사실 초대 교회의 다수의 성도들이 바로 갈렙과 같은 처지에 있던 사람이었다는 것을 우리는 기억해야 합니다. 물론 하나님께서는 부자냐 노예냐 하는 것을 따지지 않습니다. 그에게 하나님이 기뻐하시는 믿음이 있느냐에 따라 천국으로 인도하시고 있습니다.

그 믿음은 자신 앞에 있는 문제는 하나님께서 해결하신다는 것을 믿는 것입니다. 지금 성령이 역사하시는 교회시대를 살아가는 성도들이 가져야할 믿음이 바로 그것입니다. 자신 앞에 있는 문제가 자신이 해결할 문제가 아니라, 하나님께서 해결할 문

제라는 것입니다. 단지 자신은 하나님께 기도하여 문제의 해결 방법을 알아내는 것입니다. 하나님께서 지시하시는 대로 순종할 수 있는 믿음이 중요합니다. 하나님께서 알려주신 방법대로 순종하면 믿음을 보시고 하나님께서 해결하시는 것입니다.

열 지파 사람들이 실패한 것은 가나안에 산재하여 있는 문제를 자신들이 해결할 문제라고 믿었기 때문입니다. 그러나 갈렙은 가나안에 있는 문제가 자신들이 해결할 문제가 아니라, 하나님께서 해결할 문제라는 것을 믿은 것입니다. 갈렙은 하나님께서 함께 하시니 하나님이 해결하신다는 믿음이 있었기 때문에 담대할 수 있었고, 그 믿음이 하나님의 마음에 합하여 가나안에 들어간 것입니다.

이스라엘은 믿음이 없었습니다. 그러나 갈렙만은 그들과 달랐다고 하나님께서 말씀하고 있습니다. 오직 갈렙 만이 믿음을 가지고 있어서 하나님께서 그를 기뻐하시고 이방인임에도 제일 먼저 그에게 가나안 땅을 주는 축복을 해 주셨습니다. 지금 한국 교회 직분자들의 문제는 많은 것을 아는데 행함이 없다는 것입니다. 하나님은 아는 것을 가지고 시험지에다가 문제를 내시고 시험을 치르지를 않으십니다. 가나안 땅과 같은 현장에 상황을 만들어 놓으시고 시험을 지르십니다. 갈렙과 같은 하나님이 함께 하신다는 믿음과 행함이 있는 성도들만 합격할 수가 있을 것입니다. 말씀에 "행함이 없는 믿음은 그 자체가 죽은 것이라(약 2:17)"하십니다. 이 시대도 많은 교인이 있지만, 행함이 없는 그들과 다른, 하나님이 기뻐하시는 행함이 믿음을 가지고 있는 성도들을 기뻐하시고 그들을 구원하시는 줄 믿습니다. 믿으시기 바랍니다. 오직 예수 그리스도를 믿는 그 믿음만을 보시고 갈렙과 같은 나를 오늘도 헤브론 땅을 주시고 있습니다. 그 땅을 차지하시고 하나님으로부터 영원한 축복을 누리는 성도가 되시기를 예수 그리스도의 이름으로 부탁드립니다.

반대로 천국에 노숙자가 되지는 말아야 합니다. 가나안 땅에 들어와서 이스라엘 백성들이 다섯 지파는 땅을 차지했는데 일곱 지파는 주신 땅을 차지하지 않고 다섯 지파의 땅을 얻은 사람에게 더부살이를 하고 있습니다(수18:2-3). 그들은 그만 게을러져서 전쟁하기를 싫어하고 쳐들어가기를 싫어합니다. 여호수아가 이렇게 말합니다. "너는 어느 때까지 너희 열조의 하나님이 너희에게 주신 땅을 취하러 가기를 지체하겠느냐?(수18:3)" 우리도 마찬가지입니다. 주신 권능을 사용하여 영적싸움이 두렵고 싫어서 그냥 적당히 이만하면 되었으니 "이대로 살겠습니다."라고 하면서 앉아있지 말고 강하고 담대하게 일어나서 이성과 감정과 육체에 역사하는 원수를 하나하나 쫓아내고 우리의 삶에 젖과 꿀이 흐르게 해야 되는 것입니다. 그래야 가나안에 입성합니다.

충만한 교회는 지방에 계시는 분들을 위하여 성령치유 집회 CD와 교재를 33종류를 비치하고 있습니다. 과목별 CD는 12시간을 녹음하여 12개입니다. 가격은 2만원입니다. 교재는 과목당 만원입니다. 필요하시면 주문하여 영성을 깊게 하실 수가 있습니다. 교재를 보며 CD를 들으면 현장에서 집회를 참석한 것과 같은 효과가 있습니다. 1)깊은 상처 내적치유(CD/교). 2)성령의 기름부음(CD/교). 3)깊은 영의기도 숙달(CD/교). 4)보혈의 능력과 은혜(CD/교). 5)인생 열두 문제치유(CD/교). 6)예수님의 권세능력(CD/교). 7)가문의 대물림치유(CD/교). 8)행복한 가정 만들기(CD/교). 9)재정축복 영육치유(CD/교). 10)부부문제 내적치유(CD/교). 11)5차원의 영적세계(CD/교). 12)영적전쟁 축사사역(CD/교). 13)영들을 분별하라(CD/교). 14)능력오는 영의기도(CD/교). 15)바른 성령의 은사(CD/교). 16)영의사람 육의 사람(CD/교). 17)5차원 영성을 삶에(CD/교). 18)꿈해석과 내면치유(CD/교). 19)영적전이 성령역사(CD/교). 20)영육질병 신유사역(CD/교). 21)영안을 열어라(CD/교). 22)갑절 영감 영력(CD/교). 23)작은 교회 성장(CD/교). 24)내적치유사역비결(CD/교). 25)예언은사기름부음(CD/교). 26)깊은 영성 깊은 치유(CD/교). 27)교회성장성령치유(CD/교). 28)영의통로 열어라(CD/교). 29)성령의 능력사역(CD/교). 30)하나님음성듣기(CD/교). 31)성령치유종합사역(CD/교). 32)성령치유목회적용(CD/교). 33)전문신유사역기술(CD/교). 전화는 02-3474-0675. 신청은 번호를 알려주시면 됩니다. 메일주소는 kangms113@hanmail.net 를 이용하여 신청이 가능합니다(필요CD/교재번호. 주소. 전화전호. 우편번호).

　*과목별 상세한 내용은 홈페이지 www.ka0675.com 에 들어 오셔서 확인 바랍니다. 홈피에 보시면 계좌번호와 과목별 상세목록을 확인하실 수 있습니다.

4부 구원을 이루는 성령님

15장 떨림으로 구원을 이루게 하시는 성령님

(빌 2:12-16)"그러므로 나의 사랑하는 자들아 너희가 나 있을 때뿐 아니라 더욱 지금 나 없을 때에도 항상 복종하여 두렵고 떨림으로 너희 구원을 이루라. 너희 안에서 행하시는 이는 하나님이시니 자기의 기쁘신 뜻을 위하여 너희에게 소원을 두고 행하게 하시나니, 모든 일을 원망과 시비가 없이 하라. 이는 너희가 흠이 없고 순전하여 어그러지고 거스르는 세대 가운데서 하나님의 흠 없는 자녀로 세상에서 그들 가운데 빛들로 나타내며, 생명의 말씀을 밝혀 나의 달음질이 헛되지 아니하고 수고도 헛되지 아니함으로 그리스도의 날에 내가 자랑할 것이 있게 하려 함이라"

하나님은 성도들에게 두렵고 떨림으로 구원을 이루라고 말씀하십니다. 이렇게 말씀하시는 것은 믿음에서 떨어질 성도가 있기 때문입니다. 두렵고 떨림으로 구원을 이루라고 하시니까, 인간 노력으로 구원을 이룬다는 말씀으로 생각하면 안 됩니다. 성령의 인도에 거부하지 말고 순종하라는 것입니다. 구원은 절대로 사람의 노력으로 이루는 것이 아닙니다. 전적으로 성령께서 성도를 인도하면서 구원에 이르도록 하시는 것입니다. 그러므로 반드시 성령으로 세례를 받아야 합니다. 바울사도는 로마에서 수감당시 기록한 서신으로 그는 어떠한 어려운 상황에서도 처한 운명을 극복해야했고, 그리스도와 같이 순교하더라도, 그리고 관제로 자신을 드려진다 해도, 후회 없이 기뻐하고 빌립보교회 신자들과 같이 기뻐하겠다는 결단을 말합니다(빌2:17,18).

사도바울은 자신의 사역에 아낌없이 후원해준 빌립보 교우들에게 감사하며 그들이 정상적으로 그리스도 안에서 성장하기를 기도합니다(빌1:9-11). 그는 자신이 비록 옥중생활에 있지만 그가 전한 복음이 확산되며 전파되는 소식을 듣고 기뻐했습니다. 이 복음이 첫날부터 이제까지 교제를 통해 그들 속에 착한 일을 시작하신 하나님과 그 아들이 재림에 때까지 구원을 이루실 것을 확신하고 있습니다(빌1:5,6.2:13).

그리고 그들에게 "너희 안에 그리스도 예수님의 마음을 품으라"고 권면하며 주님의 근본은 하나님이시나 종의 형체로 사람으로 오셔서 순종의 도를 좇아 죽으심으로 복종하시고, 구원의 근원이 되신 예수님을 하나님이 지극히 높여 모든 이름위에 뛰어난 이름을 주시고, 모든 존재가 그 앞에 무릎을 꿇게 하시고, 예수그리스도를 주라 시인하여 아버지께 영광을 돌리게 하셨습니다(빌2:5-11). 바울사도는 이같이 주님을 믿는 사랑하는 빌립보교회 성도들에게 자신이 살아있든지 순교하던지 간에 더욱 항상"복종하라"합니다.

첫째, 더욱 항상 "복종하라" 고 말합니다. 이 말은 자신을 십자가에서 부인하고 주 안에서 받은 복음으로 예수님을 믿고 입으로 주라 시인하여 생명의 삶을 영생으로 누리며, 성령의 인도를 받으며 살라고 말한 것으로 그는 성도들 안에서 행하시는 분이 하나님이라고 말합니다(빌2:13). 우리는 여기서 깊이 생각해야합니다. 어떤 분이 필자와 교제하면서 제게 성경의 난해한 말씀들을 질문하면서 성령님께 질문하여 차후에 답을 알아봐달라고 부탁했습니다. 그래서 필자는 즉시 주님께 물었습니다. 성령께서 즉시 말씀하신 대답이 "이미 너는 답을 알고 있다" 그 모든 문제의 답은 "내가 너와 함께 함이라" 라고 말씀하셨습니다.

그렇습니다. 성령께서 우리 안에 오시고 함께 계시면, 아무도 우리를 가르칠 필요가 없습니다. 그의 기름 부으심이 성경을 통해 말씀하시고 기록하신 말씀들의 모든 것들을 알게 하시고 깨닫게 하시고 믿게 하시며 생각나게 하십니다. 그러므로 이와 같이 성령의 인도를 받는 사람들은 신령한 자가 됩니다. 그러므로 예수님을 믿고 우리 안에 성령님이 오시면 우리가 세상에 속한 자가 아니라 하늘에 하나님께 속한 자입니다(요일2:27).

주님이 우리 안에 오시면서 아담에 속한 육신의 목숨을 제하시고, 모든 죄를 영원히 속죄하시고 통치자와 권세를 벗어버려 밝히 들어내시고, 이와 같은 모든 것들을 십자가의 능력으로 제하시고 멸하시고 없이하시고, 늑탈하셔서 우리 영혼을 깨끗하게 하시고, 새롭게 창조하여 새로운 피조물이 되게 하시고, 진리의 영으로 세상 어두움으로부터 자유를 얻게 하십니다(고후5:17).

이와 같은 자들은 비록 육신에 살고 있지만 육체의 몸에 종노릇하지 아니합니다. 그 원인은 "성령 안에서 성령의 인도를 받으며 살아가는 자"는 "세상에 속한 육신에 있지 않기" 때문이며, 그들은 그리스도의 영 안에 쌓여서 성령의 보호를 받고, 성령의 인도를 받고 있기 때문에 항상 성령님의 인도에 복종하여 율법의 말씀이 생명의 말씀이 되어 모든 말씀을 지키게 하심으로 지켜 행하여 온전케 하십니다(롬8:9,14).

온전(완전)케 된다는 것은 전인격이 하나님의 말씀을 듣고 순종하는 것을 말합니다. 성령으로 온전하게 되는 것입니다. 절대적으로 사람의 노력으로 온전하게 되지 못합니다. 여기서 생각해 보세요! 예수께서는 율법의 일점일획이라도 반드시 없어지지 아니하고 다 이루리라 말씀하셨습니다. 그러므로 누구든지 이 계명 중 지극히 작은 것 하나라도 버리고, 또 그 같이 사람을 가르치는 자는 천국에서 지극히 작은 자가 되고, 누구든지 이를 행하며 가르치는 자는 크다고 일컬음을 받을 것입니다(마5:18-19).

그러므로 세상 것으로 부터 해방된 자가 죄를 범치 않는 다는 것은 진리의 영과 함께 모든 주님의 말씀인 율법과 계명을 다지키고 온전히 지킨다는 것인데, 이는 세상에 속한 육신의 목숨과 죄의 법에 예속된 자들은 결코 지킬 수 없습니다. 오직 성령의 인도를 받는 자들만이 온전히 지켜 행하게 되는데, 그가 성령 안에 있기 때문에 온전한 복종을 하게 됩니다(롬8:3,9,14).

둘째, "두렵고 떨림으로 너희 구원을 이루라." 우리가 죄인으로 세상에 속했을 때는 항상 두렵고 떨릴 때가 많습니다. 왜냐하면 세상의 영에 속해 그에게 속아 진리를 거슬려 행할 때에는 영생을 보지 못하고 도리어 하나님의 진노가 우리에게 머물기 때문에 저주의 삶이 지배적입니다. 그 결과 수고하고 무거운 짐과 멍에가 우리 목과 어깨에 있게 됩니다. 이것을 주께서 일찍이 젊었을 때에 메우셨습니다(요3:36).

그러나 주께서 우리에게 자비와 긍휼을 베풀어주시고 구속해 주셔서, 모든 수고와 무거운 멍에와 짐을 벗겨주시고, 세상에 없는 주님의 평안과 기쁨과 생명을 주십니다. 그리고 우리에게서 세상의 통치자와 권세자의 영향력과 두려움으로 떨리게 하던 모든 것들을 제해주시고 없이해 주시고 벗어나게 하시며, 이제는 주님을 향하여 강하고 담대함을 갖게 하십니다. 그러므로 너희는 여호와를 강하고 담대함으로 바라라고 말씀하십니다(요 14:27).

이와 같은 의인들은 사자와 같이 담대하다고 솔로몬은 말합니다(잠28:1). 하나님은 그 백성들에게 "두려워 말라 내가 너희와 함께 함이라. 놀라지 말라 나는 네 하나님이 됨이니라. 내가 너를 굳세게 하리라 참으로 너를 도와주리라. 나의 의로운 오른 손으로 너를 붙들리라." 주님은 우리가 주님 앞에서 두려워하는 것은 원하지 않으십니다. 생각해 보세요. 주님은 우리의 남편이시고 우리는 그분의 아내입니다(사41:10,54:5).

두렵게 겁주고 때리는 남편과 같이 있기 싫지요. 요즘은 여자들도 태권도 한다는데 폭행하는 아내와 사랑을 할 수 있을 까요? 말도 안 되지요. 하나님은 우리가 주 안에서 두려워하고 떨라고 말씀하시지 않으시고 오히려 "두려워하지 말고 놀라지 말라고" 말씀하시고, 또 각기 이웃을 도우며 그 형제에게 이르기를 "너는 담대하라고 말하라"라고 말씀하십니다. 그렇다면 사도바울이 두렵고 떨며 라는 상반된 말을 한 것은 무엇 때문일까요?(빌2:12).

그가 온전한 신앙을 하면서도 두려워하고 떨었던 것이 있다면 아마도 자기가 복음을 전해 세운 교회들이 거짓형제들에 의해 첫사랑을 잃어버리고 변질되어 오직믿음으로 의롭다함을 받고 성령으로 시작했다가 육체로 마치려하는 자들에 대하여, 그리고 부활신앙을 퇴색시켜 교회를 헐어버려 불신하게 하는 자들에게 쉽게 빠져 불신에 떨어지는 자들이 있어 고민하고 두려워하며 떨었습니다(고전15:12-15).

그러나 그는 이와 같은 일들이 있어도 주안에서 가진 고린도교회의 성도들에 대한 자신의 자랑이 있었습니다. 그는 또 주저하지 않고 말할 수 있는 것은 자신은 날마다 복음의 역사를 행함에 있어 많은 역경을 겪고 사형선고를 받은 것 같이 심한 고생으로 살 소망까지 끊어지고 핍박을 이겨내며 복음을 전했으나 그 받은 자들이 쉽게 변질되는 것들을 보며 많은 고민에 빠져 심지어 죽을 지경에 까지 이르렀다고 말합니다(고전15:31-32).

이러한 일이 있을 때마다 그는 성도들에 대하여 하는 말이 내가 너희를 향하여 하는 말이 담대한 것도 많고 너희를 위하여 자랑할 것도 많으니 내가 우리의 모든 환난 가운데서도 위로가 가득하고 기쁨이 넘쳤다고 말했습니다. 그러나 우리가 마게도냐에 이르렀을 때에도 우리 육체가 편치 못하고 사방으로 환난을 당해 "밖으로는 다툼이요, 안으로는 두려움이 있었다" 고 말합니다. 이와 같은 일로 복음 전하는 자들은 핍박과 어려움들이 있어 떨고 두려워 할 때가 혹간 있습니다(고후7:5,6).

그러나 여러 가지 형제사랑과 서로 사모함과 하나님께 대한 열심과 교제와 동일한 신앙고백의 일로 안위하게 하시고, 또 하나님께서 우리를 잠시근심하게 하심으로 후회 할 것이 없는 구원에 이르게 하는 회개를 이루게 하십니다. 이와 같은 위로는 하나님의 뜻대로 하는 근심이며 그 과정에는 근심과 간절함과 변명함과 분함과 두렵게 함과 사모함과 열심이 있게 하시고, 또 벌받게 하셨으나 너희가 그 일에 대하여 일절 "너희 자신의 깨끗함을 나타냈다" 고 말합니다(고후7:7-11).

그 외에는 우리가 받은 복음으로 인해 "두렵거나 떨거나" 할 이유가 없습니다. 오히려 우리가 복음으로 박해를 받는다 해도 우리는 주께서 주 앞에서 "항상 담대해야 할 것"을 말씀하셨습니다(고후5:6). 이에 바울은 고린도교회 형제들을 향해 "범사에 담대하며"기뻐했습니다(고후7:16). 그는 또 빌립보교회 성도들이 성령님의 도우심으로 자신이 전한 복음으로 "내 구원(성령님과

바울과 일원화: 바울의 전인격이 성령의 지배를 받음)에 이르게 된 것"을 알았습니다.

이와 같이 그는 영혼구원의 간절한 기대와 소망을 따라 아무 일에든지 부끄럽지 않고 오직 전과 같이 이제도 "온전히 담대하여" 살든지 죽든지 자신의 몸에서 그리스도께서 존귀케 되기를 원했습니다(빌1:19,20). 히브리서기자는 우리에게 대 제사장이 있으니 승천 하신 자 곧 하나님의 아들 예수그리스도시라, 우리가 믿는 도리를 굳게 잡고 그의 긍휼하심을 받고 때를 따라 돕는 은혜를 얻기 위해 은혜의 "보좌 앞에 담대히 나아가야할 것"이라 증언합니다(히4:14,16).

요한사도는 이와 같이 주 안에 거하는 자들은 "주께서 나타내실 때에 우리로 담대함을 얻어 그 앞에 부끄럽지 않게 하려함이라" 고 증언합니다(요일2:28). 그렇다면 "사도바울이 말한 두려움과 떨림으로 구원을 이루어야한다"는 말은 무엇을 말할까요? 우리가 예수그리스도의 복음을 받은 것은 예수그리스도께서 어린양과 같은 희생 제물로 구속된 것입니다. 이 예수그리스도께서 우리에게 베푸신 속죄의 피의 값은 우리와 인류의 죄 값을 영원히 상쇄시키는 것입니다(히9:12,10:12).

그런데 이 영원한 속죄의 피 값으로 속죄를 받은 자가 배신하여 돌아서서 다시 세상으로 내려가 죄악을 범하고 예수그리스도의 피 값을 부정한 것으로 여기고 믿지 않으며 발로 밟을 경우 그 받을 벌이 얼마나 무섭고 두렵고 크겠습니까? 아마도 그 벌은 영원할 것입니다. 죄의 삯의 값이 사망으로 사망당하는 자들이 둘째 사망 불과 유황의 못에서 세세토록(영원) 밤낮 괴로움을 받을 것이기 때문입니다(롬6:23).

그러므로 역사적으로 주님을 믿다가 타락한 자들을 보면 하나님의 아들들이 사람을 딸들을 취해 육체가 된 사람들에 의해 노아의 홍수심판이 있었으며, 이스라엘 백성들이 애굽에서 나와 불순종함으로 광야에서 사십년간 그들의 후손 이십 세 이상이 그 조상들의 죄악을 지고 그들이 광야에서 다 죽기까지 유리방황한 사건. 사울 왕이 처음에는 성신을 받아 충만하여 변하여 새사람이 되었다가 후에 불순종함으로 성령이 그에게서 떠나시고 그에게 악신이 들어가 버림받은 사건을 우리는 잘 압니다(삼상 16:14).

그리고 처음 성령으로 시작했다가 육체로 마치는 자들. 율법을 자신의 의로서 지켜 그리스도에게서 끊어지고 하나님의 은혜에서 떨어진 자들. 처음믿음을 버리고 시집가고자 그리스도를 배반한 젊은 과부. 그리고 첫 사랑을 저버리고 의식화 종교화 교리화 되어 그리스도께서 떨어진 에베소교회. 그리고 살았다 하는 이름은 가졌지만 행위의 온전한 것이 없어서 죽은 자들이라고 책망 받은 사대교회. 또 신앙을 세상 것과 타협하여 믿는 자인지 믿지 아니하는 자인지 태도가 분명치 않아 토해 내치게 된 라오디게아교회 등등 많은 배신자들이 있습니다(딤전5:11-12).

베드로사도는 이와 같은 처음사랑과 믿음을 저버리고 떠나 배신한자들을 개와 돼지에 비유하며 처음 믿음을 저버리면 그 상황이 믿지 않을 때보다 더 심하게 된다고 말하고 있습니다. 오늘 "사도바울이 이와 같은 자들을 염두 해 두고 믿다가 타락할 경우의 그 상황의 심각성을 말한 것"이지 "사도바울이 하나님의 의를 받아 의롭게 되었다가 그가 육신의 연약함 때문에 다시 세상 것을 취해 죄를 범하고 회개하여 다시 돌이켜야할 죄인이어서 두려움과 떨림으로 구원을 이루라고 말한 것"이 아닙니다(벧후2:18-22). 그 대표적인 증거의 말씀들이 이렇습니다.

* 우리가 알거니와 우리 옛 사람이 예수와 함께 십자가에 못 박힌 것은 죄의 몸이 멸하여 다시는 우리가 죄에게 종노릇하지 아니하려함이니. 이는 죽은 자가 죄에서 벗어나 의롭다 하심을 얻었음이니라(롬6:6,7).

* 죄가 너희를 주관치 못하리니 이는 너희가 법(法)아래 있지 아니하고 은혜(恩惠) 아래 있기 때문이니라. 그런즉 어찌 하리요 우리가 법아래 있지 아니하고 은혜 아래 있으니 죄를 지으리요 그럴 수 없느니라(롬6:14,15).

* 그러므로 이제 그리스도 예수 안에 있는 자에게는 결코 정죄함이 없나니. 이는 그리스도 예수 안에 있는 생명의 성령의 법이 죄와 사망의 법에서 너를 해방하였음이라(롬8:1,2).

* 속지 말라! 악한 동무들은 선한 행실을 더럽히나니. 깨어 의를 행하고 죄를 짓지 말라 하나님을 알지 못하는 자가 있기로 내가 너희를 부끄럽게 하기 위하여 말하노라(고전15:33,34).

* 만일 우리가 그리스도 안에서 의롭게 되려 하다가 죄인으로 나타나면 그리스도께서 죄를 짓게 하는 자냐? 결코 그럴 수 없느니라(갈2:17).

* 모든 사람에게 구원을 주시는 은혜가 나타나. 우리를 양육하시되 경건치 않은 것과 이 세상 정욕을 다 버리고 근신함과 의로움과 경건함으로 이 세상에 살고. 복스러운 소망과 우리의 크신 하나님 구주 예수그리스도의 영광이 나타나심을 기다리게 하셨으니. 그가 우리를 대신하여 자신을 주심은 모든 불법에서 우리를 구속하시고 우리를 깨끗하게 하사 선한 일에 열심 하는 친백성이 되게 하려하심이니라(딛2:11-14).

이와 같은 바울의 신앙고백은 그가 주 안에서 온전하게 되고 세상과 죄와 육신의 목숨과 마귀에게서와 세상 모든 것들에게서 성령으로 자유하게 된 것을 고백한 것입니다. 그런데 "왜 두려움과 떨림을 말 할까요?" 이에 만일 불순종한 죄인이 자신의 의지로 율법인 말씀을 지키고자 하는 교만한 생각을 하고, 율법과 계명과 토라의 말씀을 육체로 지키는 자들은 그리스도에게서 끊어지고 하나님의 은혜에서 떨어지게 됩니다. 이런 자들에게 경계로 두려움과 떨라고 말한 말입니다.

또 온전하게 그리스도 안에서 의인이 되었던 자들이 타락하여 짐짓(고의로) 죄악을 범하고, 세상 신을 주인삼고, 육신의 정욕으로 타락할 경우 그리스도 안에서 배반하고 돌이켜 세상으로 떠났던 자들은 주님께 다시 돌아와 회개할 수 없습니다(히6:4-

8). 그러나 아직 예수그리스도 안에서 온전한 완전한 거듭남을 경험하지 못한 분들에게는 회개하여 그리스도 안으로 들어올 기회가 있습니다(고후6:1-2). 다만 의인들이 범죄 하면다시 회개할 수 없습니다(히6:4-6).

이와 같은 것들 때문에 두렵고 떨며 구원을 이루라고 말한 것입니다. 그러므로 사도바울이 두려움과 떨림으로 너희 구원을 이루라고 말한 것은 예수그리스도 안에 들어간 의인들이 온전히 완전히 거듭나서 행위가 완전한 자들이 타락 할 경우 예수그리스도에게서 끊어지고 하나님의 은혜에서 떨어지기 때문에 이를 경계로 말한 것입니다. 이것은 신앙의 극적인 위험수위를 경계하기 위해 말한 것입니다. 그러나 예수를 주인으로 모시고 성령의 세례를 받고 거듭난 의인인 우리는 전혀 걱정하실 것 없으며 안심하셔도 됩니다. 성령의 인도에 순종하시면 됩니다.

예수그리스도 안에 있는 자들은 새 언약 안에, 하나님의 안식 안에 있는 자들입니다. 이들이 거하는 곳은 하나님의 은밀한 곳이며 전능자의 그늘입니다. 주를 두려워하는 자들을 위하여 쌓아두신 은혜 곧 인생 앞에서 주께 피하는 자를 위하여 베푸신 은혜가 아주크십니다. 주께서 의인을 주의 은밀한 곳에 숨기셔서 사람의 꾀에서 벗어나게 하시고 비밀히 장막에 감추셔서 구설의 다툼에서 면하게 하십니다(시31:19-20).

이와 같은 자들에게는 악인의 권세가 의인의 업에 미치지 못하게 하십니다. 또 의인으로 죄악에 손을 대지 않게 하십니다

(요일3:9, 5:18). 하나님과 그 아들과 성령님의 절대적인 손이 우리를 지키시고 절대적인 능력으로 우리를 그 사랑에서 끊을 수 없게 하십니다(요10:28-29). 이는 또 우리에게 구원을 얻게 하시기 위해 믿음으로 말미암아 말세에 하나님의 보호하심을 받습니다(벧전1:5).

셋째, 사도바울의 권면의 최종적인 결론. 그는 "두렵고 떨림으로 너희구원을 이루게 하시는 주체가 너희 안에서 행하시는 하나님이시다."(빌2:13). 그 결과 너희가 흠이 없고 순전하여 어그러지고 거스리는 세대가운데서 "하나님의 흠 없는 자녀로" 세상에서 그들 가운데 "빛으로 나타내시며" 생명의 말씀을 밝혀 사도바울이 복음을 위한 수고도 헛되지 아니함으로 "그리스도의 날에 자랑할 것이 있게 하려한 것"이라고 숙제의 답의 결론으로 말하고 있습니다(빌2:13-16).

이제 성령께서 최종결론을 내리라고 말씀하십니다. 사도바울이 말한 두려움과 떨림으로 너희 구원을 이루라고 말한 것은 "입으로는 주를 믿는 다고하지만, 죄를 짓고 회개하기를 반복하는 죄인들은 예수그리스도를 마음 중심으로 믿어 성령의 역사로 죄와 육신의 목숨을 제거 받아야하며, 어둠의 영들을 멸하고, 전인격이 성령의 지배를 받아 마음에 십자가의 할례를 받고, 날마다 성령의 인도와 정화를 받고 예수그리스도 안에 하나님 안에 들어가 안식하기를 힘써야한다"는 뜻입니다.

그 결과 "저 믿지 아니함으로 불순종하는 본에 빠지지 않게 될 것을 말한 것"입니다(히4:11). 그렇게 될 때에 하나님 안에서 안식하며 예수그리스도의 새 언약 안에 거하여 성공적인 구원을 이루게 됩니다. 그리고 온전히 거듭나 하나님과 예수그리스도의 새 언약 안에서 안식하는 "의인된 자들은 다시는 예수그리스도 밖으로 나오지 말아야지" 만일 배반하고 나와 죄를 범하면 두 번 다시 회개케 할 기회를 박탈당해 영원히 버림 받게 됩니다(창6:3).

우리는 이와 같은 비참한 비극을 맞이하지 말고 "항상 복종하여 두렵고 떨림으로 너희 구원을 이루라고 말한 것"입니다. 우리가 이와 같이 두려움과 떨림으로 구원을 이루어야한다는 과제에 대하여 오해하여, 우리가 그리스도 안에서 육신이 연약하여 날마다 죄짓고 회개하기를 반복하며 장성하여야 구원에 이른 다는 불신에 빠지지 말아야합니다.

그러므로 우리의 구원의 주체는 삼위일체 하나님이십니다. 우리의 노력과 우리가 말씀을 지켜서 되는 것이 아니라, 하나님과 예수그리스도를 믿고, 성령을 마음에 주인 삼으면 우리 영 안에 오신 예수께서 구원을 베푸시고, 성령께서 우리 안에서 인도하시면서 구원을 이루어 가십니다(빌2:13).

우리 모두가 주님의 은혜 가운데 거함으로 주의 새 언약 안에서 안식가운데서 주님이 구원을 이루시고, 항상 승리하게 하시고 넉넉히 이기게 하심으로 구원을 이루어 가시는 모든 분들이 다 되시기를 예수그리스도의 이름으로 축복하며 기도드립니다.

16장 성령 세례하시고 인도하시는 성령님

(행 11:15-16)"내가 말을 시작할 때에 성령이 저희에게 임하시기를 우리에게 하신 것과 같이 하는지라. 내가 주의 말씀에 요한은 물로 세례를 주었으나 너희는 성령으로 세례를 받으리라 하신 것이 생각났노라"

우리 성도들이 구원을 누리기 위하여 먼저 통과해야 할 것은 성령으로 세례를 받는 것입니다. 성령으로 세례를 받아야 성령께서 인도하시면서 구원을 누리게 하시기 때문입니다. 그래서 하나님께서는 예수를 믿는 하나님의 자녀들이 성령으로 세례를 받기를 소원하십니다. 성령으로 세례를 받은 자녀와 받지 않은 자녀는 확연하게 다릅니다. 저는 십 년이 넘도록 성령치유 사역을 했습니다. 성령치유 사역을 하다가 보니 성령의 세례를 받으면 그때부터 치유(성화)가 이루어지기 시작했습니다. 저는 성령의 세례를 이렇게 표현하기도 합니다. 성령의 세례는 예수를 영접할 때 내주하신 성령께서 순간 폭발하여 전인격을 사로잡는 것이라고 하기도 합니다. 예수를 믿으면 성령이 내주하십니다. 즉시로 죽었던 영이 살아납니다. 그러나 육체는 성령으로 장악당하지 않은 상태입니다. 육체는 구습을 따르는 옛 사람이 그대로 있다는 말입니다. 그러므로 옛 사람에게 역사하던 세상신이 여전히 주인노릇을 하고 있다는 뜻도 됩니다. 하지만 성령으로 세례를 받으면 성령께서 전인격을 사로잡으므로 옛 사람에게 역사하던 세상신이 떠나가기 시작을 하는 것입니다.

성령을 체험하고 성령으로 세례를 받아 권능 있는 하나님의 일꾼이 되어가는 과정을 좀 더 상세하게 설명하면 이렇습니다. 하나님은 성령을 체험하면서 성령으로 세례를 받게 합니다. 성경에서 성령과 관련하여 사용된 가장 뜻 깊은 표현들 중 하나는 바로 '성령세례'라는 말입니다. 이 표현을 제일 처음 사용한 사람은 세례요한이었습니다. 자신에 대해 그리고 장차 오실 분(예수님)에 대해 언급하면서 그는 이렇게 말했습니다.

"나는 너희로 회개케 하기 위하여 물로 세례를 주거니와 내 뒤에 오시는 이는 나보다 능력이 많으시니 나는 그의 신을 들기도 감당치 못하겠노라 그는 성령과 불로 너희에게 세례를 주실 것이요"(마 3:11). 여기에서 요한은 두 가지의 세례, 즉 '성령세례'와 '불세례'를 말하는 것이 아닙니다. 그는 단지 하나의 세례, 즉, '성령과 불세례'를 말하고 있습니다. 후에 예수님도 '성령세례'에 대해 이렇게 언급하셨습니다. "요한은 물로 세례를 베풀었으나 너희는 몇 날이 못 되어 성령으로 세례를 받으리라"(행 1:5).

후에 세례요한의 예언과 우리 주님의 약속이 성취되었습니다. 이 성취에 대해 사도행전 2장 3,4절에서는 "불의 혀같이 갈라지는 것이 저희에게 보여 각 사람 위에 하나씩 임하여 있더니 저희가 다 성령의 충만함을 받고 성령이 말하게 하심을 따라 다른 방언으로 말하기를 시작 하니라"라고 기록합니다. 여기서 우리는 '성령 충만'이라는 표현이 '성령세례'라는 표현과 동의어로 사용되고 있는 것을 보게 됩니다.

사도행전 10장 44-46절에는 이렇게 기록되어 있습니다. "베드로가 이 말을 할 때에 성령이 말씀 듣는 모든 사람에게 내려오시니 베드로와 함께 온 할례 받은 신자들이 이방인들에게도 성령 부어주심을 인하여 놀라니 이는 방언을 말하며 하나님 높임을 들음이러라." 후에 베드로는 예루살렘에서 이 체험에 대해 보고하면서 이렇게 말했습니다. "내가 말을 시작할 때에 성령이 저희에게 임하시기를 처음 우리에게 하신 것과 같이 하는지라 내가 주의 말씀에 요한은 물로 세례를 주었으나 너희는 성령으로 세례를 받으리라 하신 것이 생각났노라 그런즉 하나님이 우리가 주 예수 그리스도를 믿을 때에 주신 것과 같은 선물을 저희에게도 주셨으니 내가 누구관데 하나님을 능히 막겠느냐 하더라"(행 11:15~17).

여기에서 베드로는 고넬료와 그의 집 사람들에게 일어난 일이 '성령세례'라고 분명히 말합니다. 그러므로 우리는 "성령이 임하셨다" (행 11:15) 라는 표현과 "(성령의) 선물"(행 11:17)이라는 표현이 "성령세례를 받는다"(행 11:16) 라는 표현과 사실상 동의어라는 것을 알 수 있습니다. '성령세례'라는 복된 사건을 표현하기 위한 말들을 성경에서 다양하게 사용되고 있습니다. "성령을 받다"(행 19:2), "성령이 그들에게 임하셨다"(행 19:6), "성령의 선물"(행 2:38;히 2:4), "내가 내 아버지의 약속하신 것을 너희에게 보낼 것이다"(눅 24:49), "위로부터 능력을 입히우다"(눅 24:49)를 들 수 있습니다. 우리는 성령세례에 대하여 올바로 이해해야 합니다. 그래야 하나님의 권능을 가지고 세상에서 하나님의 나라를 이룰 수가 있습니다. 성령세례를 이해할 수 있도록 설명한다면 이렇습니다.

① 성령세례를 받은 사람은 자기가 성령세례를 받았다는 것을 알지 못할 수가 없습니다. 이것은 다음과 같은 세 가지 사실들에서 충분히 입증됩니다.

첫째, 우리 주님은 누가복음 24장 49절에서 "내가 내 아버지의 약속하신 것을 너희에게 보내리니 너희는 위로부터 능력을 입히울 때까지 이 성에 유하라"라고, 사도행전 1장 4절에서는 "예루살렘을 떠나지 말고 내게 들은 바 아버지의 약속하신 것을 기다리라"라고 명령하셨습니다.

둘째, 사도행전 8장 15,16절에서는 "그들이 내려가서 저희를 위하여 성령 받기를 기도하니 이는 아직 한 사람에게도 성령 내리신 일이 없고 오직 주 예수의 이름으로 세례만 받을 뿐이러라"라고 말합니다.

셋째, 사도행전 19장 2절에서 바울은 에베소의 몇몇 신자들에게 "너희가 믿을 때에 성령을 받았느냐"라고 물었습니다. 성령 받는 것은 "당신은 성령을 받았습니까?"라는 질문에 대해 '예'나

'아니요'로 딱 부러지게 대답할 수 있을 정도로 '분명한'체험이었습니다. 바울이 에베소의 제자들에게 "너희가 믿을 때에 성령을 받았느냐"라고 물었을 때, 그들은 "우리는 성령이 있음도 듣지 못하였노라"(행 19:2) 라고 분명히 대답했습니다.

그들은 성령의 존재에 대해 알지 못했던 것이 아니었습니다. 더욱이 그들은 성령세례의 약속이 있었다는 것도 알고 있었습니다. 다만 그들은 성령세례의 약속이 성취되었다는 이야기를 아직 듣지 못하고 있었던 것입니다. 바울은 그들에게 성령세례의 약속이 성취되었다고 말해주었으며, 그들에게 안수하여 그들의 모임이 끝나기 전에 성령세례를 받게 하였습니다.

성령을 받는 것이 "당신은 성령을 받았습니까?"라는 질문에 대해 딱 부러지게 '예'나 '아니요'로 대답할 수 있을 정도로 '분명한'체험이라는 사실은 갈라디아서 3장 2절에서도 분명히 입증됩니다. 갈라디아서 3장 2절에서 바울은 갈라디아교인들에게 "내가 너희에게 다만 이것을 알려 하노니 너희가 성령을 받은 것은 율법의 행위로냐 듣고 믿음으로냐"라고 묻습니다.

여기에서 바울은 그들이 성령을 받은 사실을 그의 주장의 논거로 삼고 있습니다. 그들이 성령을 받은 체험은 그가 그의 주장의 논거로 삼을 만큼 '분명한 의식적 체험'이었습니다. 필자가 지난 16년간 체험한 사실로도 성령으로 세례를 받게 되면 첫째, 자신이 느끼고 알게 됩니다. 둘째, 다른 사람들도 자신에게서 성령이 역사하는 현상을 보고 알 수가 있습니다.

오늘날 사람들은 성령세례에 대해 많은 말을 하고 성령세례를 받기 위해 기도도 많이 하지만, 그들이 하는 말이나 기도는 아주 애매하고 모호합니다. 각종 집회 때 사람들은 일어나서 성령세례를 달라고 뜨겁게 기도합니다. 만일 당신이 집회가 끝난 후, 이런 기도를 드린 사람에게 가서 "당신의 기도가 응답되었습니까? 당신은 성령세례를 받았습니까?"라고 묻는다면, 십중팔구 그 사람은 잠시 머뭇거리다가 "그러면 좋겠습니다"라고 우물쭈물 말할 것입니다. 그러나 성경에서는 성령세례의 체험에 대해 이렇게 애매하게 말하지 않습니다. 다른 모든 점들에게서처럼 이 점에서도 성경은 명확합니다. 성령세례와 관련된 성경의 기록에 등장하는 사람들은 자기들이 성령세례를 받았는지 아닌지를 분명히 알았기 때문에 "성령을 받았느냐?"라는 질문에 분명히 '예'나 '아니요'로 대답할 수 있었습니다.

② 성령세례는 성령의 거듭나게 하는 사역에 추가적으로 주어지는 것입니다. 이것은 사도행전 1장 5절에서 분명히 입증됩니다. "요한은 물로 세례를 베풀었으나 너희는 몇 날이 못 되어 성령으로 세례를 받으리라" 이야기를 정리해보겠습니다. 예수님이 제자들에게 이 말씀을 하셨던 시점을 기준으로 말하자면, 그들은 아직도 성령세례를 받지 못했기 때문에 그로부터 몇 날이 못 되어 성령세례를 받을 예정이었습니다. 그런데 그분께 이 말씀을 들었던 사람들은 이미 새 사람이 된 사람들이었습니다. 그전에 이미 주님은 그들이 새 사람들이라고 선언하셨습니다. 다

시 말해서 이미 그분은 그들에게 "너희는 내가 일러준 말로 이미 깨끗하다"(요 15:3) 라고 말씀하셨습니다. 여기서 "내가 일러준 말로 이미 깨끗해졌다"라는 말은 무슨 뜻일까요? 이 질문에 대한 대답은 베드로전서 1장 23절에서 발견됩니다. "너희가 거듭난 것이 썩어질 씨로 된 것이 아니요 썩지 아니할 씨로 된 것이니 하나님의 살아 있고 항상 있는 말씀으로 되었느니라."

예수님이 "너희는 내가 일러준 말로 이미 깨끗하였으니"라고 말씀하신날 밤, 이 말씀을 하시기 조금 전에 그분은 "이미 목욕한 자는 발밖에 씻을 필요가 없느니라. 온몸이 깨끗하니라. 너희가 깨끗하나 다는 아니니라"(요 13:10) 라고 말씀하셨습니다. 주님은 사도의 무리가 깨끗하다고 선언하신 것입니다. 즉, 주님은 그들이 '거듭난 사람들'이라고 선언하신 것입니다. 물론 이 때 주님은 하나의 예외를 두셨는데, 바로 거듭나지 못한 가룟 유다였습니다. 가룟 유다는 주님을 배반할 사람이었습니다 (요13:11). 주님은 가룟 유다를 제외한 열한 명의 사람들을 '거듭난 사람들'이라고 선언하신 것이었습니다. 그런데 주님은 사도행전 1장 5절에서 이 열한 명의 사람들에게 그들이 아직 성령세례를 받지 못했으며, 앞으로 몇 날이 못 되어 성령세례를 받을 것이라고 말씀하신 것입니다.

그러므로 우리는 이렇게 정리할 수 있습니다. 성령이 말씀을 듣고 믿게 하여 예수를 믿음으로 거듭나는 것(중생)과 성령세례는 다르며, 성령세례는 중생 다음에 추가적으로 주어지는 것이라고 말입니다. 필자가 그동안 성령사역을 하면서 체험한 바도 많은 분들이 예수를 믿은 다음에 성령세례를 받았다는 것입니다. 이를 비교하면 기록된 하나님의 말씀으로 알게 되는 성령세례와 실제 사역을 하면서 체험하는 성령세례가 맞아떨어진다는 것입니다.

그리고 사도행전 8장 12절과 사도행전 8장 15,16절을 비교해볼 때 더욱 분명해집니다. 사도행전 8장 12절에 따르면, 제자들의 큰 무리가 하나님 나라를 전하는 빌립의 전도를 들은 뒤 예수 그리스도의 이름을 믿고 "주 예수의 이름으로 세례를 받았다"(행 8:16). 세례를 받은 이 제자들의 무리 중 적어도 일부는 '거듭난 사람들'이었음에 틀림없습니다. 물세례의 참된 형태가 무엇이든지 간에, 틀림없이 그들은 물세례를 받았습니다. 왜냐하면 성령께 사명을 받은 사람이 그들에게 물세례를 주었기 때문입니다. 그들이 물세례를 받은 후에 무슨 일이 일어났는지 보겠습니다.

"그들이 (베드로와 요한이) 내려가서 저희를 위하여 성령 받기를 기도하니 이는 아직 한 사람에게도 성령 내리신 일이 없고 오직 주 예수의 이름으로 세례만 받을 뿐이러라"(행8:15-16). 그들은 '물세례를 받은 신자들'이었습니다. 그들은 주 예수의 이름으로 물세례를 받았습니다. 그들 중 일부는 틀림없이 '거듭난 사람들'이었지만 그들 중 성령을 받은 사람들, 즉 성령세례를 받은 사람은 아무도 없었습니다. 그러므로 여기에서도 우리는 중생과 성령세례는 다르며 성령세례는 중생 다음에 추가적으로 주어진다는 것을 알 수 있습니다. 성령에 의해 거듭났지만 성령세례를 받지 못한 경우가 생길 수 있습니다. 중생을 통해 우리는 생명을 받는데, 이 생명을 받은 사람은 구원을 받은 것입니다. 한편 우리는 성령세례를 통해 초자연적인 권능을 받는데, 성령으로 권능을 받은 사람은 사역을 감당하기 위한 초자연적인 힘을 받습니다. 즉, 하나님의 부름을 받고 훈련받아 하나님의 일꾼이 되려면 성령세례를 받아야 한다는 것입니다. 그래서 하나님께서 성령으로 인도하면서 성령으로 세례를 받게 하시는 것입니다.

성령으로 세례를 받았으면 이제 성령의 인도를 받아야 합니다. 하나님의 성령으로 인도함을 받는 그들이 곧 하나님의 아들이라고 말한 것입니다. 성령께서 성도를 인도하면서 구원에 이르고, 구원을 누리게 하십니다. 절대로 성령의 인도 없이는 구원을 누릴 수가 없습니다. 이러므로 하나님의 아들이 된 사람이면 그 누구를 불문하고 성령의 인도를 받을 자격이 있고 권리가 있는 것입니다.

성도는 반드시 성령의 인도함을 받아야 합니다. 그래야 구원을 누릴 수가 있습니다. 예수를 믿고 성령으로 세례를 받은 성도는 기본적으로 성령의 인도를 따를 줄 알아야 합니다. 성령께서 구원을 누리도록 인도하시기 때문입니다. 기본적인 성령의 인도란 성령께서 감동하시는 대로 순종하며 움직이는 것입니다.

하나님께서는 요한일서 2장 27절에서 "너희는 주께 받은바 기름 부음이 너희 안에 거하나니 아무도 너희를 가르칠 필요가 없고 오직 그의 기름 부음이 모든 것을 너희에게 가르치며 또 참되고 거짓이 없으니 너희를 가르치신 그대로 주 안에 거하라"말씀하십니다. 성령께서 인도하시면서 영이 자라고 구원을 누리도록 하신다는 말씀입니다. 구원받은 성도를 성령께서 인도하시면서 구원을 이루도록 인도하시는 것입니다. 물론 사람을 통하여 영을 깨우며 체험하게 가십니다. 자신의 영을 깨워서 자라도록 인도하는 사람을 만나게 하시는 분은 성령이라는 것입니다.

예를 든다면 치유나 치유의 능력받기를 기도했습니다. 그랬더니 기도하는 중에 성령께서 어디를 가라할 수도 있습니다. 그러면 만사를 뒤로하고 거기를 가야합니다. 성령께서 무엇을 하실 일이 있기 때문에 가라고 감동하신 것입니다. 가서도 자신이 치유가 되고 능력이 나타날 때까지 거기 머물러야 합니다.

자기 마음대로 갔다가 왔다가 하는 것이 아닙니다. 성령께서 가라고 감동하실 때까지 머물러야 합니다. 질병을 치유 받거나 상처를 치유 받는 것도 마찬가지입니다. 치유가 될 때까지 인내하며 기다려야 합니다. 인내할 때 치유가 되고 치유의 능력이 나타나는 것입니다.

기도하니 기독서점에 가라고 감동하실 수도 있습니다. 그러면 기독 서점을 가는 것입니다. 가서 책들을 보다가 보면 눈에 들어오는 책이 있습니다. 그 책을 구입하여 읽어야 구원을 누리는 성령의 역사를 체험할 수가 있고, 책을 통해 치유의 능력이 나타날 수가 있는 것입니다. 구원을 누리는 성도가 되는 것은 그렇게 쉽게 되지 않습니다. 인내하면서 성령의 인도를 따를 수 있는 인내력이 필요한 것입니다. 성령께서 친히 성도를 자라게 하면서 하나님의 군사를 만들어 가시는 것이기 때문에 성령의 인도에 순종하는 것은 너무나 중요합니다.

성령께서 한 단계 한 단계 높은 단계로 인도하시기 때문에 성령의 인도를 거역하면 구원을 누리는 성도가 될 수가 없습니다. 성도가 믿음이 자라고 영이 깨어나 구원을 이루도록 인도는 전적으로 성령께서 하시기 때문입니다. 하나님의 성령으로 인도함을 받는 그들이 곧 하나님의 아들이라고 말한 것입니다. 이러므로 하나님의 아들이 된 사람이면 그 누구를 불문하고 성령의 인도를 받을 자격이 있고 권리가 있는 것입니다. 성도는 반드시 성령의 인도함을 받아야 합니다.

그런데 하나님의 성령의 인도를 어떻게 받을까요? 성령 인도를 받으려면 우리의 모든 지성을 다 버리고, 이성을 다 버리고 성령으로 몽롱하게 되어서 '주여! 인도하여 주시옵소서' 마치 죽은 사람처럼 이렇게 해서 성령의 인도를 받는 것이 아닙니다. 대부분의 사람들은 성령의 인도를 받으려면 자기 지성도 버려야 됩니다. 자기 이성도 버려야 됩니다.

그래서 완전히 몽롱한 상태에 들어가야 성령의 인도를 받는 줄 알고 있는데 그러한 상태는 신비주의인 것입니다. 이것은 대단히 위험한 것입니다. 하나님께서 우리를 만드실 때 우리의 지성을 만들어 주셨습니다. 우리에게 지혜를 주시고 이성을 주신 것은 이걸 내버리라고 주신 것이 아닙니다. 우리의 지성과 이성은 사용하라고 주신 것입니다. 이러므로 하나님의 성령께서 우리를 인도하실 때 가장 평범하게 우리 속에 와서 계신 성령님은 성령님의 지성을 우리의 지성에 주셔서 깨달음을 통하여 인도하시는 것입니다.

이성의 기능이 성령의 지배를 받는 영의 상태에서 기도하거나 말씀을 묵상할 때 문제에 대한 해결방법을 깨닫게 하십니다. "이렇게 하라. 저렇게 하라." "어디를 가보아라. 명령하고 선포 하라."성령은 우리의 지성을 무시하지 않습니다. 우리의 지성에 하나님께서 성령의 지성으로 깨닫게 해주셔서 깨달음을 통하여 성령이 인도해 주시는 것입니다.

그렇기 때문에 범사에 성령의 인도를 받으려면 성령님을 인정하고 환영하고 모셔드릴 뿐만 아니라, 문제가 생겼을 때 "성령이여 내게 깨달음을 주시옵소서. 이것이냐 저것이냐 깨달음을 주시옵소서. 이 길이 옳으냐? 저 길이 옳으냐? 깨달음을 주시옵소서. 어느 것이 하나님의 뜻인지 깨달음을 주시옵소서." 깨달음을 바라고 성령으로 기도할 때 하나님의 성령께서 우리에게 빛을 비추어서 깨닫게 해주십니다. 그 깨달음대로 순종하고 걸어가면 성령의 인도를 받는 것이 되는 것입니다.

이러므로 대소사 성령의 인도를 받는 것이 그렇게 어렵지 않습니다. 필자는 지금까지 목회를 해오면서 하나님께서 무슨 꿈이나 환상이나 음성으로 저에게 계시해 주신 것은 적습니다. 거의 모든 일이나 문제를 놓고 하나님께 엎드려서 성령의 인도를 간절히 바랄 때 성령께서 저의 마음에 깨달음, 감동을 주셨습니다. 하나님의 성령은 인격자이기 때문에 우리에게 인격적으로 인도하셔서 우리의 인격을 무시하지 않습니다.

우리가 기도할 때 성령께서 깨달음을 주셔서 이 길이 하나님의 길이라는 것을 알고 걸어가게 만들어 주시는 것입니다. 알려 주신 대로 순종하면 보이는 가시적인 현상이 나타납니다. 그러므로 성령의 감동을 받고 순종하는 것도 중요하지만 반드시 보이는 역사가 나타나야 합니다.

그러므로 누구든지 하나님의 성령 앞에서 성령의 인도를 받을 수가 있는 것입니다. 성령의 인도를 받아야 구원을 누리며 영이 자라며, 권능 있는 삶을 살아갈 수가 있는 것입니다.

성령에 대하여 더 알고 싶은 분은 "성령의 불로 불세례 받는 법"과 "성령의 불로 충만받는 법" "불같은 성령의 기름부으심"을 참고하시기를 바랍니다.

17장 영을 구원하시는 성령님

(눅 15:17-20)"이에 스스로 돌이켜 이르되 내 아버지에게
는 양식이 풍족한 품꾼이 얼마나 많은가 나는 여기서 주려 죽
는구나. 내가 일어나 아버지께 가서 이르기를 아버지 내가 하
늘과 아버지께 죄를 지었사오니 지금부터는 아버지의 아들이
라 일컬음을 감당하지 못하겠나이다. 나를 품꾼의 하나로 보소
서 하리라 하고 이에 일어나서 아버지께로 돌아가니라."

하나님은 모두 예수를 주인으로 영접하여 영이 구원을 받기를
소원하십니다. 영의 구원은 예수를 주인으로 영접하는 순간 이
루어집니다. 단회적인 사건으로 예수를 주인으로 영접함과 동시
에 성령이 내주하게 됩니다. 성령께서 혼과 몸을 구원에 이르도
록 인도하십니다. 이장에서는 영의 구원은 받았으니 영의 사람
과 육의 사람을 구분하여 보겠습니다.

하나님은 영이십니다. 하나님은 세상의 모든 사람들이 예수
를 믿고 영의 사람이 되기를 원하십니다. 이 세상에는 이제 50
억이 넘는 사람들이 살고 있습니다. 그 사람들은 피부 색깔을 통
해서, 종족을 통해서 수다한 종류가 있습니다. 그러나 이 많은
사람들을 분류하면 간단하게 두 종류의 사람들로 분류가 되는
것입니다. 그것은 곧 육의 사람과 영의 사람인 것입니다. 타락한

아담의 자손으로 태어나서 살고 있는 사람들은 모두 육의 사람들인 것입니다. 그러나 우리 주 예수 그리스도 안에 들어와 사는 사람은 모두 영의 사람으로 변화된 것입니다. 저는 오늘 육의 사람과 영의 사람이 어떻게 다르며 어떠한 성품을 갖고 있는지를 자세히 말씀 드리고자 합니다. 누가복음 15장 11절로 24절에 보면 탕자의 비유가 있습니다. 이 비유 가운데 둘째 아들의 생애를 통해서 보면 육의 사람과 영의 사람이 그렇게 분명하게 나타날 수가 없습니다.

첫째, 육의 사람은 어떠한 사람인가? 육의 사람은 인본주의적인 사람인 것입니다. 이 둘째 아들을 보면 아버지 집에서 행복하게 살고 있었습니다. 먹을 것, 입을 것, 살 것을 아버지가 다 준비해 주었습니다. 아버지의 자상스럽고 따뜻한 사랑이 그 아들을 위해서 모든 필요한 것을 다 공급해 주었었습니다.

그럼에도 불구하고 이 둘째 아들은 아버지를 섬기며 아버지의 권위 아래서 살기를 원치 않았습니다. "나는 아버지의 권위를 벗어나서 내 독자적으로, 내 중심으로, 마음대로 살고 싶다" 그러므로 아버지에게 나아가서 "내게 속한 재산의 분깃을 내게 주소서, 내게 주어서 나도 아버지 권위 하에 살지 않고 독립해서 살겠습니다" 이와 같은 태도를 취했었습니다. 그러므로 이 둘째 아들이 취한 태도가 바로 오늘날 아담과 하와가 취한 태도요, 오늘날 육의 사람이 취하는 태도인 것입니다.

아담과 하와는 하나님 아버지께서 일체를 예비하시고, 준비하시고, 자상스럽고, 따스한 사랑으로 돌보아주시는 에덴동산을 저버리고, 자기가 하나님처럼 되어서 하나님 권위를 벗어나서 인본주의로 살기를 원했었습니다. 그 아담과 하와가 하나님을 저 버리고 떠난 이후로 오늘날 인류들은 대다수가 하나님을 저버리고, 하나님이 지으신 하늘과 땅과 세계를 강탈해 가지고서 인본주의로 삽니다. 인간중심으로 삽니다. 자기 멋대로 삽니다. 이것이 바로 육의 사람의 특색인 것입니다.

이 아들을 보면 아버지의 재산을 나누어 가지고는 곧장 먼 나라로 도망을 쳐버렸었습니다. 아버지의 권위가 미치지 아니하는, 아버지의 손길이 미치지 아니하는, 아버지의 꾸짖는 소리가 귀에 들리지 않는 그 나라로 도망을 치고 만 것입니다. 오늘날 아담과 하와 이후로 하나님을 떠난 백성들은 하나님의 율법의 제재를 받지 않은 세계, 하나님이 두렵지 않은 세계, 인간 마음대로 사는 세계로 멀리 멀리 도망치고 만 것입니다.

오늘날 우리가 사는 세계는 하나님이 없는 불법의 세계요, 세속적인 세계요, 허랑 방탕한 세계인 것입니다. 하나님의 법을 지키지 않으니까, 하나님이 두렵지 않으니까, 인간은 마음대로 자기 뜻대로 살 수 있다는 것입니다. 그 결과 이 아들은 어떻게 되었습니까? 이 아들은 아버지의 권위를 떠나 아버지의 손길이 없는 먼 나라에 가니까 자연적으로 이제는 허랑 방탕하게 사는 것입니다. 자기 마음대로 사는 것입니다. 자기 자고 싶은 시간에 자고, 깨고 싶은 시간에 깨고, 먹고 싶은 것 마음대로 먹고, 입고 싶은 것 입고, 마시고, 그리고 이 세속적으로 나가서 허랑 방탕하고 살아도 아무도 그를 자상스럽게 돌봐주는 사람이 없습니다. 이제 그는 자기 자유라고 생각한 것입니다. 그래서 끝없는 허랑 방탕의 수렁으로 빠져 들어간 것입니다.

그처럼 오늘날 우리의 나쁜 친구는 원수 마귀입니다. 마귀는 수많은 귀신과 더불어서 사람들을 끝없이 부패하게 만듭니다. "도적이 오는 것은 도적질하고, 죽이고 멸망시키는 것뿐이라"고 성경이 말했었습니다. 그래서 원수 마귀는 귀신들과 함께 사람들 속에 온갖 탐심을 일으키고, 온갖 탐욕을 다 일으킵니다. 육신의 정욕과 안목의 정욕과 이 세상 자랑을 좇아 멸망의 길로 줄달음질치게 만들어 가고 있는 것입니다. 이것이 바로 오늘날 육의 사람이 살아가는 길인 것입니다.

그런데 이 성경에 보면 그 젊은 청년이 이와 같은 방탕 생활을 끝없이 할 수 없었습니다. 왜냐하면 그 나라에 큰 흉년이 다가왔었습니다. 왜냐하면 방탕의 생활에는 반드시 흉년이 다가오게 되는 것입니다. 자원이 끝없이 있는 것이 아닙니다. 그렇기 때문에 방탕의 종결은 흉년에 처하게 되고 나중에 벌거벗은 존재가 되는 것입니다.

이 청년은 흉년이 들어서 살수가 없습니다. 이제는 있는 돈 다 써버리고, 아무도 자기를 위해서 도와주는 사람이 없습니다. 이렇기 때문에 그는 한 사람에게 직장을 구하니 그 사람이 이 사람을 고용해서 시골로 보내어 돼지를 치게 한 것입니다. 유대인 사회에서는 가장 천한 직업이 돼지 치는 직업인 것입니다. 그것은 인간으로서 이제 마지막 가는 길, 짐승처럼 낮아진, 돼지 치는 것입니다. 그는 돼지를 치면서 배가 고파서 돼지가 먹는 쥐엄 열매를 나눠 먹으려고 하다가 돼지에게 물리고 돼지에게 짓밟혔습니다. 짐승처럼 낮아진 인간의 삶을 살게 된 것입니다. 결국 우리 인류 문화는 하나님을 떠나서 인본주의로 서서, 인간이 이 세상에 유토피아를 만든다고 생각하는 데 실상은 돼지 소굴로 만들어 버리고 마는 것입니다.

인간은 오늘날 우리의 삶 전체가 짐승과 같이 낮아진 그러한 비극적인 삶으로 전락해 가고 있는 것입니다. 인간의 윤리와 도덕은 땅에 떨어지고, 인간의 정의는 사라지고, 평화는 없어지고, 이제 언제 온 세계가 멸망의 마지막 갈 길을 알지 못하는 그런 상황까지 내려와 있는 것입니다. 이것이 바로 육의 사람의 모습인 것입니다. 이것이 바로 아버지를 떠난 탕자의 모습이며, 또한 하나님을 떠난 인류의 모습인 것입니다.

하나님을 떠나서 잘 먹고, 잘 입고, 잘 살고, 영광스럽게 될 것으로 생각했으나 그것은 정 반대였었습니다. 주님께서 하신 말씀대로 "도적이 오는 것은 도적질하고 죽이고 멸망시키는 것뿐이요, 인자가 온 것은 곧 양으로 생명을 얻게 하되 더 풍성히 얻게 하려왔다"고 말씀하신 그대로 인 것입니다.

둘째, 영의 사람은 어떤 사람인가? 새 사람은 바로 회개로써 시작되는 것입니다. 이 젊은 청년이 돼지우리에서 돼지를 치다가 정신이 번쩍 들었습니다. "야, 나는 헐벗고 굶주리고 영도 마음도 몸도 다 병들어서 죽어 가는데 우리 아버지 집에는 매일매일 아버지 집에서 머슴으로 고용한 사람도 배불리 먹고 음식이 남는다, 그런데 나는 여기서 주려 죽는구나, 정말 이제 보니까 우리 아버지는 좋은 아버지였다, 아버지가 나를 위해서 모든 것을 예비해 주시고 준비해 놓은 그 세계에, 아버지를 믿고, 아버지를 따르고, 아버지를 섬기며 사는 것이 참 행복했다, 그러므로 나는 이제는 인본주의를 버리고, 내 마음대로 사는 것을 버리고 아버지께로 돌아가자." 행복한 옛날 시절을 다시 생각하고 돌이키는 회개가 바로 새 사람의 출발인 것입니다.

오늘날 우리들에게는 복음이 전파되고 있습니다. 하나님께서 우리 주 예수 그리스도를 우리에게 보내셔서 만민에게 아버지께로 돌아오라고 복음을 전하고 있는 것입니다. 그곳에는 죄의 용서함이 있고, 자유가 있고, 축복이 있고, 하나님의 위로가 있습니다. 십자가에서 하나님께서는 우리 주 예수 그리스도를 통해서 우리 죄를 값없이 심판에서 용서해 주시고 있는 것입니다.

나의 죄, 너의 죄, 우리의 모든 죄를 예수께 책임지어서, 예수님이 이것을 십자가에 올라가서 몸 찢고 피를 흘려 다 청산하시고 그리고 아버지께로 돌아오시는 길을 활짝 열어놓으신 것입니다. 죄의 빚은 청산되었었습니다. 심판은 그 곳에서 다 지불되었었습니다. 사망은 거기에서 철폐되었습니다.

하늘가는 밝은 길이 우리 주 예수 그리스도로 말미암아 아버지께로 활짝 열려졌으니, 예수님은 손을 내밀어 우리에게 말씀하시기를 "내가 곧 길이요, 진리요, 생명이니 나로 말미암지 않고는 아버지께로 올 자가 없느니라"고 말하고 있는 것입니다. 이 예수 그리스도의 길을 통해서 하나님은 이제 회개하라고 말씀하십니다. 우린 예수를 통해서 우리 하나님께서 좋으신 하나님인 것을 알았습니다. 그러므로 이런 좋은 하나님을 저버리고 우리 인본주의에 서서 인간의 수단과 방법과 노력으로 살려고 하다가 피투성이가 된 이 삶을 계속하지 말고 돌아가자는 이것이 바로 새 사람이 된 증거인 것입니다.

예수님께서도 "회개하라 천국이 가까웠느니라"고 말씀하신 것입니다. 회개 없이, 돌이킴이 없이 종교적으로, 의식적으로는 구원을 받지 못합니다. 그러므로 우리는 회개해야만 하는 것입니다. 회개란 것은 인본주의에서 신본주의로 돌이키는 것을 말합니다. 내 중심에서 살던 것을 하나님 중심으로 사는 것으로 돌이키는 것을 말합니다. 내 마음대로 살던 것을 하나님 뜻대로 살고, 나를 섬기던 것을 하나님을 섬기고, 나를 믿던 것을 하나님을 믿고, 내가 준비하던 것을 하나님이 준비해 주시는 것으로 믿고 받아들이고 사는 것이 회개인 것입니다.

그러므로 이 아들은 돼지우리를 떠나서 그는 "새로운 삶으로 돌아가자" 마음도 몸도 병들고 온몸에 돼지 퇴비 냄새가 나는데도 불구하고 있는 그대로, 못난 그대로, 빈 손든 그대로, 헐벗은 그대로 그는 아버지께로 돌아가기 시작한 것입니다. 오늘날 하나님께서는 우리를 부르셔서 영의 사람을 만들기를 원하는데, 우리가 윤리적, 도덕적으로 온전하게 되어서 돌아오기를 원하는 것이 아닙니다. 우리는 윤리와 도덕적으로 우리 스스로 온전하게 될 수가 없는 것입니다.

그러므로 하나님께서는 죄 지은 그대로, 못난 그대로, 빈 손 든 그대로, 병든 그대로 하나님 앞에 마음을 돌이켜서 돌아오기를 원하시는 것입니다. 그런데 이 아들이 아버지께 가까이 갈 때 아버지는 벌써 그 아들이 오기를 언제나 기다리고 있는 것입니다. 멀리 바라보고 있다가 '저곳에 아들이 옵니다' 다른 사람은 그 사람이라고 분별할 수 없을 만큼 야위고 병들었는데 아버지의 눈은 재깍 알아보았습니다. 아버지는 뛰어나갔습니다.

이 아들이 아버지 앞에 무릎을 꿇어 "아버지여, 하늘과 아버지께 죄를 지었으니 나는 아들이라 일컬음을 받지 못합니다. 품꾼의 하나로 보아 주시옵소서" 그것은 회개한자의 마땅한 마음이지만 아버지는 그 아들을 일으켜서 그 아들을 당장 끌어안았습니다.

돼지 퇴비 냄새가 나고 더럽고 추한 그 아들을 마다하지 않고 아버지는 그 아들을 품에 안은 것입니다. 오늘날 우리가 하나님께 돌아오면 하나님은 이와 같은 사랑으로 우리를 품어주는 것입니다. 하나님은 우리의 과거를 묻지 않습니다. 우리의 도덕적으로, 인격적으로 더러운 것도 묻지 않습니다. 돌아오는 그것이 예쁘고 고마워서 하나님께서는 우리를 품어 주시고 안아 주시는 것입니다.

그리고 난 다음 이제 새 사람에 대한 아버지의 긍휼을 한번 바라보시기 바랍니다. 아버지는 외쳤습니다. 종들을 보고 "이 사람들아, 집에 가서 제일 좋은 옷을 가지고 오너라" 이것은 어마어마한 말입니다. 지금 목욕도 안하고 돼지 퇴비 냄새가 가득한데 보통 사람 같으면 "야, 저 창고에 가서 헌 옷 하나 갖다 입혀라" 그렇게 할 것인데 이 아버지는 제일 좋은 옷을 가져다 입히라는 것입니다. 이것이 바로 우리에게 주시는 하나님의 깊은 메시지인 것입니다.

우리는 죄를 짓고, 불의하고, 추악하고, 더러워서 영원히 심판을 받아야 마땅한데도 불구하고 하나님 아버지는 자비와 긍휼로써 우리의 과거의 모든 삶을 개의치 아니하시고 우리에게 제일 좋은 옷, 예수 그리스도의 십자가에서 보배로운 피로 산 의의 옷을 갖다 입히라는 것입니다. 전혀 의롭지 않은데도 불구하고 "내 아들은 의롭게 되었으니 의의 옷을 입혀라, 그를 의인으로 칭하라" 그렇게 말합니다.

어떤 교파에서는 사람이 구원받고 하나님 앞에 서려면 품성이 변하여 흠도 없고 점도 없이 되어야 의롭게 되고 신선이 되어서 하늘나라로 간다고 하는데 이것은 딱 잡아떼어 거짓말인 것입니다. 이 세상에 흠도 없고 점도 없이 품성이 변할 사람은 아무도 없습니다. 그것은 거짓말입니다. 왜냐면 성경이 "의인은 없나니 하나도 없고 모든 사람이 죄를 범하였으니 하나님의 영광에 이르지 못한다"고 했는데 인간이 스스로 품성이 온전해 진다고 말한다면 성경을 부인하는 것이요, 하나님을 거짓말쟁이로 몰아세우는 것입니다.

우리가 구원받는 것은 단지 아버지의 자비로, 오직 믿음으로 인하여 의로운 자격을 얻게 되는 것입니다. 그래서 새롭게 되는 사람은 하나님의 자비로 말미암아 예수를 믿음으로 값없이 선물로 의롭다함을 입게 되는 것입니다.

그리고 난 다음 아버지는 말했습니다."빨리 와서 가락지를 갖다가 손에 끼워라" 아들 된 보증을 주시는 것입니다. 우리가 예수 그리스도를 구주로 믿고 의롭게 되면 하나님께서는 아들 된 증거로써 성령의 인을 우리의 영혼 속에 쳐주시는 것입니다. 우리의 속에 성령이 들어오시는 것입니다. 예수 믿지 않는 사람 속에는 성령이 들어오지 않습니다. 그러나 예수를 믿는 사람 속에는 성령이 인으로 들어오는 것입니다.

성령이 들어오셔서 비로소 우리가 하나님을 보고 아바 아버지라고 부르게 만들어 주며, 영적인 세계를 알고 아버지와 교제를 할 수 있도록 만들어 주는 것입니다. 종교가 그렇게 만들어 주지 않습니다. 의식이 그렇게 만들어 주지 않습니다. 오직 회개하고 예수를 믿을 때 성령이 오셔야 우리가 온전히 아버지와 교제할 수 있는 것입니다.

그리고 난 다음 그 아버지는 말했습니다."신발을 갖다가 신겨라" 맨발 벗고 걸어서 발이 너덜너덜 하게 찢어지고 피투성이 되었었습니다. 그에게 신발을 갖다 신기라 그랬습니다. 오늘날 우리는 하나님의 은혜와 사랑 없이 인간의 힘으로 살아오는 동안에 우리의 발은 너덜너덜하게 찢어졌었습니다. 우리는 수많은 수고와 고생과 괴로움을 당하고 가시밭 엉겅퀴를 걸어왔습니다.

그러나 이제 하나님께서는 우리에게 말합니다. "복음의 평안의 예비한 신발을 신겨라, 십자가에서 특별히 제조한 신발을 신겨라" 십자가에서 예수님이 만든 신발은 무엇입니까? 죄를 용서하는 신발이요, 하나님과 화목해서 성령을 채워주는 신발이요, 우리의 연약과 병을 짊어지신 건강의 신발이요, 모든 저주를 제하고 아브라함의 축복을 우리에게 주는 신발이요, 사망을 철폐하고 부활과 영생을 주는 신발인 것입니다.

하나님께서는 "복음의 평안의 예비한 신발, 복음의 신발을 신겨라" 우리는 우리의 육신의 신을 신는 것이 아니라 우리의 마음의 신을 신고 난 다음 이제 우리는 외로운 고아와 같이 인생을 살지 않습니다. 우리는 변화 받은 사람들인 것입니다. 새로운 세계속에 들어왔습니다. 맨 발로 인생을 뛰지 않습니다. 우리는 하나님과 함께 인생을 뛰게 된 것입니다. 하나님이 예비해 놓으신 세계 속에서 들어온 것이 바로 하나님의 예비한 신발인 것입니다. 이러므로 우리 예수 믿는 사람은 하나님의 예비한 것을 누리며 살아야 새사람이 되는 것입니다.

그리고는 아버지가 말했습니다. "살찐 송아지를 잡으라" 저 무리에 가서 돈도 안 되고 팔수도 없는 여위어 비틀어진 송아지를 잡으라고 말하지 않았습니다. "살찐 송아지를 잡으라" 우리 하나님은 우리에게 이 세상에 헐벗고 굶주리고 온갖 고통을 당하면서 턱걸이로 천당에 올라오도록 만들지 않습니다. 우리 아버지는 새사람 된 사람에게 살찐 송아지를 잡길 원합니다. 살찐 믿음, 풍성한 소망, 풍성한 사랑, 풍성한 의, 풍성한 평강, 풍성한 기쁨 등, 생명을 주시되 풍성히 주기를 원하십니다. 우리 아버지 하나님은 우리의 영혼이 잘 됨같이 범사에 잘 되며 강건하고 생명을 얻되 넘치게 얻길 원하는 살찐 인생을 살길 원하시는 것입니다.

그리고 난 다음에 아버지는 말했습니다. "모든 사람을 불러서 풍악을 울리며 즐거워하자, 내 아들은 죽었다가 살았으며 잃었다가 다시 얻었다" 오늘날 우리 하나님이 새사람 된 우리들께 원하는 것은 우리는 즐거운 삶을 살길 원하시는 것입니다. 신앙은 기쁨입니다. 예수 그리스도께서도 말씀하시길 "내가 네게 기쁨을 주노니 나의 기쁨을 빼앗을 자가 없을 것이라"고 말씀하시는 것입니다.

사도 바울 선생도 가장 어둡고 캄캄한 로마의 감옥에서 이제 언제 끌려나가서 목이 날아갈지 모르는 그 절박한 상황에서도 그는 빌립보 교인들에게 편지할 때 "기뻐하라 내가 다시 말하노니 기뻐하라"고 말한 것입니다. 우리 예수 그리스도를 믿는 사람들이 가지는 가장 큰 유산이요, 가장 큰 힘은 기쁨인 것입니다.

그러므로 우리 하나님께서는 새사람이 된 우리들에게는 기쁨을 누리길 원하시는 것입니다. 성경 시편4장 7절에 보면 "주께서 내 마음에 두신 기쁨은 저희의 곡식과 새 포도주의 풍성할 때보다 더하니이다"라고 말하고 있으며, 시편 16편 11절에 보면 "주께서 생명의 길로 내게 보이시리니 주의 앞에는 기쁨이 충만하고 주의 우편에는 영원한 즐거움이 있나이다"라고 말했었으며, 시편 30편 11절에는 "주께서 나의 슬픔을 변하여 춤이 되게 하시며 나의 베옷을 벗기고 기쁨으로 띠 띠우셨나이다"라고 말한 것입니다.

바로 하나님은 기쁨인 것입니다. 우리는 기쁨을 얻기 위해서 이 세상에 나가서 술을 먹고 춤을 추고 게임을 해서 기쁨을 얻는 것이 아닙니다. 하나님께서 내 안에 계시니 기쁨이 충만해 지는 것입니다. 그러므로 예수를 믿는 성도는 성령으로 기도를 열심히 하시고, 말씀 열심히 보시고, 예배도 드리시고, 성령이 충만하면 거기에 따라서 기쁨이 넘쳐나게 되는 것입니다.

이것은 세상이 주는 기쁨과는 도저히 비길 수가 없습니다. 이 기쁨은 맑고 밝고 환하고 담백하며 영혼 깊이 가득 찬 기쁨인 것입니다. 우리가 이 기쁨을 가지고 있으면 이 인생을 살아갈 수 있는 힘이 생기는 것입니다.

이 세상에서 예수 믿는 사람들이 힘 있게 살 수 있는 것은 그 영혼 속에 이 기쁨을 가지고 사는 것입니다. 이 아버지는 말하길 "먹고 즐기라, 기뻐하라" 우린 이 세상에서 하나님을 의지하고 기쁘게 살아야 되는 것입니다. 우리들은 모두 탕자처럼 옛사람에 속하여 살았으며 하나님의 진노와 심판의 대상이었습니다.

그러나 이제 회개하고 그리스도 예수 안에 들어와 새사람이 되고 하나님 아버지의 긍휼을 입었으니 감사하고 감격스럽지 않을 수가 없는 것입니다. 그러므로 이제 우리는 우리 속에 혹시 아직 육의 사람의 흔적이 남아있지 않은가 살펴보고, 이 육의 사람의 모습을 활짝 벗어서 그리스도 안에서 지음을 받은 새 사람을 입으시기를 바랍니다.

하나님은 영이십니다. 영이신 하나님은 반드시 예수를 믿어 죄 문제를 해결하고 성령으로 거듭난 영의 사람과 교통을 하십니다. 육의 사람과는 상관할 수가 없습니다. 육체를 가지고 하나님과 통할 수가 없기 때문입니다. 그래서 하나님은 요한복음 6장 63절에서 "살리는 것은 영이니 육은 무익하니라 내가 너희에게 이른 말은 영이요 생명이라" 말씀하시는 것입니다.

저는 항상 이렇게 말합니다. 성도나 목회자나 할 것이 없이 영과 육을 구분할 줄을 알아야 한다는 것입니다. 자신이 어떻게 하면 영적이 되고, 어떻게 하면 육적이 되는 줄을 체험적으로 알아야 한다는 것입니다. 성경은 영과 육을 구분하도록 기록된 말씀이 되기도 합니다.

성경에는 영육을 구분할 수 있도록 설명하고 있습니다. 육체가 되면 하늘나라를 유업으로 받지 못한다고 말씀하고 있습니다. 육체는 하나님과 통할 수가 없기 때문입니다. 영육을 구분할 줄 아는 우리가 되기를 바랍니다. 성령 충만은 항상 기도하여 영적인 상태를 유지하는 것을 말하는 것입니다.

18장 혼을 구원하시는 성령님

(빌 2:12-13)"그러므로 나의 사랑하는 자들아 너희가 나 있
을 때뿐 아니라 더욱 지금 나 없을 때에도 항상 복종하여 두렵
고 떨림으로 너희 구원을 이루라. 너희 안에서 행하시는 이는
하나님이시니 자기의 기쁘신 뜻을 위하여 너희에게 소원을 두
고 행하게 하시나니"

예수를 믿고 구원받아 교회에 나오는 성도는 반드시 성령으로
세례를 받아야 합니다. 성령께서 구원을 이루게 하시고, 구원을
누리게 하시기 때문입니다. 회개도 성령의 임재 가운데 영의 차
원에서 해야 죄악이 사해지는 것입니다. 죄를 지었다면 영의 차
원에 문제가 생겼기 때문입니다. 그렇기 때문에 구원을 이룬다
고 머리로 생각하여 날을 새워가며 회개해도 영의 차원의 죄악
은 사해지지 않는 것입니다. 반드시 성령의 임재가운데 영의 차
원에서 회개해야 합니다. 그래서 성령의 세례 없이는 구원을 이
룰 수가 없습니다.

하나님은 혼(이성/감정)이 성령의 지배를 받기를 원하십니다.
혼(이성/감정)이 성령의 지배를 받게 하려고 하나님은 성도들을
성령으로 인도하시면서 체험하게 하시는 것입니다. 믿음의 조
상 아브라함은 장장 25년 동안 혼(이성/감정)이 하나님의 말씀

에 순종하기 위하여 훈련과 연단을 받았습니다. 아브라함은 혼(이성/감정)이 구원(하나님의 말씀에 순종)을 받기 위하여 25년을 연단과 훈련을 했다는 것입니다. 하나님은 창세기 17장 1절에서 "아브람이 구십구 세 때에 여호와께서 아브람에게 나타나서 그에게 이르시되 나는 전능한 하나님이라 너는 내 앞에서 행하여 완전하라." 말씀하십니다. 예수님도 마태복음 5장 48절에서 "그러므로 하늘에 계신 너희 아버지의 온전하심과 같이 너희도 온전하라." 말씀하시는 것입니다. 온전 하라는 것은 하나님께서 말씀하시면 인간적인 것을 섞지 말고 순종하라는 것입니다. 이렇게 온전하게 순종하는 혼(이성/감정)의 구원을 위해서 성령의 인도를 받아야 합니다.

우리의 영은 원래 죽어 있었지만, 주님의 죽음과 부활을 통해 믿는 우리를 거듭나게 하셔서 우리의 영을 다시 살아나게 하셨습니다. 그때부터 시작해서 우리의 영은 살아 있을 뿐 아니라, 더 나아가 주님의 영과 생명으로 인해, 주님의 영과 생명을 따라, 주님의 영과 생명을 의지하여 산다고 하지만, 우리가 거듭날 때 하나님은 단지 우리의 죽은 영을 다시 살리셨을 뿐, 우리의 혼과 몸은 구원을 얻지 못했고 여전히 원래대로의 상태였습니다.

그러므로 이 두 부분은 우리가 구원받은 후에도 여전히 살아 있습니다. 하나님의 구원의 일은 반드시 우리의 혼과 몸의 두 부분까지 수행되어야 합니다. 그렇기 때문에 우리의 혼과 몸도 죽음을 거쳐야만 구원을 받을 수 있습니다. 그러므로 성경은 거듭해서 혼이 죽음을 통과하는 일에 대하여 말합니다. "우리가 알고 있는 것처럼, 우리의 옛사람이 예수님과 함께 십자가에 못 박힌 것은"(롬 6;6), "나는 그리스도와 함께 못 박혔다."(갈 2:20). "혼 생명을 잃는 사람은 혼 생명을 보존할 것이다."(눅 17:33), "누구든지 나를 위하여 자기 혼 생명을 잃으면 혼 생명을 구할 것이다"(눅 9:24), "누구든지 나를 따라 오려거든 자기를 부인하고 (자기를 부인하는 것은 혼을 잃는 것임)"(마 16:24, 막 8:34)와 같은 말씀들이 그것입니다. 이러한 말씀들은 다 혼이 죽음을 거쳐야 함을 가리킵니다.

또한 요한복음 12장 24절은 "한 알의 밀이 … 죽으면 많은 열매를 맺는다."라고 말합니다. 이 구절에서 말하는 '죽음'은 바로 앞의 여러 구절에 언급한 "잃는 것"입니다. 밀알이 죽었다고 할 때 그것은 껍질이 죽은 것을 가리키고, 혼을 잃어버리는 것은 혼의 죽음을 가리키는 것입니다. 혼이 죽음을 통과하면 하나님의 영은 우리 안에서 일할 기회를 얻으시며 우리 혼을 다시 살아나게 하십니다. 이것이 로마서 12장 2절의 말씀인 "생각이 새로워짐으로 변화되어"입니다.

또한 고린도후서 3장 18절은 "그분과 동일한 형상으로 변화되어 영광에서 영광에 이릅니다."라고 말합니다. 여기에서의 변화는 영의 변화가 아닙니다. 왜냐하면 우리가 예수를 믿고 구원받을 때 이미 영이 변화되었기 때문입니다. 구원받은 후의 변화는 혼 안에 있는 생각과 감정과 의지의 변화입니다. 이러한 변화는 죽음과 부활을 거쳐 이루어지는 것입니다.

우리는 구원받은 때부터 들림 받을 때까지 세 단계의 변화를 거쳐야 합니다. 먼저, 구원받을 때는 영의 변화입니다. 그다음, 구원받은 후부터 들림 받기 전까지는 혼의 변화입니다. 세 번째는, 들림 받을 때 이루어지는 몸의 변화입니다. 이 세단계의 변화의 과정은 모두 죽음과 부활의 원칙입니다. 로마서 8장 11절은 "예수를 죽은 자 가운데서 살리신 이의 영이 너희 안에 거하시면, 그리스도 예수를 죽은 자 가운데서 살리신 이가 너희 안에 거하시는 그의 영으로 말미암아 너희 죽을 몸도 살리시리라."라고 말합니다. 하나님은 우리의 영 안에 거하시고 있는 생명의 영을 통하여 우리의 죽을 몸을 다시 살게 하십니다.

죽을 몸은 죽을 것 같지만 아직 죽지 않은 몸입니다. 이 말씀의 오늘날의 성취는 영 안에서 생명이 우리의 이 연약한 몸을 공급하여, 하나님을 섬길 능력이 있게 함으로 이루어집니다. 이 말씀의 최종적인 성취는 장래에 있을 변화입니다. 비록 우리의 몸은 어느 날 죽음을 통과할 것이지만, 영 안에 있는 하나님의 생명은 몸을 다시 살리실 것입니다. 그러므로 하나님의 구원하시는 일의 원칙은 죽음과 부활입니다. 우리의 혼은 반드시 죽음을 거쳐야만 구원을 받을 수 있습니다. 동일하게 우리의 몸도 그러합니다.

죽음과 부활의 의미는 원래 있던 것을 잃게 되는 것이 아니라, 원래의 것이 말씀과 성령으로 변화되는 것입니다. 그러므로 우리의 혼이나 몸은 죽음과 부활을 거친 후 없어지는 것이 아니라,

말씀과 성령의 역사로 변화되는 것입니다. 변화의 의미는 원래 하나님의 성품이 없었던 것이지만, 죽음과 부활의 변화의 과정을 거쳐 하나님의 성품이 있게 되는 것입니다.

다시 말하면 죽음과 부활의 변화는 원래 하나님과 아무런 관계가 없었던 우리의 혼이 하나님께로 이끌려서 결국 혼 안에 하나님의 성품이 있게 되는 것입니다. 그러므로 죽음과 부활의 원칙은 하나님 밖에 있던 사람이 완전히 하나님 안으로 이끌려져서 하나님의 성품을 갖게 되는 것입니다. 원래 우리의 몸은 하나님 밖에 있지만, 장래 들림 받고 변화될 때, 하나님 안으로 이끌릴 것입니다. 그때 우리의 몸은 하나님과 밀접한 관계를 가질 뿐 아니라, 하나님의 성품도 갖게 됩니다.

혼은 다섯 단계에 걸쳐 죽음을 통과하게 됩니다. 혼의 변화의 과정은 바로 죽음과 부활을 거치는 것입니다. 혼은 반드시 죽음을 통과해야만 변화될 수 있습니다. 어디든지 죽음이 있는 그곳에 부활이 있고 변화도 있습니다. 혼이 죽음을 거치는 것에는 아래의 다섯 단계가 있습니다.

첫째, 주님께서 우리의 혼은 십자가에 못 박아 죽게 하신 것으로서, 이것은 하나님께서 하신 것입니다. 주님께서 십자가에 못 박히실 때, 우리의 혼은 그분과 함께 십자가에 못 박혔습니다. 그러므로 혼은 십자가에서 죽었고, 객관적으로 말하면 이 일은 주님께서 십자가에 못 박히실 때 일어난 일입니다. 그분이 십자가에 못 박히셨을 때 우리 또한 그때 함께 못 박혀 죽었습니다. 이것은 마치 주님께서 십자가에서 우리의 모든 죄를 담당하신 것과 같이 매우 객관적인 사실이며, 우리의 몸 밖에서 일어난 일입니다.

둘째, 성령께서 우리에게 혼이 못 박혀 죽어야 할 필요와 이미 못 박혀 죽은 사실을 믿도록 계시 해주십니다. 주님은 십자가에서 혼이 죽은 사실을 성취하셨을 뿐 아니라, 그분은 성령을 통하여 처음 그분이 십자가에 못 박힌 사실을 우리에게 계시하셔서, 우리로 혼이 반드시 죽어야 하고, 그리고 이미 죽었다는 것을 보고 믿게 하셨습니다.

셋째, 우리는 우리가 본 것에 근거하여 일어나서 혼을 부인하고 거절해야 합니다. 우리는 혼이 반드시 죽어야 한다는 것과 우리의 혼이 이미 죽임과 함께 십자가에 못 박혀 죽었다는 것을 보았으므로, 우리는 일어나서 혼을 거절하고, 혼을 부인해야합니다. 즉 혼을 잃어야 됩니다. 이 단계는 매우 쉽지 않은데 우리의 의지의 협력이 필요한 것입니다. 자신의 이성과 감정을 죽이고 성령의 인도에 순종함으로 이루어지는 것입니다.

넷째, 성령께서 우리의 갈망과 협력하여 환경을 안배하시고 우리를 통제하십니다. 우리는 비록 혼을 부인하고 혼을 거절하지만, 부인하거나 거절할 수 없을 때가 있습니다. 만일 성령께서 환경 들을 일으켜서 우리를 돕지 않으시고, 우리가 자신을 의지하여 거절하거나 부인한다면, 혼을 잃어버리기란 매우 어렵습니다. 그렇기 때문에 하나님은 밖의 환경들을 사용하셔서 우리의 영 안에 있는 갈망을 이루십니다.

다섯째, 성령께서 계속하여 빛을 비추십니다. 당신이 이미 파쇄 되었다고 느낄 때, 성령은 여전히 당신에게 빛을 비추시어 당신이 각종 일들에서 여전히 혼의 성품이 가득하다는 것을 보여주십니다. 이것이 바로 성령의 더 깊은 빛 비춤입니다. 이 다섯 단계를 통과하고 나면 우리의 혼의 부분은 많이 남지 않을 것입니다. 다시 말하면 우리의 혼이 이미 죽음을 통과할 것입니다.

그리스도인이 배우는 공과는 반드시 이 다섯 단계를 거치도록 해야 합니다. 영적인 생명의 성장과 성숙도 이 다섯 단계에 달려 있습니다. 만일 이 다섯 단계를 다 거친다면 그리스도인의 모든 문제는 다 해결될 것입니다. 반드시 모든 성도가 다섯 단계를 거치고 통과해야 합니다. 이것이 혼이 죽음을 통과하고 옛사람이 파쇄 되는 길이며 우리의 자아가 부서지는 길입니다.

죽음과 부활을 거침으로 혼은 약화되고 영의 지배에 굴복하게 됩니다. 죽음이 있는 곳에 부활이 있습니다. 죽음은 하나님의 부활 능력이 일 할 수 있도록 그분을 위하여 길을 여는 것입니다. 혼이 죽음을 거치지 않는다면 하나님의 부활 능력은 일할 수 없습니다. 이것은 마치 전선을 설치한 후에 전기가 흐를 수 있는 것과 같습니다. 어디든지 전선이 설치가 되면 전기가 흐를 수 있습니다. 동일하게 어디든지 죽음이 있는 곳에는 반드시 부활이 그곳에 있습니다. 주님께서 죽으신 것은 끝이 아닙니다. 그 후에 부활이 있었습니다. 게다가 부활하신 주님은 더 영광스럽게 되셨습니다. 동일한 원칙으로 우리의 혼이 죽음과 부활을 거치면 더 높고 더 크며 더 강하게 변화됩니다. 씨앗이 죽음을 통과하지 않는다면 크고 아름다운 꽃으로 자랄 수 없습니다. 부활한 것은 죽음을 거치지 않은 것보다 언제나 더 영광스럽습니다.

데살로니가전서 5장 14절에서 말하는 '마음이 약한 사람'은 헬라어로'혼이 작은 사람'입니다. 심령이 가난한 사람(마5:3)도 마찬가지 혼이 가난한 사람입니다. 소위 혼이 작은 사람은 어떤 작은 일도 감당하지 못하는 사람인데, 일단 일이 생기면 걱정하고 염려합니다. 다른 사람이 그의 마음을 상하게 하면 그는 줄곧 그 사람을 용서하지 못합니다. 이러한 사람은 죽음과 부활 외에는 달리 구원될 방법이 없습니다. 주님은 마태복음 18장 21-22절에서 "그 때에 베드로가 나아와 이르되 주여 형제가 내게 죄를 범하면 몇 번이나 용서하여 주리이까 일곱 번까지 하오리이까, 예수께서 이르시되 네게 이르노니 일곱 번뿐 아니라 일곱 번을 일흔 번까지라도 할지니라"말씀하십니다.

주님의 구원은 그의 타고난 것이 죽음을 통과하여 부활 안으로 들어가게 하는 것인데, 그 결과 작았던 그의 혼은 커지고 약함은 강함이 됩니다. 바울의 혼은 원래부터 아주 컸지만 죽음과 부활의 거친 후 더 커졌기 때문에, 주님께 아주 탁월하게 쓰임을 받을 수 있었습니다. 그가 아그립바 왕과 로마 총독 베스도 앞에서 증언했던 그날 베스도는 그가 미쳤다고 생각했습니다. 왜냐하면 바울이 그들을 설득하여 그리스도인이 되게 하려고 하였기 때문입니다(행 26:24-29). 이것이 바로 바울의 탁월한 부분입니다.

어떤 사람은 아마도 혼이 커지면 영을 압박하지 않느냐고 물을 지도 모릅니다. 절대로 그렇지 않습니다. 우리는 원래 사람의 혼에 하나님의 성품이 없었기 때문에 영을 압박했다는 것을 알아야 합니다. 지금 사람의 혼은 죽음과 부활을 거쳐서 하나님의 성품이 있게 되었기 때문에, 영의 말을 듣고 영의 관리를 받습니다.

전에는 혼이 작았지만 하나님을 향하여 독립적이었고 영의 말을 듣지 않았습니다. 지금은 죽음과 부활을 거쳐서 비록 혼은 커졌지만, 영의 지배에 복종합니다. 죽음과 부활을 거친 후에 혼 안에 있는 생각은 예전보다 더 풍부해지고, 감정은 예전보다 더 열정적이며, 의지는 예전보다 더 강해졌지만, 영에게 굴복하고 영의 지배를 받습니다. 그러므로 주님께 더욱 유용해지는 것입니다. 이것이 바로 타고난 혼과 구원받은 혼의 차이점입니다.

타고난 혼은 타락한 혼이고, 타락의 기본 원칙은 바로 하나님을 향하여 독립하는 것인데, 그것은 선과 악의 지식 나무의 원칙입니다. 하지만 생명나무의 원칙은 의지하는 것인데, 이것은 사람이 하나님을 떠나서는 살 수 없다는 것을 말해줍니다. 혼이 구원받는 다는 것은 더 이상 하나님을 향하여 독립하지 않고, 영의 지배 아래 굴복한다는 것입니다.

우리가 영과 혼을 분별하지 못할 때, 우리는 하나님을 의지하지 않았습니다. 의지하기를 원하지 않는 것이 아니라, 의지할 필요가 없다고 생각하는 것입니다. 스스로 제안을 내고 의견을 냅니다. 그러나 우리의 혼이 죽음과 부활을 거친 후에 우리의 본성은 변화되어서 하나님을 의지 하지 않으면 안 되는 존재가 되었습니다. 죽음과 부활의 일은 우리의 혼의본질을 변화시켰습니다.

부활한 혼 안에는 하나님의 성품이 있게 되는데, 왜냐하면 하나님의 생명의 영이 이 혼을 살리셨기 때문입니다. 그러므로 혼은 하나님을 의지하기를 좋아하고, 더 이상 독립적으로 주장하거나 선호를 갖는 것을 좋아하지 않게 됩니다. 이 죽고 부활한 혼은 바로 인성이 신성과 연합한 혼입니다. 그러므로 그는 영의 통제와 지시를 받게 되는 것입니다. 이때가 되면 우리의 몸에 어느 정도 죽음과 부활의 모습이 있다고 말할 수 있습니다.

야고보서 1장 8절에서 말하는 '두 마음을 품은 사람'은 헬라어로 '두 혼을 품은 사람'입니다. 두 혼을 품은 사람은 늘 두 마음을 품는데, 어떤 일을 만나면 결정하기 어려워하고, 언제나 의심이 많고 믿음이 없으며 주관이 없습니다. 이런 사람은 죽음과 부활 외에 달리 구원될 방법이 없습니다. 죽음과 부활을 거친 후 이러한 두 마음을 품은 사람, 곧 두 혼을 품은 사람은 일을 만나면 결단력이 있게 되고, 모든 일에 있어서 의지가 견고하게 됩니다. 왜냐하면 그의 타고난 혼이 부활 안에서 변화되었기 때문입니다.

죽음과 부활을 통하여 온 존재가 영에 속하여 주님과 같이 변화됩니다. 우리가 구원받았을 때 우리의 영이 살아났지만 우리의 혼과 몸은 아무런 변화가 없었습니다. 그러므로 우리가 구원받을 때부터 하나님은 그분의 일, 곧 우리의 혼과 몸을 구원하시려고, 우리의 혼이 죽음과 부활을 통과하도록 하셨고, 하나님 안에 들어가도록 하셨으며, 하나님의 성품을 갖도록 하셨습니다. 어느 날 우리의 몸도 변형될 것이고, 부활을 통하여 영광스러운 몸이 될 것입니다. 이때가 되면 인성은 신성 안으로 완전히 들어갈 것입니다. 이때가 되면 인성은 신성 안으로 완전히 들어가게 될 것입니다.

그러므로 우리가 구원받을 때부터 주님을 만날 때까지 하나님께서 우리 위에서 하시는 일은 바로 우리이 혼과 몸을 변화시키는 일입니다. 이 변화의 과정이 바로 죽음과 부활이고, 변화의 결과는 인성이 신성과 연합되는 것입니다. 이러한 연합을 통하여 사람은 점차 하나님의 아들과 같은 형상으로 변화됩니다. 즉 주님의 형상으로 변화되어 영광에서 영광에 이르게 됩니다(고후 3:18). 이때가 되면 사람들이 이 사람을 접촉하기만 해도, 그의 존재로부터 하나님의 냄새를 맡을 수 있을 것입니다. 그의 생각과 애호와 관점과 주장의 모든 것에서 하나님의 냄새가 있게 됩니다. 이 사람이 바로 영에 속한 사람입니다. 그의 본질은 변화되었고 형상도 변화되어 주님과 같이 됩니다.

죽음과 부활은 신성과 인성을 완전히 연합되게 합니다. 구약 시대에 보좌위에 계신 하나님은 단지 하나님이셨고 인성이 없으셨습니다. 하지만 오늘날 우리 안에 계시는 하나님은 하나님이시자 사람이신 분입니다. 주님은 육체 되심과, 죽음과 부활의 두 큰 단계를 거쳐 구원을 이루셨습니다. 말씀께서 육체가 되신 것은 하나님께서 사람과 연합하신 것이고, 죽음과 부활은 사람이 하나님과 연합한 것입니다. 오늘날 하늘 위에 계신 주 예수님은 하나의 본이십니다. 오늘날 하나님께서 하시는 일은 우리를 주님의 형상과 같이 만드시는 것, 즉 하나님과 사람의 두 본성을 완전히 연합되게 하시는 것입니다.

에덴동산에 있었던 아담은 그의 혼이 그의 인격이었고, 그의 영은 인격이 없는 하나의 기관에 불과하였습니다. 현재 우리가 받아들인 하나님이자 사람이신 주 예수님은 신성과 인성을 가지고 계시고, 하나님과 사람의 성품을 가지고 계시는데, 오늘날 이분은 우리의 영 안에 계십니다. 그러므로 우리도 영 안에 하나님과 사람의 두 본성을 가지고 있습니다. 우리의 영 안에 있는 사람의 본성은 타고난 본성이 아닌 죽고 부활한 본성입니다.

하지만 우리의 혼 안에는 여전히 타고난 본성이 있습니다. 그러므로 구원받은 후 우리 모두에게는 두 본성이 있는데, 안에는 새사람, 곧 부활한 본성이 있고, 밖에는 옛사람, 곧 타고난 본성이 있습니다. 구원받은 모든 사람은 모두 두 본성이 있습니다.

그러므로 주님이 우리 안에서 일하셔서 우리의 타고난 본성(혼)이 죽음과 부활을 거치도록 하십니다. 그럴 때 우리의 혼 안에 있는 본성은 영 안에서 주님으로부터 얻은 본성과 완전히 똑같게 됩니다. 이것을 가리켜 혼과 영이 일치하고 하나님과 사람이 완전히 연합되었다고 말하는 것입니다. 이렇게 하나님은 사람과 연합되시고 사람도 하나님과 연합되지만, 하나님과 사람이 없어지는 것은 아닙니다. 그러므로 영에 속한 사람은 혼이 없어진 사람이 아닙니다. 혼이 말씀과 성령의 역사로 변하여 영의 지배를 받는 것입니다.

구원은 믿음으로, 천국은 행위로 받습니다. 이를 이해하려면 가데스바네아에서 가나안 정찰을 다녀온 이스라엘의 열 지파 사람들은 생각하면 쉽게 이해가 될 것입니다. 모두 애굽에서 양을 잡아 문설주에 발라, 죽음의 사자로부터 구원 받아 홍해를 건너고, 낮에는 구름기둥, 밤에는 불기둥의 인도를 받으며 가나안을 향했습니다. 하나님의 주시는 만나를 먹고, 수많은 기사와 이적을 보면서 걸어서 가데스 바네아까지 왔으나, 이성과 감정(혼)이 변화되지 못했습니다. 가나안을 정찰하면서 가나안의 큰 사람들을 보는 순간 애굽에서 받은 상처로 인하여 두려움이 사로잡혔습니다. 두려움으로 영을 잠식하니 하나님 없이 자신들이 해야 된다고 생각하고, 이성으로 본 그대로 보고를 한 것입니다. 보고를 들은 이스라엘 사람들이 불신앙이 전염되어서 결국 가나안에 들어가지 못하고 광야에서 죽었습니다.

결국 이성과 감정(혼)이 하나님을 믿지 못한 연고로 불신앙이 되어서 가나안에 들어가지 못한 것입니다. 하나님께서 함께 하시면서 기사와 이적을 일으키면서 인도하셨는데도 이성과 감정(혼)이 믿지 못하여 가나안 목전에서 죽임을 당한 것입니다. 반대로 여호수아와 갈렙은 이성(혼)과 감정과 육체가 하나님이 하신다는 순종하는 믿음으로 하나가 되었기 때문에 가나안에 입성한 것입니다. 모든 것이 하나님께서 함께 하시니 문제가 되지 않는 다는 믿음이 구원을 받게 된 것입니다. 그래서 "주님은 나더러 주여! 주여! 하는 자마다 천국에 다 들어 갈 것이 아니요, 오직 내 아버지의 뜻대로 행하는 자라야 들어 갈 것이니라."(마 7:21)라고 하셨습니다.

충만한 교회는 매주 다른 과목을 가지고 매주 화-수-목 (11:00-16:30)집회를 인도합니다. 무료집회입니다. 단 교재를 구입해야 입장이 가능합니다. 매주 다른 과목으로 집회를 합니다. 그래서 많은 분들이 교수 과목에 대하여 질문을 많이 합니다. 즉, 성령의 불세례 받는 집회는 언제 합니까? 내적치유는 언제 합니까? 신유집회는 언제 합니까? 귀신축사는 언제 합니까? 기도 훈련은 언제 합니까? 성령은사 집회는 언제 합니까? 재정 축복집회는 언제 합니까? 등등 질문을 하십니다. 충만한 교회 집회는 어느 집회에 오시더라도 기본적인 영성치유인 "성령의 불세례, 내적치유, 귀신축사, 신유, 성령의 은사 전이, 깊은 영의기도"를 체험하고 치유 받을 수 있습니다.

매주 같은 과목으로 집회를 하면 영성을 깊게 개발할 수가 없습니다. 매주 다른 여러 가지 과목을 학습하면서 과목마다 다르게 역사하는 성령으로 상처와 질병과 귀신들이 떠나갑니다. 과목마다 성령께서 역사하는 방향이 다르기 때문입니다. 병원이나 세상 방법으로 해결하지 못하는 무슨 문제든지 해결 받겠다는 믿음을 가지고 오시면 15가지 질병과 문제도 모두 치유 받습니다.

19장 육체를 구원하시는 예수님

(롬 8:10-11)"또 그리스도께서 너희 안에 계시면 몸은 죄로 말미암아 죽은 것이나 영은 의로 말미암아 살아 있는 것이니라. 예수를 죽은 자 가운데서 살리신 이의 영이 너희 안에 거하시면 그리스도 예수를 죽은 자 가운데서 살리신 이가 너희 안에 거하시는 그의 영으로 말미암아 너희 죽을 몸도 살리시리라"

하나님은 육체가 구원을 받기를 원하십니다. 육체의 구원은 마지막에 이루어집니다. 예수를 믿어 영이 구원을 받으면 성령께서 혼(이성/감정)을 구원에 이르도록 인도하십니다. 혼이 구원을 받고 마지막에 육체가 구원을 받는 것입니다. 육체의 구원도 역시 성령께서 하시는 것입니다. 그러므로 성령으로 세례를 받지 않고 성령의 인도를 받지 않으면 구원을 이룰 수도 없고, 더군다나 구원을 누릴 수도 없는 것입니다.

세상에는 하나님과 동행하면서 믿음 생활을 하는 성도들이 많습니다. 하나님과 동행을 한다는 것은 하나님과 뜻이 동일하다는 것입니다. 하나님과 생각이 동일하다는 것입니다. 하나님과 의지가 동일하다는 것입니다. 하나님과 감정이 호합했다는 것입니다. 영이신 하나님과 24시간 교통한다는 것입니다. 하나님과 24시간 교통한다는 것은 무시로 기도한다는 것입니다. 하나님이 말씀하시는 "항상 기뻐하라. 쉬지 말고 기도하라. 범사에 감사하라"지속적으로 이루어지고 있다는 것입니다.

순간순간 하나님의 음성을 듣고 순종한다는 것입니다. 요셉이 보디발 장군의 집에서 머슴을 살 때도 함께 동행하셨습니다. 성경은 창세기 39장 2절에서 "여호와께서 요셉과 함께 하시므로 그가 형통한 자가 되어 그의 주인 애굽 사람의 집에 있으니"라고 말씀하십니다. 하나님이 요셉과 동행하니 보디발의 집이 잘됩니다. 하나님이 책을 읽는 당신과 함께하니 매사가 형통한 것과 마찬가지입니다.

그리고 창세기 39장 23절은 "간수장은 그의 손에 맡긴 것을 무엇이든지 살펴보지 아니하였으니 이는 여호와께서 요셉과 함께 하심이라 여호와께서 그를 범사에 형통하게 하셨더라" 심지어 요셉이 감옥에 들어갔어도 하나님께서 요셉과 함께 하시니 감옥이 잘됩니다. 하나님께서 요셉과 동행한 것은 요셉이 하나님의 마음에 합했기 때문입니다.

모세는 출애굽기 34장 9절에서 이렇게 기도합니다. "이르되 주여 내가 주께 은총을 입었거든 원하건대 주는 우리와 동행하옵소서, 이는 목이 뻣뻣한 백성이니이다. 우리의 악과 죄를 사하시고 우리를 주의 기업으로 삼으소서" 하나님께서 모세의 기도를 들어주시어 모세와 동행합니다. 모세가 기도하는 것마다 응답하여 주십니다. 홍해에 길을 내주시고, 마라의 쓴물을 달게 하시고, 반석에서 물을 내시고, 불 뱀에 물려 백성들이 죽어갈 때, 놋 뱀을 만들어 장대에 달게 하여 쳐다보는 자마다 살게 하십니다.

민수기 12장 3절에 "이 사람 모세는 온유함이 지면의 모든 사람보다 더하더라" 하나님께서 인정한 사람이 모세입니다. 모세는 하나님과 동행하며 대면한 사람입니다. "그 후에는 이스라엘에 모세와 같은 선지자가 일어나지 못하였나니 모세는 여호와께서 대면하여 아시던 자요"(신 34:10). 우리도 하나님과 대면하면서 살아가려면 하나님과 동행해야 합니다. 모세는 달랐습니다.

민수기 12장 8절로 10절에 보면"그와는 내가 대면하여 명백히 말하고 은밀한 말로 하지 아니하며 그는 또 여호와의 형상을 보거늘 너희가 어찌하여 내 종 모세 비방하기를 두려워하지 아니하느냐, 여호와께서 그들을 향하여 진노하시고 떠나시매, 구름이 장막 위에서 떠나갔고 미리암은 나병에 걸려 눈과 같더라. 아론이 미리암을 본즉 나병에 걸렸는지라"우리도 모세와 같이 하나님과 동행하면서 대면하는 영성이 되어야 합니다.

교회에는 기도원에 가야만 거룩한 삶을 살수가 있다고 생각하는 성도들이 있습니다. 그러나 알고 보면 기도원에 가야만 하나님을 주목해서 볼 수 있다고 하는 것은 우리의 영적인 기만입니다. 사실 이 세상 어디를 가더라도 하나님만 보게 되는 일은 없습니다. 우리는 한계를 가진 육신의 몸을 가지고 있기 때문입니다. 사람이 육을 가지고 있기 때문에 나약한 것입니다. 이 세상을 사는 동안 떼려야 뗄 수 없는 몸이 우리에게는 있기 때문입니다. 밥 못 먹으면 배가 고프고, 가만히 앉아 있으면 좀이 쑤시고, 과로하면 질병이 생기고, 설교를 들으면 졸음이 오고야 마는 몸이 우리 몸입니다.

사람은 몸하고 떨어져서 도저히 살 수가 없습니다. 그런데 옛날부터 사람은 몸은 악하고 영은 깨끗하다고 하는 근거 없는 생각을 했습니다. 그래서 많은 사람들이, 특별히 성자라고 하는 사람들이 몸을 괴롭히는 것을 하나님의 뜻이라고 믿고 스스로 고행을 많이 해왔습니다. 심지어는 고행만을 전문으로 하는 수도원들이 엄청나게 존재했을 정도였습니다. 그런 생각들이 바로 오늘 본문을 오해하게 하는 결과를 낳았습니다.

어떻게 읽으셨는지 모르지만, 오늘 본문은 상당히 중요한 내용입니다. 천국 들어가는 시험 문제로 나오기 때문에 중요한 것이 아니고, 우리가 이 세상 살면서 하나님의 뜻과는 전혀 다른 이해를 갖고 살아갈 우려가 있기 때문에 중요한 것입니다. 자칫 잘못 생각을 하면 하나님께서 주신 근본의 은혜를 찾지 못할 수 있습니다. 10절 "또 그리스도께서 너희 안에 계시면 몸은 죄로 말미암아 죽은 것이나 영은 의로 말미암아 살아 있는 것이니라." 이 말씀이 주는 오해 때문에 그렇습니다.

자칫 하면 몸은 더럽고 영은 깨끗하다고 하는 생각으로 빠지기 쉽습니다. 그래서 우리가 받은 구원을 어떻게 이해를 하느냐면 몸은 썩어 없어질 것이고, 영혼만 구원을 받는다고 하는 쪽으로 가버립니다. 이단인 영지 주의가 됩니다. 그렇게 되면 가장 큰 잘못이 뭡니까? 하나님께서 예수 그리스도를 통해서 우리를 구원하시는 것을 불완전하게 여기게 되는 겁니다. 하나님의 전능하심을 제대로 이해하지 못하는 겁니다. 우리는 우리의 생각의 한계 안에서 하나님의 전능하심을 이해하려고 할 때가 참 많습니다. 우리가 생각해 낼 수 있는 모든 한계 안에서 하나님을 모든 것을 다 하시는 분으로 제한하는 것입니다. 그러나 하나님은 우리가 생각할 수 없는 영역에서까지 전능하신 분이십니다. 그 전능하신 하나님이 우리를 구원하실 때 우리의 몸은 내다 버리고 영혼만 구원하시는 경우는 없습니다.

우리에게 허락하신 구원은 영-혼-육의 완전한 구원입니다. 어느 영역 하나라도 빠짐이 없는 온전한 구원입니다. 그렇다면 오늘 이 말씀은 도대체 어떤 의미일까요? 이런 걸 깊이 이해하고 생각하는 것이 바로 묵상입니다. 이 말씀으로 오늘 자신한테 경제적으로 뭐가 떨어질까를 생각하는 것이 아닙니다. 하나님께서 말씀하신 내용이 주는 그 깊이와 너비와 높이와 한계를 가늠해가는 것이 묵상입니다. 성령의 임재가운데 말씀을 묵상해야 바르게 깨달을 수가 있습니다. "몸은 죄로 말미암아 죽은 것이나 영은 의로 말미암아 살아 있는 것이니라"고 하는 이 말씀은 몸과 영의 구원이 좀 차이가 있다고 하는 표현입니다.

어떤 차이가 있겠습니까? 먼저 성경이 우리의 죽음에 관해서 이야기를 할 때 그 의미가 무엇인지를 생각해봐야만 합니다. 성경에서 최초로 죽음을 이야기한 곳이 어디인 줄 아십니까? 창 2:15-17절에 "여호와 하나님이 그 사람을 이끌어 에덴동산에 두어 그것을 경작하며 지키게 하시고 여호와 하나님이 그 사람

에게 명하여 이르시되 동산 각종 나무의 열매는 네가 임의로 먹
되 선악을 알게 하는 나무의 열매는 먹지 말라 네가 먹는 날에는
반드시 죽으리라 하시니라” 아이러니하게도 사람의 죽음을 제일
먼저 말씀하신 분은 곧 사람을 만드신 하나님이셨습니다.

선악을 알게 하는 나무의 열매를 먹으면 반드시 죽는다고 하
셨습니다. 그리고 아담과 하와가 선악을 알게 하는 나무의 열매
를 따 먹었습니다. 그런데 아담과 하와가 죽었습니까? 물론 나
중에는 결국 죽었지만 곧바로 죽지는 않았습니다. 그냥 살고 있
었던 에덴동산에서 추방되기만 했습니다. 그런데 바로 그렇게
하나님으로부터 에덴동산에서 추방된 것이 바로 죽음이었습니
다. 육체는 분명하게 살아 있는데 죽음이었습니다. 하나님과의
관계가 단절된 것이 곧 죽음입니다.

하나님의 생명주심, 지켜주심, 함께 하심, 복 주심 등의 모든
관계가 끝나버린 것이 바로 죽음입니다. 그리고 그 죽음의 결과
로 이제 우리의 몸에는 부패와 사망과 고통과 절망이 놓이게 되
는 것입니다. 마귀가 주인 되어 노예가 됩니다. 이것이 아담 이
후의 모든 사람에게 내려진 벌입니다. 아무도 여기에 대해서 빠
져나갈 사람이 없습니다. 그러니까 사람은 죽으려고 태어나는
것입니다. 때문에 성경이 우리의 구원을 논할 때마다 반드시 언
급을 하는 것이 우리의 지금 처지입니다.

대표적으로 말씀하고 있는 부분이 예수님께서 우리의 부활에
관해서 하신 말씀입니다. 요11:25-26 “예수께서 이르시되 나는

부활이요 생명이니 나를 믿는 자는 죽어도 살겠고 무릇 살아서 나를 믿는 자는 영원히 죽지 아니하리니 이것을 네가 믿느냐"예수님은 분명히 죽어도 살겠고 영원히 죽지 않겠다고 하셨습니다. 그런데 안 죽은 사람이 없습니다. 예수님을 주로 믿었던 모든 성도들이 다 죽었습니다. 오늘 본문을 기록한 사도 바울도 죽었습니다. 그럼에도 불구하고 왜 예수님은 이런 말씀을 하십니까?

이 말씀에 우리가 받은 구원에 대한 이중적인 의미가 담겨 있는 것입니다. "죽어도 살겠고"라고 하시는 것은 이 세상에서 육체의 수명이 다해서 죽는다고 하더라도 그것만이 전부가 아니라는 것입니다. "살아서 나를 믿는 자는 영원히 죽지 않는다"는 말씀은 반대로 육체적 생명이 연장되어서 영원히 죽지 않는다는 말씀이 아니라, 그의 영혼이 영원히 하나님과의 관계에서 끊어지지 않는다고 하는 의미입니다. 이처럼 성경이 우리를 죽는다, 산다, 죽었다, 살았다고 하는 것은 이중적인 의미가 담겨진 것입니다.

때문에 성경에서 성도의 죽음을 이야기할 때는 언제든지 죽었다고 하지 않고 잠들었다고 하는 겁니다. 그리고 주님 예수께서 다시 오시면 우리는 깊은 잠에서 깰 것입니다. 믿지 않는 자들도 그 때 다시 살아납니다. 그들은 살아나서 영원한 심판으로 가게 됩니다. 그러나 우리는 그 때 새로운 몸으로 다시 살게 될 것입니다. 고전 15:51-54 "보라 내가 너희에게 비밀을 말하노니 우리가 다 잠 잘 것이 아니요 마지막 나팔에 순식간에 홀연히 다 변화되리니 나팔 소리가 나매 죽은 자들이 썩지 아니할 것으로 다시 살아나고 우리도 변화되리라 이 썩을 것이 반드시 썩지 아니할 것을 입겠고 이 죽을 것이 죽지 아니함을 입으리로다 이 썩을 것이 썩지 아니함을 입고 이 죽을 것이 죽지 아니함을 입을 때에는 사망을 삼키고 이기리라고 기록된 말씀이 이루어지리라"

썩을 것, 죽을 것은 다 우리 몸을 이야기하는 것입니다. 예수님이 다시 오시면 우리 몸은 이제 썩지 아니할 몸이 되고, 죽지 아니할 몸이 된다는 겁니다. 이미 우리의 영은 구원받았습니다. 그러나 주님이 다시 오시면 우리의 몸까지 완전하게 다 구원을 받는 것입니다. 그런데 오늘의 현실은 어떻습니까? 우리의 몸이 아직도 죄와 사망의 지배 아래 살고 있는 겁니다. 몸의 구원은 아직 완성되지 못한 것입니다. 때문에 우리가 하나님의 거룩한 자녀요, 성도요, 백성임에도 불구하고 여전히 죄와 사망과 부패와 어둠의 유혹에 그대로 노출되어 있는 삶을 살고 있습니다.

때문에 몸이 없어진다고 될 문제가 아닙니다. 몸을 괴롭게 해서 어떻게 할 수 있는 것이 아닙니다. 우리 몸은 아직 구원이 완성되어 있지 않습니다. 다만 이 세상을 사는 동안 짐을 지고 가는 것 같은 아픔과 탄식이 우리의 책임으로 주어진 것입니다. 우리 몸이 세상의 유혹과 욕심으로부터 자유롭지 못한 것입니다. 그래서 늘 공격당하기 쉽습니다. 사흘을 굶어서 도둑질 안할 사람이 없는 겁니다.

세상과의 싸움에서 우리 몸으로 부딪혀서 이길 수 없습니다. 죄를 짓지 않는 차원에서 싸워야 합니다. 죄를 이길 수 있다고 생각하는 차원의 싸움은 어리석은 것입니다. 때문에 늘 지혜로워야 합니다. 어떨 때는 도망을 가야 합니다. 어떨 때는 비겁하다는 소리를 듣기도 해야 합니다. 치사하다는 이야기 들어야 합니다. 예수는 너만 믿느냐는 소리를 들어야 합니다. 피해야만 할 때가 많습니다. 고후 4:7절에 "우리가 이 보배를 질그릇에 가졌으니 이는 심히 큰 능력은 하나님께 있고 우리에게 있지 아니함을 알게 하려 함이라" 우리는 깨지기 쉬운 질그릇입니다.

그럼에도 불구하고 우리의 구원이 확실한 것은 질그릇 안에 보배를 가졌기 때문입니다. 구원은 질그릇 안에 보배를 넣어주는 겁니다. 보배가 뭡니까? 11절 "예수를 죽은 자 가운데서 살리신 이의 영이 너희 안에 거하시면 그리스도 예수를 죽은 자 가운데서 살리신 이가 너희 안에 거하시는 그의 영으로 말미암아 너희 죽을 몸도 살리시리라"

예수 그리스도께서 재림하실 때까지 우리와 함께 해서 결국 우리 죽을 몸을 살리라고 보내신 성령님입니다. 성령님이 우리 안에 들어와 계시는 겁니다. 성령님이 우리의 몸을 장악하여 다시 살아나게 합니다. 때문에 우리가 구원이라고 하는 대접을 받는 것입니다. 심히 큰 능력이 하나님께만 있다는 것입니다. 그러니 우리가 살 길은 더욱 하나님을 의지하는 길밖에 없습니다. 우리의 영이 예수님을 믿고 구원을 받아도 여전히 우리 몸이 연약한 이유가 바로 그것입니다.

하나님을 더욱 의지하라는 겁니다. 의지하라는 것은 하나님께서 하라는 대로 말씀에 순종하라는 말입니다. 썩을 몸을 더 어렵게 힘들게 고통스럽게 하라는 것이 아닙니다. 이미 우리 몸은 매일매일 세상의 영향으로 썩어져 가고 있습니다. 때문에 우리는 더더욱 하나님을 의지하는 믿음의 길로 가야만 하는 겁니다. 성령으로 충만한 가운데 하나님을 무시로 찾아야 합니다. 성령으로 몸을 바르게 제어하지 못하면 결국 영혼까지 다치게 되는 겁니다. 여태 받은 구원까지 다 내던지고 내 맘대로 살겠다고 해버리는 것이 죄인인 우리입니다. 때문에 몸은 말씀과 성령으로 거룩한 훈련을 받아야만 합니다.

유혹과 욕심의 세상으로부터 하나님께로 거룩하게 서는 것을 훈련해야만 합니다. 주일예배에 나오는 것, 찬양을 부르는 것, 영성 훈련하는 것, 영육치유 받는 것, 예물을 드리고, 선교를 가야만 하고, 교회의 일에 관심을 두는 것이 다 그런 훈련입니다.

썩을 몸을 우선 하나님께 드리는 겁니다. 세상살이에 지치고 힘들고 고단하지만 그래도 죄악과 사망의 권세에 매여 있을 수만은 없기 때문에 하나님 앞에 나오는 겁니다. 언제까지 이렇게 해야만 합니까? 우리 몸의 구원을 완성할 때까지 그렇게 해야만 합니다. 그러면 이미 받은 우리 영혼의 구원과, 앞으로 받게 될 몸의 구원이 합쳐져서 하나님의 영광 앞에 자랑스럽게 서는 날이 반드시 오게 될 것입니다. 그 날까지 우리 서로 사랑하면서 힘껏 훈련받고 달려가기를 하나님은 바라십니다.

하나님은 창세기 17장 1절에서 "아브람이 구십구 세 때에 여호와께서 아브람에게 나타나서 그에게 이르시되 나는 전능한 하나님이라 너는 내 앞에서 행하여 완전하라."말씀하십니다. 예수님도 마태복음 5장 48절에서"그러므로 하늘에 계신 너희 아버지의 온전하심과 같이 너희도 온전하라."말씀하시는 것입니다. 온전 하라는 것은 하나님께서 말씀하시면 인간적인 것을 섞지 말고 순종하라는 것입니다. 이렇게 온전하게 순종하는 온전한 구원을 위해서 성령의 인도를 받아야 합니다.

하나님은 로마서8장 13절에서 "너희가 육신대로 살면 반드시 죽을 것이로되 영으로써 몸의 행실을 죽이면 살리니"말씀하십니다. 그리고 빌립보서 3장 3절에서"하나님의 성령으로 봉사하며 그리스도 예수로 자랑하고 육체를 신뢰하지 아니하는 우리가 곧 할례파라"하십니다. 이는 야곱이 변하여 지렁이 이스라엘이 된 사건을 생각하면 쉽게 이해할 수 있습니다.

야곱이 얍복강 나루터에 왔을 때에 이제는 형이 땅으로 돌아옵니다. 형 에서에게 사람을 보내셔 20년 만에 동생이 돌아오니 용납해 주시옵소서 하니깐 형이 20년 동안 이를 갈고 분도 막심하여 때를 기다리는데 동생이 돌아온다고 하니깐 네가 단칼에 베어 버리겠다고 말합니다. 집에서 이룬 사병 400명을 거느리고 형이 출동하였습니다. 야곱은 처자와 소유물과 종들로 얍복강을 먼저 건너게 하고 혼자 강 이편에 앉아서 쪼그리고 있는 것입니다. 형이 와서 진정코 자기를 죽이려고 한다면 짐승 때를 빼앗고 처자를 치면 그때는 달아나겠다는 것입니다. 처자야 또 결혼해서 낳으면 될 것 아니냐? 내 목숨 마지막 살고 보자 달아나자 마지막 그는 두 다리를 의지하는 최후의 꾀를 낸 것입니다. 그런데 그 최후의 꾀가 통과되지 않습니다.

창세기 32장 24절에 28절에 "야곱은 홀로 남았더니 어떤 사람이 날이 새도록 야곱과 씨름하다가 그 사람이 자기가 야곱을 이기지 못함을 보고 야곱의 허벅지 관절을 치매 야곱의 허벅지 관절이 그 사람과 씨름할 때에 위골 되었더라 그 사람이 가로되 날이 새려하니 나로 가게 하라 야곱이 가로되 당신이 내게 축복하지 아니하면 가게 하지 아니하겠나이다. 그 사람이 그에게 이르되 네 이름이 무엇이냐 그가 가로되 야곱이니이다. 그 사람이 가로되 네 이름을 다시는 야곱이라 부를 것이 아니요. 이스라엘이라 부를 것이니 이는 네가 하나님과 사람으로 더불어 겨루어 이기었음이니라" 혼자 쭈그리고 상황을 살피고 있는데 갑자기 건장한 사람이 나타나서 덤벼들었습니다. 그 사람은 자기를 죽일 기세로 달려들었습니다.

야곱은 이제는 목숨을 걸고 살아남기 위해서 전력을 기우려 그 사람을 대적했습니다. 엎치락 뒤차락 넘어지고 쓰러지며 밤새도록 씨름했어도 야곱은 어마어마한 결단한 각오를 가지고 살아남겠다는 노력으로 이 사람과 싸웠는데 아침이 되자 해가 뜨려고 하니 이 사람이 하는 말이 나는 이제 가야 되겠다. 그러니깐 가만히 야곱이 생각해 보니 보통 사람은 아닌 것 같거든요. 그래서 나에게 복을 주지 아니하면 나는 당신을 놓지 않겠나이다. 네 이름이 뭐냐 야곱입니다. 꾀둥이라는 말입니다. 사기꾼이라는 말입니다. 이제부터는 네 이름을 야곱이라고 하지 말고 이스라엘이라 하라. 하나님과 씨름해서 이긴자라고 하라. 그러고 난 다음에 그 사람이 야곱을 쳤으므로 허벅지 관절이 어그러져서 그분이 떠나고, 일어나 보니 절름발이가 되었습니다.

이제는 도망 칠 수가 없습니다. 앞에는 형이 400인의 거느리고 오지요. 뒤에는 외삼촌과 다시 경계를 넘지 않겠다는 언약을 맺었지요. 이제 마지막 다리를 의지해서 도망치려고 처자를 강건너놓고 이편에 기다리고 있다가 절름발이가 되었습니다. 이제는 어찌할 도리 없이 지렁이가 될 수밖에 없습니다. 하나님을 의지하지 않으면 살수가 없는 상태가 된 것입니다. 여기에서 꾀 많던 야곱은 죽고 지렁이가 된 이스라엘로 태어난 것입니다. 하나님과 씨름해서 이기면 버림을 받고, 하나님과 씨름해서 지면 오히려 이긴자가 되고 마는 것입니다. 꾀 많고 교활하고 욕심쟁이 야곱은 죽고 지렁이 이스라엘로 태어난 것입니다. 허벅지 관절이 어그러져서 자신을 신뢰하지 못하고, 하나님을 의지하게 된 것입니다. 하나님의 도움 없이 살수가 없는 존재가 된 것입니다.

여기에서 야곱은 절름발이가 된 후 비로써 자기의 모든 과거, 야곱의 삶은 끝나고 마는 것입니다. 꾀 많고 교활하고 남 잘 속이던 야곱은 이제는 막다른 골목에서 완전히 죽었습니다. 지렁이가 되었습니다. 이제는 눈이 있어도 보지 못하고 귀가 있어도 듣지 못하고 마음이 있어도 생각할 수 없습니다. 형이 와도 도망

칠 수 없습니다. 이제 그가 의지할 것은 오직 하나님 밖에 남지 않았습니다. 속수무책이 되고 말았습니다.

우리가 우리를 도울 수 있을 때는 아직 야곱입니다. 우리가 우리를 도울 수 없게 되었을 때 이제는 지렁이가 되었습니다. 그때는 하나님이 우리를 돕겠다고 말씀한 것입니다. 인간적인 행위가 아닌 하나님의 은혜에 대한 절대적인 믿음만 가지고 살수밖에 없는 것이 지렁이입니다. 지렁이는 자기의 행위로써는 자기를 구출할 수 없습니다. 공격무기도 방어 무기도 없습니다. 별수 없이 태양 볕 아래 꿈틀거리다가 죽을 수밖에 없습니다.

그렇기 때문에 인간적인 행위가 아닌 하나님의 은혜에 대한 절대적인 믿음 밖에 남아 있지 않습니다. 절대적인 믿음 이것이 지렁이가 가질 수 있는 유일한 지닌 것입니다. 인간적인 모든 수단 방법이 다 끝난 야곱은 지렁이가 된 모습으로 형을 맞이하려 갑니다. 공격수단도 방어 수단도 없는 오직 하나님만 의지하고 그는 절뚝거리면서 앞서 건너가 있던 처자들 맨 앞에 자기가 서서 형을 향하여 형을 향하여 나갑니다.

그럴 때 하나님께서 말씀하신 것이 무엇입니까? 너 지렁이 같은 야곱아 내가 너를 도우리라. 이제 자기를 스스로 도울 길이 전혀 없습니다. 하나님이 도와주지 아니하면 단칼에 목이 날아가고 자기의 20년 동안 수고해서 모은 재산과 처자는 다 잃어버리게 되는 것입니다.

그러므로 우리 예수 믿는 사람들이 환란을 당하고 고난을 겪고 진퇴유곡에 빠져 야곱이 변하여 지렁이 이스라엘이 되거들 랑 낙심하지 마십시오. 이제부터는 하나님이 도와주시는 것입니 다. 하나님의 지팡이와 막대기가 우리를 보호하고 이끌어 주시 는 것입니다. 너 지렁이 같은 야곱아 내가 너를 도우리라. 내가 누구입니까 하늘과 땅과 세계와 그 가운데 모든 것을 지으신 전 지전능 무소 부재하신 하나님 아니십니까? 하나님은 우리가 지 렁이가 되면 이가 날카로운 타작 기계로 만들어 주시겠다고 하 셨습니다(사41:15-16).

창세기 33장 1절에서 4절에 보면 "야곱이 눈을 들어 보니 에 서가 4백인을 거느리고 오는지라 그 자식들을 나누어 레아와 라 헬과 두 여종에게 맡기고, 여종과 그 자식들은 앞에 두고, 레아 와 그 자식들은 다음에 두고, 라헬과 요셉은 뒤에 두고, 자기는 그들 앞에서 나아가되 몸을 일곱 번 땅에 굽히며, 그 형 에서에 게 가까이 하니 에서가 달려와서 그를 맞아서 안고 목을 어긋맞 기고 그와 입맞추고 피차 우니라" 이것이 얼마나 큰 기적입니까 태산이 부스러기가 되어서 가루가 되어버리고 만 것입니다.

지렁이의 기도 앞에 형의 20년 원한이 눈 녹듯이 녹아 버리고 만 것입니다. 잠언서 16장 7절에 "사람의 행위가 여호와를 기쁘 시게 하면 그 사람의 원수라도 그로 더불어 화목하게 하시느니 라" 이라고 말한 것입니다. 이는 힘으로 하지 않고 능으로 하지 않고 오직 나의 신으로 된다고 말했습니다. 사람의 힘이 아니라 성령으로 되는 것입니다.

20장 말씀을 듣고 행하게 하시는 성령님

(마7:24)"그러므로 누구든지 나의 이 말을 듣고 행하는 자는 그 집을 반석 위에 지은 지혜로운 사람 같으리니"

예수를 믿는 성도가 하나님의 말씀(음성)을 듣고 행하게 하시는 분은 성령님이십니다. 성령께서 말씀을 듣고 깨닫게 하시고 순종하게 하십니다. 오늘 말씀은 몇 가지 대조로 이루어진, 산상수훈의 결론입니다. 좁은 문과 넓은 문, 좋은 나무와 못된 나무, 지혜로운 건축자와 어리석은 건축자. 다원주의 시대를 사람들은 세상에 다양한 가치가 있고 진리에 이르는 길도 여럿 있다고 생각합니다. 하지만 예수님은 인생의 길을 오직 두 가지로 말씀하십니다. 생명에 이르는 길과 멸망을 향한 길입니다. 두 사이에 중간 지대가 없고, 사람은 둘 중 한 길을 가야 합니다. 우리가 예수님의 말씀을 듣고 생명의 길을 가는 지혜로운 사람들이 되기를 기도합니다.

13,14절을 보십시오. "좁은 문으로 들어가라. 멸망으로 인도하는 문은 크고 그 길이 넓어 그리로 들어가는 자가 많고 생명으로 인도하는 문은 좁고 길이 협착하여 찾는 자가 적음이라." 두 문이 있습니다. 큰 문(넓은 문)과 좁은 문입니다. 넓은 문은 넓은 길 끝에 있고, 좁은 문은 좁은 길 끝에 있습니다. 넓은 길에는

사람이 많습니다. 큰 문으로 들어가려는 사람이 많습니다. 길이 넓고 문이 크니 편하고 좋아 인기가 있습니다. 좁은 문은 인기가 없습니다. 길이 좁아 한 사람 다니기도 불편합니다. 문이 작아 몸을 구부리고 숙여야 들어갑니다.

사람이 없어 외롭습니다. 그런데 예수님은 두 문 중에서 좁은 문을 선택하라 하십니다. "좁은 문으로 들어가라." 어리석은 선택 아닙니까? 그렇지 않습니다. 넓은 문 너머에 멸망이 있고, 좁은 문 너머에 생명이 있기 때문입니다. 사람들은 넓은 문으로 들어가면 화려한 세상이 있으리라 기대합니다. 좁은 문으로 들어가면 괴로움만 있을 것 같습니다. 그런데 반전이 있습니다. 넓은 문 뒤에 죽음이 있고, 좁은 문 뒤에 생명이 있습니다.

좁은 문으로 들어가는 것은 어떻게 하는 것입니까? 고행을 하는 것입니까? 좁은 문으로 들어가는 것은 예수님의 말씀(음성)을 듣고 행하는 삶을 사는 것입니다. 성령으로 거듭나 영이신 하나님의 음성을 듣고 행하는 사람입니다. 성령으로 거듭나지 않으면 영이신 하나님의 음성이 들리지를 않습니다. 예수님은 산상수훈을 통해 천국의 법을 가르치셨습니다. "심령이 가난한 자는 복이 있나니 천국이 그들의 것임이요…. 의를 위하여 박해를 받은 자는 복이 있나니 천국이 그들의 것임이라." 세상 사람들은 성공하여 돈과 명예 얻는 것을 복으로 생각합니다. 그러나 하나님의 음성을 듣는 천국 백성은 고난 속에서 천국이 주는 행복을 누립니다. 천국은 예수님이 다스리는 나라입니다. 예수님 말씀이 천국의 법입니다. 예수님은 형제에게 노하고 욕하는 것도 살인이라 말씀하셨습니다. 여자를 보고 음욕을 품는 것도 간음이라 말씀하셨습니다. 예수님은 네 원수를 사랑하라 말씀하셨습니다. 남에게 대접 받고자 하는 대로 남을 대접하라.

세상의 법은 인간의 행위를 규정합니다. 하지만 천국의 법은 사람의 마음까지 다스립니다. 신명기 6장 5절은 말씀합니다. "네 마음을 다하고 뜻을 다하고 힘을 다하여 네 하나님 여호와를 사랑하라." 행위로 법을 지키는 것은 어렵지 않습니다. 빨간 신호등 앞에 멈추면 됩니다(사실 이것도 쉽지 않습니다). 하지만 마음으로 하나님의 법을 지키는 것은 어렵습니다. 마음 안에 계신 성령님의 은혜로 하나님의 법을 지키는 것입니다. 마음은 눈에 보이지 않습니다. 마음을 다해 하나님을 사랑하고 마음으로 이웃을 사랑하고 마음으로 순결을 지키는 것. 이런 삶이 천국 백성의 삶입니다. 좁은 문으로 들어가는 것은 마음과 생각과 가치관이 예수님의 말씀을 따르도록 순종하는 것입니다.

넓은 문은 무엇일까요? 많은 사람이 선호하는 물질과 쾌락, 명예와 권세를 향한 문이라고도 할 수 있습니다. 하지만 예수님 당시는 종교 사회였습니다. 많은 사람이 하나님을 섬겼습니다. 예배에 빠지지 않고, 제물을 바치고 성경대로 살고자 했습니다. 좁은 문 아닙니까? 그런데 그들의 마음이 하나님과 멀었습니다. 몸은 성전에 있지만 마음은 탐욕을 향했습니다. 사람에게 잘 보이려고 경건 생활을 했습니다.

예수님은 그들을 위선자라 말씀하셨습니다. 연극하는 전문 배우란 뜻입니다. 교회 안에 넓은 문으로 들어가는 사람이 많습니다. 예수님 말씀을 듣고 자신을 돌아보려 하지 않는 사람입니다. 회개가 없는 생활을 하는 사람입니다. 마음이 바뀌지 않고 삶의 변화가 없는 사람입니다. 자신은 보지 못하고 남만 보고 판단하는 사람입니다. 이들은 하나님을 사랑하는 것에는 관심이 없습니다. 하나님께 사랑만 받으려고 하고, 사람에게 인정과 칭찬 받는 데 관심이 있습니다. 예수 믿고 구원 받았으니 이제 끝! 이렇게 생각합니다. 예수님과 영적인 만남이 없습니다. 선데이 크리스천, 이름만 크리스천, 무늬만 크리스천입니다. 이들의 결국은 멸망입니다.

예수님의 말씀을 듣고 말씀대로 살기 위해 회개하고, 성령의 인도에 순종해야 하기 때문에 삶에는 고난이 있습니다. 남들이 알아주지 않습니다. 영어 단어, 수학 공식 하나 더 외워 출세하려는 동료들 사이에서 손해를 볼 때도 있습니다. 그런데 좁은 문 뒤에 생명이 있습니다. 생명은 살아 숨 쉬고 생각하고 반응하는 것입니다. 이 생명은 육체의 생명이 아닙니다. 하나님의 생기로 호흡하며 하나님께 반응하고 교제하는 영적인 생명입니다.

생명은 힘과 에너지입니다. 나를 무력하게 하는 죄로부터 해방되어 참 자유를 누립니다. 삶의 존재 의미와 목적이 충만합니다. 예수님의 말씀대로 사는 좁은 길을 가며 좁은 문으로 들어갈 때 하나님이 계신 천국에 이릅니다. 천국은 죽은 후에 들어가는 나라만 뜻하지 않습니다. 이 땅에서 하나님 알고 예수님 만나는 삶이 바로 천국이며 생명의 기쁨입니다. 하나님은 분명하게 지금 이 땅에서 마음의 천국을 이루고, 아브라함의 복을 받아 누리며, 하나님 나라 건설에 일익을 감당하기를 원하십니다. 하나님께서 원하시는 신앙은 현재 마음에 천국을 이루는 신앙입니다.

어느 시대나 진실한 신앙인은 소수입니다. 많은 사람이 찾지 않는 소수가 가는 길을 가는 것은 불안하고 두렵습니다. 교회를 다녀도 수백, 수천, 수만 명이 다니는 대형교회를 가고자 합니다. 그러나 하나님과 천국은 큰 건물 안에 있지 않고 사람 수에 있지 않습니다. 예수님의 말씀대로 사는 한 사람 안에 천국이 있습니다. 하나님은 사람이 지은 성전에 계시지 않습니다. 하나님께서 직접지은 예수를 믿는 사람의 마음 속 성전에 계십니다. 서울대 캠퍼스에 사람이 많습니다. 하지만 천국 생명(예수님)을 마음에 가진 사람은 소수입니다. 우리는 교회 건물이 있느냐 없느냐로 신앙이 위축될 필요 없습니다. 내 안에 예수님이 좌정하고 계신다면 우리는 천국을 가진 당당한 하나님의 자녀입니다. 우리는 멸망을 향해 가는 많은 사람을 생명으로 돌이키는 천국의 사람들입니다.

그런데 천국 길을 막는 사람들이 있습니다. 거짓 선지자입니다. 15절을 보십시오. "거짓 선지자들을 삼가라. 양의 옷을 입고 너희에게 나아오나 속에는 노략질하는 이리라." 거짓 선지자는 사람을 거짓으로 이끄는 자입니다. 이들은 양의 옷을 입고 있습니다. 겉모습이 착한 목자 같습니다. 하지만 보이지 않은 속은 노략질하는 이리입니다. 탐심을 채우려고 양들을 이용하고 잡아 먹습니다. 거짓 선지자는 양들을 좁은 문 대신 넓은 문으로 인도 합니다. 예수님 말씀대로 성령의 인도를 받으며 살도록 가르치 지 않습니다. 회개를 가르치지 않습니다. 예수만 믿으면 구원 받 고, 복 받는다는 축복의 메시지를 전합니다. 구원 받으면 회개하 지 않아도 된다는 거짓 평강을 말합니다. 전인적인 구원에 대하 여 알지도 못하고, 전인구원의 말씀도 전하지도 않습니다. 그들 의 목적은 양들의 생명이 아닙니다. 양들 통해 인기를 얻고 돈을 얻는 것이 목적입니다.

거짓 선지자를 어떻게 알 수 있습니까? 16절을 보십시오. "그 들의 열매로 그들을 알지니 가시나무에서 포도를, 또는 엉겅퀴 에서 무화과를 따겠느냐?" 그들의 겉모습으로 알 수 없고 그들의 열매로 알 수 있습니다. 열매는 금방 나타나지 않지만 때가 되면 반드시 나타납니다. 열매는 나무의 정체를 드러냅니다. 가시나 무 중 포도나무 비슷한 갈매나무가 있습니다. 엉겅퀴 꽃 중 무화 과 꽃 비슷한 것이 있습니다. 하지만 가시나무에서 아무리 기다 려도 포도송이가 맺히지 않습니다. 엉겅퀴에서 꽃이 펴도 무화 과 열매는 나타나지 않습니다. 거짓 선지자의 열매는 가시와 엉 겅퀴입니다. 사람을 찌르고 상처주고 죽게 합니다. 거짓 선지자 에게 속아 넓은 문으로 들어간 사람은 상처 받고 찢겨져 멸망에 이릅니다. 양들이 좁은 문으로 들어가도록 도울 때 반발할 수 있 습니다. 회개하도록 돕다가 관계가 힘들어질 때가 있습니다. 하지만 좁은 문으로 들어갈 때 포도송이와 무화과 열매처럼 달콤하고 신선한 생명의 열매를 맺습니다.

기독교 복음 침례회, 일명 구원 파는 구원 받은 사람은 회개 생활 하지 않아도 천국행이 보장된다고 가르칩니다. 그런데 이 교리를 가르치는 지도자는 온갖 불법적인 방법으로 돈을 모아 재벌이 되었습니다. 교인들에게 거액의 사채를 얻게 하고 많은 헌금을 내게 했습니다. 2014년 4월 16일 세월호 침몰로 3백 여 명의 무고한 생명이 희생되게 했던 장본인 들입니다. 거짓 선지자들은 양들의 돈을 빼앗고 그들의 삶을 멸망케 했습니다. 이런 거짓 선지자는 모든 시대, 모든 곳에 있습니다. 우리가 이들에게 속지 않으려면 어떻게 해야 합니까?

17-20절을 보십시오. "이와 같이 좋은 나무마다 아름다운 열매를 맺고 못된 나무가 나쁜 열매를 맺나니 좋은 나무가 나쁜 열매를 맺을 수 없고 못된 나무가 아름다운 열매를 맺을 수 없느니라. 아름다운 열매를 맺지 아니하는 나무마다 찍혀 불에 던져지느니라. 이러므로 그들의 열매로 그들을 알리라."

좋은 나무와 못된 나무가 있습니다. 좋은 나무는 아름다운 열매를, 못된 나무는 나쁜 열매를 맺습니다. 열매를 보고 분별할 수 있습니다. 아름다운 열매는 천국입니다. 천국은 포도와 무화과처럼 달콤합니다. 사람에게 기쁨과 행복을 줍니다.

천국의 여덟가지 행복, 세상의 소금과 빛 된 삶, 원수도 사랑할 수 있는 비범한 내면, 하나님 앞에서 은밀히 의를 행하는 삶, 보물을 하늘에 쌓는 소망의 삶, 먼저 하나님 나라와 의를 구하는 삶. 대접 받기보다 남을 대접하는 마음입니다. 반면 나쁜 열매는 가시와 엉겅퀴처럼 남을 해치고 상하게 하는 삶입니다. 형제를 미워하고 화를 냅니다. 이성을 음욕을 품고 대합니다. 사람의 칭찬을 기대하며 위선적인 신앙생활을 합니다. 보물을 땅에 쌓고 늘 염려합니다. 자기 문제는 보지 못하고 남의 허물을 들춥니다.

우리가 어떤 열매를 맺어야 합니까? 어떻게 아름다운 열매를 맺을 수 있습니까? 좋은 나무가 되어야 합니다. 좋은 나무는 성령으로 세례 받아 성령의 인도를 받으며, 예수님 말씀대로 사는 좁을 문으로 들어가 마음이 변화 받은 인격입니다. 처음부터 좋은 나무는 없습니다. 다 못된 나무입니다. 하지만 못된 나무도 좋은 나무로 변화될 수 있습니다. 성령의 역사와 예수님 말씀이 사람의 내면과 인격을 변화시키는 힘이 있습니다.

우리가 아름다운 열매를 반드시 맺어야 하는 이유가 무엇입니까? "아름다운 열매 맺지 아니하는 나무마다 찍혀 불에 던져지느니라." 하나님이 우리에게 생명을 주신 목적은 아름다운 열매를 맺는 것입니다. 창세기 1장 28절에 하나님이 사람을 지으시고 축복하며 말씀하셨습니다. "생육하고 번성하여 땅에 충만하라. 땅을 정복하라. 바다의 물고기와 하늘의 새와 땅에 움직이는 모든 생물을 다스리라." 사람은 아무렇게나 살다가 가는 존재가 아닙니다. 아름다운 열매를 맺으라고 생명을 받은 피조물입니다. 하나님은 우리에게 열매를 기대하십니다. 아름다운 열매를 맺지 않으면 엄하게 심판하십니다. 하나님은 사람을 그의 외적 조건으로 판단하지 않고 오직 그가 맺은 열매로 아십니다. "그들의 열매로 그들을 알리라." 예수님 말씀을 따라 살므로 마음이 변화되어 많은 사람에게 기쁨을 주는 아름다운 열매를 맺기 기도합니다. 21절을 보십시오. "나더러 주여! 주여! 하는 자마다 다 천국에 들어갈 것이 아니요 다만 하늘에 계신 내 아버지의 뜻대로 행하는 자라야 들어가리라." 예수님을 주님으로 부르는 것은 예수님 믿고 교회에 속한 자입니다. 그런데 이들이 다 천국에 들어가지 않습니다. 하늘에 계신 하나님의 뜻대로 행하는 사람만이 들어갈 수 있습니다. 뜻대로 행한다는 것은 하나님의 레마의 말씀을 듣고 순종하고 행한다는 말입니다.

예를 들어 설명한다면 베드로가 바다위로 걸었는데 나라고 걷지 못할 이유가 없다, 하면서 바다로 뛰어들으면 영락없이 물에 빠져 죽을 수고 있습니다. 분명하게 베드로가 바다위로 걸은 것은 예수님의 음성을 직접 듣고 바다위로 걸었습니다. 베드로와 같이 물위로 오라하는 음성을 듣고 행해야 합니다. 들리는 음성을 듣고 행해야 하나님께서 책임을 지시는 것입니다. 행함이 있는 신앙이란 들리는 음성을 들으면 손해가 나더라도 행하는 신앙입니다. 자기 생각대로 믿는 것이 아니라, 하나님이 원하시는 믿음생활을 하는 것입니다.

22,23절을 보십시오. "그 날에 많은 사람이 나더러 이르되 주여! 주여! 우리가 주의 이름으로 선지자 노릇 하며 주의 이름으로 귀신을 쫓아내며 주의 이름으로 많은 권능을 행하지 아니하였나이까 하리니" 주의 이름으로 크고 위대한 일을 행한 사람은 당연히 천국에 들어가지 않을까요? 그런데 예수님 대답은 충격

적입니다. "내가 그들에게 밝히 말하되 내가 너희를 도무지 알지 못하니 불법을 행하는 자들아 내게서 떠나가라." 청천벽력 같은 대답입니다. 나는 주님 이름으로 큰 역사를 이루었습니다. 주님이 당연히 나를 안다고 생각했습니다.

그런데 천국 문에서 주님이 말씀하십니다. "나는 너 모른다." 천국에 들어갈 수 없습니다. 지옥행입니다. 어떻게 이런 일이 있을 수 있습니까? "불법을 행하는 자들아!" 하나님의 음성을 듣고 행하지 않았기 때문입니다. 예수님 말씀(음성)대로 하지 않고 자기 생각으로 열심히 했기 때문입니다. 하나님의 음성이 들리는 좁은 문으로 들어가지 않았습니다. 우리는 예수님과 관계성 없이도 귀신을 쫓아내고 권능을 행할 수 있다는 충격적인 이야기를 듣습니다. 거짓 선지자도 귀신을 쫓아내고 권능을 행할 수 있습니다. 사람 쓰러뜨리고 방언 하고 병 고치는 사역이 모두 예수님의 사역이라 할 수 없습니다.

진정한 예수님의 사역은 음성을 듣고 순종하는 것입니다. 하나님께서 원하시는 사역을 하면서 삶의 열매를 맺는 것입니다. 주님의 이름으로 권능을 행하는 것보다 더 중요한 것은 주님의 말씀(음성)을 실천하며 사는 것입니다. 예수님의 음성을 듣고 순종하여 예수님이 원하시는 사역을 하고 천국 앞에 설 때 맨발로 뛰어 나와 영접해 주십니다. 좁은 길을 가며 좁은 문으로 들어가기 위해 고생하고 흘린 눈물 닦아 주십니다. "나의 사랑하는 종아, 수고 많았다. 내가 너를 안다. 나와 함께 천국에서 행복을 함께 누리자. 너는 나의 사랑과 기쁨이다."

이제 예수님은 두 건축자의 비유로 산상수훈을 마무리 하십니다. 24-27절을 보십시오. 두 종류의 건축자가 나옵니다. 한 사람은 집을 반석 위에 짓습니다. 또 한 사람은 집을 모래 위에 짓습니다. 세워진 두 집은 겉으로 볼 때 비슷합니다. 하지만 과정이 다릅니다. 반석 위에 집을 지으려면 땅을 깊이 파고 반석 위에 주추를 단단히 고정해야 합니다. 시간과 비용과 에너지가 많이 듭니다. 모래 위에 집을 짓는 것은 땅을 파지 않고 그냥 집을 세우니 비용과 시간이 절약됩니다. 남이 땅 파고 반석 위에 기초 놓을 때 벌써 공사가 끝납니다. 누가 지혜로운 사람입니까? 언제 정체가 드러납니까? 비가 내리고 창수(홍수)가 나고 바람이 불어 그 집에 부딪힐 때 반석 위에 지은 집은 무너지지 않으나 모래 위에 지은 집은 심하게 무너집니다.

우리 인생은 건축과 같습니다. 지혜로운 사람은 인생의 기초를 튼튼하게 합니다. 어리석은 자는 기초에 관심이 없고 빨리 세우는 데 관심이 있습니다. 대충 터 닦고 모래위에 삶을 세웁니다. 성령의 권능도 치유도 쉽게 단기간에 받으려고 합니다. 언제 지혜와 어리석음이 드러납니까? 인생에 비가 내리고 홍수가 나고 바람이 부딪힐 때입니다. 시련의 폭우, 절망의 홍수, 역경의 바람이 불어옵니다. 고난과 시련 없는 인생이 어디 있습니까? 인생은 예기치 않은 시련과 고난의 연속입니다.

시련의 날 두 가지 모습이 나타납니다. 무너지지 않는 사람과 심하게 무너지는 사람. 무너지지 않는 사람은 환란 속에 믿음과 희망을 잃지 않고 삶을 유지하는 사람입니다. 하나님과 관계를 열어 음성에 순종하는 삶을 산 사람입니다. 무너짐이 심한 사람은 자기 마음대로 믿음 생활하여 절망에 빠져 삶이 허물어지는 사람입니다.

무엇이 이 차이를 낳습니까? 인생의 기초입니다. 기초가 반석 위에 있는가, 모래 위에 있는 가입니다. 환란의 날 무너지지 않게 하는 인생의 반석은 천국의 법인 예수님의 말씀입니다. "나의 이 말을 듣고 행하는 자는 그 집을 반석 위에 지은 지혜로운 사람 같으리니" 예수님 말씀(음성)을 듣고 행하는 삶은 인생 기초를 반석 위에 놓는 작업입니다. 말씀에 내 삶을 굳게 연결하는 것입니다. 말씀 듣고 회개하고 순종하기 위해 노력하는 것입니다. 좁은 문으로 들어가는 것입니다. 예수님과 인격적 관계성을 맺는 것입니다. 인생에 시련의 비바람, 환란의 파도가 부딪혀올 때 예수님 말씀이 인생을 무너지지 않게 붙들어 줍니다. 천지는 없어져도 예수님 말씀은 변하지 않기 때문입니다. 죽음 앞에서도 예수님 말씀이 내 인생을 지탱해 주기 때문입니다.

사람들이 자기 인생을 어떤 기초 위에 놓습니까? 돈 위에 기초를 놓습니다. 인간관계 위에 인생을 세웁니다. 실력을 반석으로 삼습니다. 이런 기초들은 시련의 폭우가 쏟아지고 홍수 나고 바람 불 때 다 쓸려 내려갑니다. 그 위에 세운 인생은 와르르 무너집니다. 절망하고 좌절하고 멸망합니다.

비와 창수와 바람은 주님의 말씀을 따라 살았던 자들이 얼마나 지혜로운 건축자들이었는가? 밝히 드러내줍니다. 성령의 인도를 받으며 말씀을 붙들고 행동하는 사람들은 무너지지 않습니다. 항상 하나님께 주목하며 음성(레마)를 듣기 때문입니다. 골리앗이 나타나도 당황하지 않습니다. 골리앗은 하나님께서 물리칠 것이니, 자신은 음성을 듣고 순종하기만하면 된다는 믿음이 있기 때문입니다. 음성을 듣고 행하는 자들은 성령의 열매를 맺는 삶을 살아갑니다.

우리를 강하게 하는 것, 우리를 아름답게 하는 것, 우리를 영광스럽게 하는 것, 하나님의 말씀(음성)대로 행하는 거기에 있습니다. 우리의 하루하루가 가장 가치 있고 아름답게 써지기를 원합니까? 하나님의 말씀(음성)을 듣고 행하는 습관을 들이시기를 바랍니다. 먹든지 마시든지 무슨 일을 하든지 하나님의 영광을 위해 하고자 힘쓰기를 바랍니다. 말씀을 듣고 행하는 생활이야말로 흔들리지 않는 반석 같은 신앙의 집을 건설하는 인생입니다.

결론입니다. 성령의 인도를 받으며 말씀을 듣고 행하는 성도가 되어야 합니다. 말씀을 듣고 행한다는 것이 무엇인지 쉽게 이해하려면 롯의 아내를 생각하면 쉽습니다. 하나님은 분명하게 말씀하셨습니다. "그 사람들이 그들을 밖으로 이끌어 낸 후에 이르되 도망하여 생명을 보존하라 돌아보거나 들에 머물지 말고 산으로 도망하여 멸망함을 면하라"(창19:17). 도망하여 생명을 보존하라, 돌아보거나 들에 머물지 말라고 하셨습니다. 그런데 롯의 아내는 말씀을 듣고 행하지 않았습니다. "롯의 아내는 뒤를 돌아보았으므로 소금 기둥이 되었더라"(창19:26). 말씀을 듣고 행하는 사람만이 하나님으로부터 구원을 받을 수가 있습니다.

5부 구원을 누리는 비밀

21장 예수님을 누리며 살아가는 비밀

(고후 5:16-17)"그러므로 우리가 이제부터는 어떤 사람도 육신을 따라 알지 아니하노라 비록 우리가 그리스도도 육신을 따라 알았으나 이제부터는 그같이 알지 아니하노라. 그런즉 누구든지 그리스도 안에 있으면 새로운 피조물이라 이전 것은 지나갔으니 보라 새 것이 되었도다."

예수님이 구원입니다. 구원이 예수님이십니다. 우리는 예수를 믿고 구원을 받았습니다. 예수를 믿고 구원받은 성도답게 세상에서 예수님(구원)을 누려야 합니다. 예수님의 보혈로 다시 태어난 크리스쳔은 세상에서 구원(예수님)을 누려야 합니다. 이제 예수님을 믿을 때 자신 안에 들어오신 성령으로 세례를 받고 성령으로 자신의 자범죄와 상처를 치유해야 전인적인 구원을 받을 수가 있습니다. 분명하게 예수를 믿으면 원죄(아담)는 순간 사해집니다. 그러나 조상이나 자신이 지은 자범죄는 반드시 성령의 임재가운데 회개하고 그 때 들어온 귀신을 축귀해야 합니다. 그래야 이성과 감정과 육체가 성령의 지배를 받을 수가 있습니다. 어머니 뱃속에서 부터 받은 상처도 마찬가지 입니다. 반드시 성령의 임재가운데 용서하고 상처를 치유해야합니다. 상처 뒤에 역사하는 귀신을 축귀해야 상처로부터 자유로워질 수 있습니다. 자범죄와 상처를 치유하고 우리는 예수 그리스도 십자가 앞에 서서 예수님의 십자가를 쳐다보고 그리스도를 통해서 우리가 어떻게 새로운 사람이 되었는지를 알아봐야 될 것입니다.

성경에는 분명히 말씀하기를 우리가 예수 믿는 것은 종교를 믿는 것이 아니요, 의식을 받아들이는 것도 아니고, 형식도 아닙니다. 생명의 근본에서 변화를 받아들이는 것이라고 말하고 있습니다. 누구든지 그리스도 안에 있으면 새로운 피조물이라 이전 것은 지나갔으니 보라 새것이 되었다고 말하고 있습니다. 우리가 새것이 되었으면, 어떻게 새것이 되었는지, 자기의 얼굴을 분명히 정리해야 하는 것입니다. 그러므로 그리스도의 피로써 그린 나의 새로운 모습을 오늘 함께 알아봐야 할 것입니다.

첫째, 새로운 모습으로 자신을 보라. 십자가 밑에서 바라볼 때 그려지는 내 새로운 모습은 용서와 의의 옷을 입은 모습인 것입니다. 죄인은 하나님 앞에서 벌거벗고 있습니다. 성경에는 죄인은 하나님 앞에서 벌거벗은 모습으로 서 있다고 말하고 있습니다. 오늘 이 시간에 우리가 옷을 입지 않고 실오라기 하나 걸치지 않고, 오늘 이 교회당에 와서 앉아서 예배드리라고 한다면 여기에 나올 사람 없습니다. 하물며 벌거벗고 우리가 대통령을 만나러 간다든지 높은 분을 만나라고 하면 이것은 목숨을 걸고서라도 하지 않겠다고 할 것입니다.

사람이 벌거벗는다는 것은 무서운 것입니다. 그런데 죄인들은 하나님 앞에서 벌거벗은 상태라고 말합니다. 영적으로 벌거벗습니다. 그러나 우리가 예수님을 믿을 때 십자가의 보혈로 죄가 용서받고 주님은 십자가에서 의의 두루마기를 우리에게 입혀 주시는 것입니다. 그래서 우리는 영적으로 벌거벗지 않고 우리는 의로운 세마포 두루마기를 입게 됩니다. 그렇기 때문에 옷을 입었으니 우리는 하나님 앞에 나갈 때 부끄러움 없이 나아갑니다. 천사들 앞에 나가고 우리는 예수님 앞에 설 수 있는 것입니다. 입은 자와 입지 않는 자는 천지 차이가 있는 것입니다.

요한계시록 3장 18절에 "내가 너를 권하노니 내게서 불로 연단한 금을 사서 부요하게 하고 흰 옷을 사서 입어 벌거벗은 수치를 보이지 않게 하고 안약을 사서 눈에 발라 보게 하라"고 말씀하고 있는 것입니다. 그러므로 우리는 그리스도의 십자가에서 피로 씻은 흰 두루마기를 선물로 받아서 우리는 입고 있는 것입니다. 우리는 영적으로 벌거벗고 있지 않습니다. 그렇기 때문에 우리가 언제라도 하나님을 만나러 가게 되더라도 우리는 부끄러움 없이 당당하게 천국을 들어갈 수 있는 것입니다. 그러나 죄인들은 그렇지 못합니다. 그들은 벌거벗고 있습니다.

그가 아무리 이 세상에서 지위 명예가 높다고 할지라도, 하나님 앞에서는 벌거벗은 존재로서, 그 사람은 실오라기 하나 걸치지 않은 벌거벗은 존재로서, 하나님 앞에 나갈 수 있다는 것은 상상조차 할 수 없는 것입니다. 그러나 우리는 의의 두루마기를 받아 입었으나 이 두루마기가 더러워지게 됩니다.

우리가 세상에 살면서 죄를 짓지 않는 의인은 없기 때문에 거짓말로 더러워지고 혹은 사기로 더러워지고 혹은 범죄로 더러워집니다. 그러므로 우리는 항상 입은 두루마기를 빨아야 합니다. 예수 이름으로 보혈로 회개하므로 두루마기를 빨아서 정결하게 해야 합니다. 요한계시록 22장 14절에 "자기 두루마기를 빠는 자들은 복이 있으니 이는 그들이 생명나무에 나아가며 문들을 통하여 성에 들어갈 권세를 받으려 함이로다"라고 말하고 있는 것입니다. 그러므로 우리의 새로운 모습이란 예수님의 피로써 자기 마음속에 그린 자기 모습은 이제는 벌거벗은 자화상이 아니라 의의 두루마기를 입은 자화상이요. 항상 의의 두루마기를 보혈로 빨아서, 희고 빛난 세마포가 되었습니다. 그러므로 우리는 하나님 앞에 언제 서더라도, 부끄러움 없이 설 수 있는 사랑 받는 존재로 자기의 모습을 마음속에 깊이 그려 놓아야만 될 것입니다. 그래서 우리는 마음의 상처를 치유 받아야합니다. 상처를 가지고는 새사람이 될 수가 없습니다. 마음속에 도사리고 있는 무의식의 상처를 말씀과 성령으로 치유해야합니다. 그래야 진정으로 하나님이 원하시는 새로운 자기 모습을 가질 수 있습니다. 말씀과 성령 그리고 예수님의 보혈로 마음의 상처를 치유하여 새로운 자기 모습으로 거듭나시기를 소원합니다.

둘째, 보혈로 태어난 성령과 함께한 모습이다. 우리가 십자가 앞에서 보혈로 태어난 새로운 모습은 보혜사 성령과 함께한 모습인 것입니다. 죄인은 하나님께로부터 떨어져 있고 마귀의 종이 되어 있습니다. 아담과 하와가 범죄하자 하나님 앞에서 쫓겨났습니다. 그래서 인간은 하나님을 멀리 떠나 외로운 존재가 되고 마귀의 종살이를 했습니다. 그러나 우리가 예수 그리스도를 바라보고 회개하고 구주로 믿으면 주님께서 우리를 보혈로 씻고 난 다음에 우리들에게 보혜사 성령을 보내주셔서 항상 성령의 도우심을 받으며 살게 만들어 주시는 것입니다.

성령은 보혜사입니다. 보혜사는 헬라어로 '파라클레토스'란 말인데 우리가 그 말을 번역하면 하나님께로부터 보내심을 받아 우리를 돕기 위하여, 항상 곁에 계시는 분입니다. 성령은 우리의 선생님이 되시고, 변호사가 되시고, 인도자가 되시고, 위로자가 되십니다. 성령은 능력을 주시는 자가 되고, 거룩하게 하시는 자가 되며, 하나님을 깨닫게 하는 자, 하나님을 경외하게 하는 자인 것입니다. 이 성령께서 우리와 같이 계십니다.

이렇기 때문에 예수께서 말씀하기를 내가 너희를 고아와 같이 내버려두지 아니하고, 아버지께 구하겠으니 그가 또 다른 보혜사를 너희에게 주사 영원토록 너희와 함께 있게 하시리라고 말씀한 것입니다. 그리스도를 믿지 않고 죄악 가운데 살 때는 인간은 외롭게 혼자 살았었습니다. 그러나 이제 예수 믿은 사람은 외롭지 않습니다. 눈에 보이지 않지만 바람같이 성령께서 우리와 함께 거하시고 우리 속에 계셔서 우리를 돕기 위해서 항상 기다리고 계시는 것입니다. 그러므로 항상 성령님을 의지하고 그분과 의논하시기를 바랍니다.

이러므로 우리의 생애 속에 이 성령님을 인정하고 환영하고 모셔들이고 의지하십시오. 성령은 우리를 도와주십니다. 이렇기 때문에 이 경쟁사회에서 주님 말씀하시기를 나를 믿는 백성이 머리가 되고, 꼬리 되지 않고, 위에 있고, 아래 있지 않고, 남에게 꾸어주고 꾸지 않겠다는 것은 우리에게 돕는 자가 있기 때문인 것입니다. 아버지 하나님은 보좌에 계시고 아들 예수님은 우편에 앉아 계시지만 성령 보혜사 하나님은 오늘 우리와 함께 계시고 우리 속에 와서 계시는 것입니다.

이렇기 때문에 우리들은 고아가 아닌 성령 하나님과 함께 있는 자아의 모습을 분명히 그려 놓아야 하는 것입니다. 이제는 외롭지 않습니다. 이제는 나 홀로 인생을 걸어가지 않습니다. 열등의식이나 좌절감에 짓눌려 살지 않습니다. 수많은 사람들이 자기 마음속에 나는 못한다. 나는 안 된다. 나는 할 수 없다. 나는 패배자다. 나는 성공하지 못한다. 나는 낙오자다. 이러한 부정적인 사고를 가지고 있습니다. 자기 마음속에 열등의식을 깊이 깊이 가지고 있습니다. 열등의식을 가지고 패배적인 자아의식을 가지고 있는 사람은 그가 무엇을 하든지 언제나 열등한 일을 하고 실패합니다.

이스라엘 백성들이 가나안 땅에 들어가려고 가데스 바네아에 왔을 때 모두가 40일 동안 12명의 정탐꾼을 택해서 가나안 땅을 정탐하고 오라고 했습니다. 그래서 12명의 정탐꾼이 40

일 동안 가나안을 정탐하고 돌아왔습니다. 그 중에 열 명은 무엇이라고 말했습니까? 가나안땅에 들어가면 성은 높고 골짜기는 깊고 그곳에 사는 사람은 네피림 아낙 자손 대장부라 우리가 그들에게 비교해보니 우리 스스로 보기에도 우리는 메뚜기와 같다. 자기의 자기 모습이 메뚜기 새끼이니 메뚜기 새끼들이 무얼 하겠어요? 자기가 자기를 보고 나는 메뚜기 새끼다. 적군들은 대장부다. 그러면 달아나는 길밖엔 없지요. 그러니 그 말을 들은 이스라엘 백성들이 모두 다 메뚜기 새끼들이 되고 말았습니다. 모두 다 비겁한 자가 되어서 대장을 세워서 애굽으로 돌아가자. 그러나 똑같이 정탐꾼으로 간 여호수아와 갈렙의 자화상은 달랐습니다. 아니다. 하나님이 우리와 같이 계시면 우리가 능히 들어가서 점령할 수 있다. 저들은 우리의 밥이다. 이미 밥상으로 차려놓은 먹이다. 열 사람의 정탐꾼은 하나님 없이 인생을 바라보았기 때문에 그 마음속이 열등의식으로 꽉 들어찬 메뚜기 같은 자화상을 가졌습니다.

다만 여호수아와 갈렙은 성령으로 충만하여 하나님을 알고 하나님과 함께 하나님의 눈으로 인생을 살아가는 사람들입니다. 그러니 그 무서운 적군들도 밥상으로 보였습니다. 능히 들어가 취할 수 있다는 신념을 가진 것입니다. 오늘 우리는 우리의 모습이 메뚜기입니까? 그렇지 않으면 능히 들어가서 모든 것을 정복할 수 있는 승리자의 모습을 가지고 있습니까? 자신이 "나는 메뚜기도 못되고 귀뚜라미지요" 그렇게 된다면 우리의 인생은 그

때부터 절망인 것입니다.

그러나 우리는 메뚜기나 귀뚜라미가 아닙니다. 우리 속에 보혜사 성령이 함께 계시는 것입니다. 우리는 하나님의 아들 하나님의 사람들인 것입니다. 하나님이 함께 계시는 것입니다. 하나님이 함께 계시면 내가 비록 사망의 음침한 골짜기로 다닐지라도 해를 두려워하지 않는 것은 주께서 나와 함께 계심이니라. 주의 지팡이와 막대기가 나를 안위하시나이다.

주께서 원수의 목전에서 내게 상을 베푸시고, 기름으로 내 머리에 바르셨으니 내 잔이 넘치나이다. 하나님을 사랑하는 자 곧 그 뜻대로 부르심을 입은 자들에게는 모든 일이 합력하여 선을 이루느니라. 이러므로 보혜사가 함께 계시는 내 자아의 모습을 가지고 있는 사람은 동남풍이 불어도 서북풍이 불어도 겁나지 않습니다. 눈에는 아무 증거 안 보이고 귀에는 아무 소리 안 들리고 손에는 잡히는 것 없어도 겁나지 않습니다. 하나님이 함께 계시므로 나는 궁극적으로 승리하고 만다는 확신을 가지게 되는 것입니다. 그러므로 당신의 모습을 바꾸시기를 바랍니다. 외로운 버림받은 인생의 열등한 자기 모습을 벗어버리고, 오늘 그리스도 앞에서 성령이 함께 계시는 자기 모습을 그리스도의 보혈로 다시 그려서 당신의 가슴에 그려놓으시기를 주의 이름으로 소원합니다.

셋째, 보혈로 치유 받은 새로운 모습이다. 예수 그리스도의 십자가 앞에서 우리가 얻는 새로운 모습은 치료받은 자기의 모습인 것입니다. 죄인으로 살 때는 영은 죽었고 마음은 상처투성이고 몸은 병들었습니다. 하나님을 거역하고 사는 것이 쉽지가 않습니다. 이사야 1장 2절에서 6절에 "하늘이여 들으라 땅이여 귀를 기울이라 여호와께서 말씀하시기를 내가 자식을 양육하였거늘 그들이 나를 거역하였도다. 소는 그 임자를 알고 나귀는 그 주인의 구유를 알건마는 이스라엘은 알지 못하고 나의 백성은 깨닫지 못하는도다 하셨도다. 슬프다 범죄한 나라요 허물 진 백성이요 행악의 종자요 행위가 부패한 자식이로다. 그들이 여호와를 버리며 이스라엘의 거룩하신 이를 만홀히 여겨 멀리하고 물러갔도다. 너희가 어찌하여 매를 더 맞으려고 패역을 거듭하느냐 온 머리는 병들었고 온 마음은 피곤하였으며 발바닥에서 머리까지 성한 곳이 없이 상한 것과 터진 것과 새로 맞은 흔적뿐이거늘 그것을 짜며 싸매며 기름으로 부드럽게 함을 받지 못하였도다."

이것이 바로 죄인의 형상인 것입니다. 어느 한 곳에 상처가 없는 곳이 없습니다. 누가 우리를 치료할 수 있습니까? 인간의 힘으로 치료가 되지 않습니다. 그러나 우리 주님께서 십자가에 못박힌 것은 이렇게 하나님을 반역하고 상처투성이인 인류를 치료하기 위해서 십자가에 매달리신 것입니다. 마태복음 8장 16절에서 17절에 예수 그리스도의 사역을 보면 "저물매 사람들이 귀신 들린 자를 많이 데리고 예수께 오거늘 예수께서 말씀으로 귀신들을 쫓아내시고 병든 자들을 다 고치시니 이는 선지자 이사야를 통하여 하신 말씀에 우리의 연약한 것을 친히 담당하시고 병을 짊어지셨도다 함을 이루려 하심이더라"

이 예수님이 십자가에 못 박힌 모습을 바라보십시오. 그 십자가에 못 박혀 십자가에 매달려 있는 그리스도께서는 우리 연약한 것을 친히 담당하시고 우리의 병을 짊어지고 가셨다고 말하고 있는 것입니다. 예수 그리스도를 쳐다보면 순식간에 내 연약함이 다 예수님께 옮겨지고 내 병을 예수님이 다 담당해 버렸습니다. 이제는 난 예수 앞에서 담당할 연약이 없고 짊어질 병이 없는 것을 알게 되는 것입니다. 예수께서 나의 연약과 나의 병을 담당하고 짊어졌는데 내가 왜 또 병을 짊어져야 됩니까?

우리는 예수 그리스도 십자가 앞에서 나의 병든 모습을 다 훨훨 벗어 던져버리고 그리스도 안에서 건강을 얻고 치료함 받은 새로운 모습으로 자기 모습을 받아들이게 되시기를 주의 이름으로 소원합니다. 이제는 병든 내가 아닙니다. 영도 고침을 받고 마음도 고침을 받고 육체도 고침을 받고 가정도 생활도 치료받은 나의 존재인 것입니다. 그러므로 치료로 충만한 나의 모습을 십자가 앞에서 새로 그려야 합니다.

넷째, 보혈로 태어난 새로운 나의 모습. 우린 예수 그리스도 십자가 앞에서 피로 그린 새로운 나의 모습이 어떤 것인가를 다시 보아야 되겠습니다. 죄인은 죄인으로 살 때는 저주하면서 살았습니다. 아담과 하와가 하나님을 반역하고 에덴에서 쫓겨났을 때 성경은 말하기를 저주를 받아 가시와 엉겅퀴를 내고 너희는 이마에 땀을 내야 먹고 살 것이라고 말했습니다.

인류는 그때부터 시작해서 계속해서 저주의 가시 채를 헤치며 살아왔었습니다. 인간은 인간주의로써 몸부림쳐봤자 완전히 가시 채를 없앨 수가 없었습니다. 여기에 저주를 제한 분이 나타났습니다. 예수 그리스도 하나님 아들이 아담 이후의 모든 저주를 당신이 그 가시채로 온 몸을 감쌌습니다. 머리에 가시채를 쓰고 다시 쇠가시에 찔리고 쇠창에 찔리고 십자가에 못 박혀 가시의 모든 세력을 주님께서 제하셨습니다.

갈라디아서 3장 13절에서 14절에 "그리스도께서 우리를 위하여 저주를 받은 바 되사 율법의 저주에서 우리를 속량하셨으니 기록된바 나무에 달린 자마다 저주 아래에 있는 자라 하였음이라. 이는 그리스도 예수 안에서 아브라함의 복이 이방인에게 미치게 하고 또 우리로 하여금 믿음으로 말미암아 성령의 약속을 받게 하려 함이라"고 기록하고 있는 것입니다.

우리가 십자가에 못 박힌 예수 그리스도를 바라볼 때 우리의 온 몸을 칭칭 감고 있는 가시가 철렁철렁 떨어져 나갑니다. 예수를 믿는 우리는 예수 그리스도로 말미암아 가시채에서 벗어나고 아브라함의 축복이 우리 위에 찬란한 태양처럼 비쳐오게 되는 것입니다. 이러므로 우리는 예수 그리스도 안에서 이제 다시 저주받은 자기의 모습을 그대로 걸머지고 다녀서는 안 됩니다. 저주받은 것은 옛날인 것입니다.

우리는 그 모습을 벗어버리고 예수 안에서 아브라함의 복을 받은 새로운 모습으로 마음속에 자기 모습을 그려야만 되는 것입니다. 그리고 매일같이 새로운 모습을 바라보고 나는 복 받은 사람이다. 나는 복의 근원이다. 그렇게 외치고 살아갈 수 있어야만 되는 것입니다. 자기 모습을 따라서 자기 운명이 결정되는 것입니다.

동일한 것은 동일한 것을 끌어당깁니다. 우리 마음의 자기 모습이 아브라함의 축복으로 가득하면 아브라함의 축복을 끌어당깁니다. 당신의 자기 모습에 저주가 가득 들어차면 일어서나 앉으나 낭패와 실패, 곤고와 절망을 끌어당깁니다. 그곳으로 자신이 끌려가게 되는 것입니다. 인간의 마음속에 자기가 자기를 보고 있는 모습이 어떠한 것인가는 운명을 좌우하는 놀라운 힘이 그 속에 있는 것입니다. 이러므로 오늘 이 시간에 아브라함의 축복의 자화상을 가지게 되시기를 주의 이름으로 소원합니다.

다섯째, 보혈로 변화된 미래의 보습을 보라. 우리는 십자가 앞에 서서 주를 바라볼 때 부활의 주님과 함께 변화되는 미래의 모습을 바라볼 수 있습니다. 죄인으로 살 때 모든 것이 죽음으로 종말 짓습니다. 세상의 부귀영화 공명이 아무리 좋을지라도 죽어서 관속에 들어가서 흙 속에 파묻히고 나면 구더기가 몸을 먹어버리고 그것을 절망이라고 생각합니다. 그렇기 때문에 죄인으로 사는 사람은 죽음을 생각하지 않습니다.

죽음의 자기 모습은 너무나 비참하기 때문에 그것을 생각하지 않고서 살려고 합니다. 그러나 생각 안 한다고 해서 죽음이 안 다가오나요? 죽음이 다가옵니다. 가는 세월 사람의 힘으로 막지 못하고 오는 백발 힘으로 막으려고 해서 됩니까? 안됩니다. 그러나 우리가 예수를 믿고 난 다음에는 우리의 모습이 달라집니다. 왜냐하면 예수께서 죽었다가 부활하셨기 때문인 것입니다. 우리는 그리스도와 함께 부활합니다.

나는 부활이요 생명이니 나를 믿는 자는 죽어도 살겠고 살아서 나를 믿는 자는 다시 죽음을 보지 않으리라고 주께서 말씀하신 것입니다. 이러므로 부활하신 예수님을 바라보고 나도 예수님의 모습으로 변화되어서 부활의 새 생명을 얻는 자기 모습을 가질 수 있는 것입니다.

고린도전서 15장 42절에서 44절에 "죽은 자의 부활도 그와 같으니 썩을 것으로 심고 썩지 아니할 것으로 다시 살아나며 욕된 것으로 심고 영광스러운 것으로 다시 살아나며 약한 것으로 심고 강한 것으로 다시 살아나며 육의 몸으로 심고 신령한 몸으로 다시 살아나나니 육의 몸이 있은즉 또 영의 몸도 있느니라"고 말씀하고 있는 것입니다. 우리는 영원히 사는 영적인 존재입니다. 육체의 장막 집을 벗어 버렸을 때 부활한 몸으로 그리스도와 함께 영원한 낙원으로 갈 것이냐. 그렇지 않으면 영원한 지옥의 불타는 곳으로 떨어질 것이냐. 이것은 우리의 선택에 달려 있습니다.

요한계시록 21장 8절에는 그러므로 "그러나 두려워하는 자들과 믿지 아니하는 자들과 흉악한 자들과 살인자들과 음행하는 자들과 점술가들과 우상 숭배자들과 거짓말하는 모든 자들은 불과 유황으로 타는 못에 던져지리니 이것이 둘째 사망이라"고 말했습니다. 저 하늘이 무너지고 이 땅이 꺼져도 일점일획도 변치 않는 하나님의 말씀이 예수 안에 있는 사람은 부활의 영광을 누리고 그리스도의 밖에 있는 사람은 불과 유황으로 타는 곳에 참여할 것이라고 말하고 있습니다. 그러므로 우리가 살아 있을 동안에 운명을 십자가 밑에서 결정해야 되는 것입니다.

보혈은 천국 백성들의 기쁨의 노래가 됩니다. 이 땅에서만 보혈을 찬양할 것이 아니라 나중에 우리가 부활 승천하여 천국에 올라가서도 내내 찬양할 것은 보혈밖에 없습니다. 다른 찬송은 다 사라질지라도 보혈에 대한 찬미는 그치지 않습니다.

왜냐하면 우리와 같은 죄악 투성이의 인생이 구원을 받아 천국 백성이 되어 하늘의 영광을 누릴 수 있게 된 것은 예수 그리스도의 십자가보혈로 인한 것이기 때문입니다. 이러므로 천국에 가면 이 땅에서 보다 더 놀랍게 예수 그리스도에 대한 찬미와 감사가 넘쳐나게 될 것입니다.

그러므로 '나의 죄를 씻기는 예수의 피밖에 없네 다시 성케 하기도 예수의 피밖에 없네' 예수 그리스도의 보혈을 매일 같이 찬양하고 그리스도의 보혈을 힘차게 의지하는 우리가 되시기를 주님의 이름으로 소원합니다. 우리는 새사람입니다. 지금 죽어도 천국에 가서 하나님을 만나는 영광스러운 존재들입니다. 이제 삶에서 예수님(구원)을 누리면서 살아가야 합니다. 이것이 하나님께서 예수를 믿음 성도들을 향한 깊은 뜻입니다.

22장 말씀을 누리며 살아가는 비밀

(눅 6:46-47)"너희는 나를 불러 주여! 주여! 하면서도 어찌
하여 내가 말하는 것을 행하지 아니하느냐, 내게 나아와 내 말
을 듣고 행하는 자마다 누구와 같은 것을 너희에게 보이리라"

하나님은 예수님(구원)을 누리는 성도가 되려면 말씀(레마)을
듣고 행하는 자가 되라고 말씀하십니다. 많은 성도들이 말씀을
듣고 행하는 자가 되는 방법을 잘 모르는 것이 사실입니다. 왜냐
하면 샤머니즘의 신앙의 잔재가 남아있기 때문입니다. 샤머니즘
의 신앙이 신이 문제를 해결하여 주기를 기다리는 것이기 때문
입니다. 기독교는 문제가 있을 때 하나님께 기도하여 하나님의
음성(레마)대로 순종해야 문제가 풀어지는 것입니다. 그래서 하
나님은 말씀을 듣고 행하는 자가 천국에 들어간다고 말씀하시는
것입니다.

"나더러 주여! 주여! 하는 자마다 다 천국에 들어갈 것이 아니
요, 다만 하늘에 계신 내 아버지의 뜻대로 행하는 자라야 들어가
리라. 그 날에 많은 사람이 나더러 이르되 주여! 주여! 우리가 주
의 이름으로 선지자 노릇 하며 주의 이름으로 귀신을 쫓아내며
주의 이름으로 많은 권능을 행하지 아니하였나이까 하리니, 그
때에 내가 그들에게 밝히 말하되 내가 너희를 도무지 알지 못하

니 불법을 행하는 자들아 내게서 떠나가라 하리라. 그러므로 누구든지 나의 이 말을 듣고 행하는 자는 그 집을 반석 위에 지은 지혜로운 사람 같으리니"(마 7:21-24)

목회자들도 말씀을 듣고 행하는 것이 무엇인지 명확하게 알려주지 않기 때문입니다. 하나님은 성도들을 통하여 세상에 하나님의 나라를 건설하십니다. 그렇기 때문에 하나님의 말씀(레마)를 듣고 행하는 성도가 필요한 것입니다. 그렇기 때문에 성도들이 하나님이 함께 하신다는 믿음이 중요합니다. 자신 앞에 골리앗이 나타나더라도 자신이 잡는 다는 생각이나 두려움을 갖지 말고, 이것은 하나님께서 치우신다는 믿음이 중요합니다. 자신이 하나님께 기도하여 하나님께서 알려주시는 말씀(레마)대로 순종하면 성령의 역사가 골리앗을 잡는 것입니다.

성도들이 바르게 알아야 할 것이 있습니다. 자신은 예수를 믿을 때 죽었다는 것입니다. 순간 예수로 태어났다는 것을 믿어야 합니다. 그래서 하나님은 "내가 그리스도와 함께 십자가에 못 박혔나니 그런즉 이제는 내가 사는 것이 아니요 오직 내 안에 그리스도께서 사시는 것이라 이제 내가 육체 가운데 사는 것은 나를 사랑하사 나를 위하여 자기 자신을 버리신 하나님의 아들을 믿는 믿음 안에서 사는 것이라"(갈 2:20). 말씀하시는 것입니다.

하나님께서 자신 앞에 있는 문제를 해결하시는 것입니다. 가데스바네아에서 가나안을 정찰한 10지파 사람들이 가나안에 들어가지 못하고 죽은 것은 매사를 자신이 한다는 불신앙 때문에 광야에서 죽은 것입니다. 이스라엘 민족을 애굽에서 이끌어내어 가나안으로 인솔하는 모세를 생각하면 쉽습니다. 모세는 문제가 나타날 때마다 하나님께서 기도하여 하나님의 말씀대로 순종하여 문제를 해결합니다. 이렇게 하는 것이 하나님의 말씀을 듣고 행하는 것입니다. 하나님께 기도하여 하나님께서 하라는 대로 순종하는 것이 말씀을 듣고 행하는 것입니다. 그래서 예수님은 마가복음 3장 35절에서 "누구든지 하나님의 뜻대로 행하는 자가 내 형제요 자매요 어머니이니라" 말씀하신 것입니다. 성도는 하나님께 기도하여 말씀하시는 대로 순종하는 성도가 천년왕국에 들어가는 것입니다. 나아가 구원을 누리는 성도입니다.

우리들이 바르게 알아야할 것이 있습니다. "하나님을 의지하라."고 말합니다. 의지하라는 말씀을 육적으로 해석하면 하나님께서 해주시기를 기대하라는 것으로 이해할 수 있습니다. 마치 자녀들이 부모에게 기대듯이 말입니다. 이렇게 인간적인 해석대로 하나님께 의지하면 아무것도 되지 않는 다는 것을 알아야 합니다. 정확하게 '하나님을 의지하라'는 말씀은 하나님께서 문의하여 감동하시는 대로 순종하라는 뜻입니다. 자신의 생각이나 감정으로 문제를 처리하지 말고, 일을 처리하기 기전에 하나님께 문의하여 해결하라는 뜻입니다.

바르게 알고 행해야 될 것은 기도하면 문제가 해결이 된다는 것입니다. 그런데 하나님은 무조건 기도한다고 문제를 해결하여 주시지 않습니다. 그럼 어떻게 해야 하나요? 성령으로 하나님께 기도하며 하나님께 질문하여 하나님께서 말씀(레마)하시는 대로 행동에 옮겨야 문제가 해결이 됩니다. 일부 성도들이 세상에서 하던 식으로 기도하면 문제가 해결될 줄 아는데 절대로 하나님께서 스스로 문제를 해결하시지 않습니다. 하나님은 하나님께 물어보고 하라는 대로 순종할 때, 문제를 해결하십니다. 왜냐하면 하나님은 성도를 통해서 이 땅에 하나님의 나라를 건설해야 하기 때문입니다. 하나님의 음성을 듣고 순종하는 성도를 통해서 이 땅에 하나님의 나라를 건설하십니다. 그러므로 무조건 기도하면 문제가 해결된다는 것은 잘못알고 있는 것입니다. 기도하여 하나님께서 하라는 대로 순종할때 문제가 해결이 됩니다. 이런 사고를 빨리 고쳐야 합니다.

하나님은 성도가 자신의 마음대로 행할 때 간섭하시지 않습니다. 일을 시작하여 잘못될 것을 아시더라도 상관하지 않으십니다. 자신의 마음대로 하여 잘못되어 고통을 당하면서 체험하게 하신다는 것입니다. 이는 아담이 하와의 말을 듣고 선악과를 먹을 때 간섭하시지 않은 것과 같습니다. 아브라함이 여종 하갈을 통하여 이스마엘을 낳은 것과 같은 이치입니다. 하나님은 사람의 말이나 자신의 생각을 가지고 일을 추진하여 공통을 당하면서 체험하게 하십니다. 체험하며 고생하게 내버려두십니다.

하나님은 사람의 말을 듣고 행하는 것을 금하십니다. "아담에게 이르시되 네가 네 아내의 말을 듣고 내가 네게 먹지 말라한 나무의 열매를 먹었은즉 땅은 너로 말미암아 저주를 받고 너는 네 평생에 수고하여야 그 소산을 먹으리라"(창3:17). 그리하여 다시는 자신의 생각이나 사람의 말을 듣고 일을 처리하지 않고 하나님의 뜻대로 행하도록 훈련하십니다. 하나님의 말씀을 듣고 행해야 이루어진다는 확증이 되는 예를 성경을 통하여 보겠습니다.

첫째, 아브라함의 경우입니다. 아브라함이 하나님의 말씀을 듣고 순종한 것은 외아들 이삭을 모리아 산에서 제물로 바치라는 것입니다. 이것은 말씀을 듣고 순종하는지 아브라함을 시험하는 것입니다. 시험치고 그렇게 흉악한 시험이 어디 있습니까? 100살에 낳은 아들을 모리아 산에 데리고 가서 죽여서 각을 떠서 제물로 드려라. 시험치고는 굉장히 어려운 시험입니다. 답을 써야 돼요. 무슨 답을 씁니까? 하나님 좀 시험을 쉽게 만들어 주시옵소서. 그렇게 하든지 나는 못해요. 그렇게 하든지. 내가 시험을 성심껏 응답하겠습니다.

그렇게 하든지. 좌우간 시험을 쳐야 되는 것입니다. 그래서 점수를 매기는 것입니다. 아브라함은 엄청난 시험을 당했습니다. 축복을 많이 받은 이상, 그 축복을 잘 간수할 수 있는가 시험을 치르는 것입니다. 아브라함은 자기 아내 사라에게 이야기도 하지 않고, 자기 아들을 보고 '야! 하나님이 제사를 드리라고 하는데 모리아 산에 나와 같이 가자.' 한 사흘 걸릴 테니까 장작 매고 칼 들고 불씨 내가 가지고 가자! 사흘 길을 걸어서 모리아 산에 왔습니다. 그리고 그 아들 데리고 장작 걸머지고 불 횃불 들고서 모리아 산으로 올라가는데 "아버지, 장작은 내가 걸머지고 불도 손잡고 있는데 제사드릴 양은 어디에 있나이까?" 기가 막힌 질문 아닙니까? "얘야! 이것은 중요한 제사니까 제물은 하나님이 직접 준비한다고 하더라. 가자!" 그래서 가서 아들과 함께 제단을 쌓고 장작을 펴놓고, 그 다음에 이삭에게 네 손발 내놓아라. 왜요? 하나님이 너를 잡아서 제물로 드리라고 한다. 어찌할 도리가 없다. 아마 그 아들이 아버지를 쳐다보고 눈물을 뚝뚝 흘렸을 것입니다. 아버지, 나이가 많으셔서 머리가 좀 어떻게 된 것 아닙니까? "백살에 낳은 아들이라고 그렇게 자랑하고 사랑하더니 나를 잡아서 제물로 드린다니요." "그래도 너를 주신 이도 하나님이시오 너를 도로 데리고 갈 이도 하나님이시니 나는 하나님을 위해서 너를 낳고 기른 대리인에 불과하다." 칼을 받아 잡고 그를 눕혀서 잡고 칼을 들었습니다.

그때 마지막 순간까지 가만히 있던 하나님께서 보좌에서 확 일어났을 것입니다. "아브라함아 아브라함아, 네 외독자 이삭에게 칼 대지 마라! 네가 네 외독자 이삭도 아끼지 아니하고 나에게 내놓았으니 내가 이제 안다. 네가 나를 사랑한 줄 안다." 사랑은 증거가 있어야 되는 것입니다. 이 세상에 부부라도 여보, 당신 사랑해. 나도 당신 사랑해! 쉽습니다. 왜 대가가 지불 안 되니까. 말로써 사랑한다고 누가 못해요? 그러나 사랑에는 대가가 지불됩니다. 대가가 있어야 되요. "내가 너를 사랑한다." 적은 대가가 있으면 적게 사랑하는구나. 많이 사랑하면 많은 대가를 지불하게 되는 것입니다.

아브라함이 하나님의 말씀하시니 독자 이삭도 아끼지 않고 드리니, 하나님을 사랑하는 줄을 알고 믿어주신 것입니다. 하나님의 말씀을 듣고 행해야 하나님이 받으시고 기족을 행하십니다.

둘째, 사렙다 과부입니다. 열왕기상 17장 8절로 16절에 기록된 사건입니다. 우리 주 예수님께서 고향땅 나사렛에 오셔서 회당에서 말씀을 증거할 때 바로 꾸짖은 것도 이 사실인 것입니다. 주님께서는 회당에서 구약의 예를 들어 말씀을 하셨습니다. 엘리야 시대에 하늘이 3년 6개월을 온 땅에 큰 흉년이 들었을 때 많은 사람이 굶어 죽어서 이스라엘에 과부가 많았습니다. 그런데 그 많은 과부가 이스라엘 땅에 있었으면서도 그 과부들은 하나님을 믿지 아니하고 순종치 아니했습니다. 그러므로 하나님은 그들에게 도움을 베풀지 아니했습니다. 이스라엘이 아닌 이방 사렙다에 과부가 있었습니다. 사렙다 과부는 시돈 땅에 사는데 시돈 땅은 바로 바알을 섬기는 이방 땅입니다. 그럼에도 불구하고 사렙다의 과부는 하나님을 두려워하고 하나님을 믿고 순종하는 사람이었습니다.

그분에게는 비록 이방인이지만 하나님께서 엘리야를 보내셨습니다. 엘리야가 가니까 이 사렙다의 과부가 나무를 줍고 있었습니다. 엘리야는 말했습니다. "빨리가서 빵을 만들어서 물 한 사발 가지고 내게 오너라." 그때 과부가 말했습니다. "나는 밀가루 한움큼과 기름 조금밖에 없고 이것을 가지고 마지막 빵을 구워서 먹고 나와 내 아들은 죽으려고 합니다. 그래서 나무를 줍고 있습니다." 이말은 들은 엘리야가 "그것은 당신 마음대로 하려니와 먼저 가서 당신이 그 밀가루와 기름으로 빵을 만들어서 내게 가지고 오시오. 나에게 물 한사발도 가지고 오시오. 그러면 이 가뭄이 끝날 때까지 당신의 밀가루 통에 밀가루가 떨어지지 아니하고 기름병에 기름이 마르지 아니할 것입니다." 사렙다의 과부는 이 엘리야의 말을 믿었습니다. 배가 고팠습니다.

밥을 달라고 우는 어린아이를 데리고 있었습니다. 그럼에도 불구하고 그는 믿음과 순종을 가지고 우는 어린아이를 떨치고 그것으로 떡을 구워서 엘리야에게 갖다 주었습니다. 엘리야가 그 떡을 받아먹고 물을 마시고 난 다음에 하나님의 축복이 임하여서 그 3년 6개월 동안 가뭄이 지나갈 동안에 밀가루 통에 밀가루가 떨어지지 아니하고 기름병이 기름이 말라지지 않았습니다. 하나님의 기적이 일어난 것입니다. 하나님의 말씀을 듣고, 믿고, 그대로 순종하는 것을 보시고 기적을 행하시는 것입니다.

셋째, 나아만 장군의 예입니다. 엘리사 때에 이스라엘에 많은 문둥이가 있었는데 그 문둥이들이 하나님이 문둥병을 고쳐줄 것이라고 믿는 사람은 한사람도 없었습니다. 하나님을 순종치 않았습니다. 그러나 이스라엘을 늘 침략하던 이웃 원수의 나라 수리아의 대 장군 나아만은 장군이었지만 문둥병 환자였습니다. 그런데 그들이 포로로 잡아온 이스라엘의 조그마한 어린 소녀가 주모를 돕고 있었는데 하루 주모에게 말했습니다. "우리 주인께서 이스라엘에 가서 엘리사 앞에서 섰으면 좋았겠습니다. 왜냐

엘리사가 기도하면 우리 주인님의 문둥병이 나을 것입니다."

믿음은 들음에서 나며 들음은 그리스도의 말씀으로 말미암는다고 이 조그만한 어린 소녀의 말을 듣고 대장군 나아만이 이스라엘을 찾아 왔습니다. 이스라엘 왕에게 찾아왔고 왕이 "내가 신이 아닌데 사람을 죽이고 살릴 수 없는데 어떻게 문둥이를 고치냐"고 옷을 찢고 시리야가 빌미를 만들어서 우리나라를 쳐들어오려고 한다고 할 때 엘리사가 "그러지 말고 그 사람을 내게로 보내라" 했습니다. 나아만 장군이 장군복을 입고 큰 군대를 거느리고 엘리사의 집 문 앞에 와서 섰는데 엘리사는 나오지도 아니하고 그 종이 나와서 하는 말이 "저 요단강에 가서 일곱 번 목욕을 하고 돌아가시오." 나아만 장군은 화가 났습니다.

"내가 불온천리 마다하고 하나님의 기적을 믿고 찾아 왔는데 나를 이렇게 박대하다니 엘리사가 직접 나와서 나에게 거룩한 물을 뿌리고 손을 흔들어 축도를 하고 고쳐줄 줄 알았는데 나를 저 요단강물에 가서 목욕하라고? 요단강물은 흙탕물인데 우리나라에는 아바나 강과 바르바르강 푸르고 맑고 깊은 강이 있는데 목욕할 바에야 우리나라 강에서 하지 여기서 할 것이냐?"고 하면서 분해서 돌아서려고 합니다.

그 때 밑에 사람들이 달려들어서 "아버지여, 그렇게 하지 마소서. 이보다 더 큰일 하라고 해도 할 것 아니겠습니까? 강에 가서 목욕하라는데 못할 것 뭐가 있습니까? 갑시다." 그러자 그들의 간청에 그는 마음을 돌이켰습니다. 그래서 요단강에 가서 일곱 번 목욕을 하고 나니까 문둥병이 깨끗이 사라지고 어린아이와 같이 부드러운 살을 갖게 된 것입니다.

주님께서 이 말을 나사렛 회당에서 하셨습니다. 이 사렙다의 과부도 시돈땅의 이방 여인이고, 나아만 장군도 이스라엘과 원수가 되었던 수리아의 대장군이었습니다. 하나님께서는 친 백성이라도 믿지 않고 순종치 아니하면 도와주지 않는다는 것입니다. 원수의 나라 이방인이라도 하나님을 공경하고 믿고 순종하면 주님께서 주의 사자를 보내어서 돌보아 주신다는 것입니다. 분명하게 하나님께서 하라는 대로 순종할 때 문제가 해결이 되었다는 것입니다.

넷째, 죽은 나사로가 살아난 예입니다. 마르다와 마리아는 진퇴양난에 빠졌습니다. 마리아와 마르다는 오라버니 무덤가에 섰습니다. 그런데 주님께서는 이미 네 오라버니가 살리라 돌을 옮겨놓으라고 레마를 주셨습니다. 이 말씀을 받아도 실천할 것이냐 안 할 것이냐는 마르다와 마리아에게 달렸습니다.

마르다와 마리아는 자기들의 경험을 통해서 생각할 때 죽은지 나흘 만에 썩은 냄새가 나는 시체가 살아나는 것을 본 적이 없습니다. 이성적으로 생각할 때 어리석기 짝이 없는 일입니다. 전통적으로 생각할 때도 그런 일은 있을 수가 없습니다. 많은 유대인들이 그들을 주목하고 있습니다. 그들이 만일 어리석게 행동했다면 완전히 미친 사람으로 낙인찍히고 말 것입니다.

그러므로 그들은 고민했습니다. 주여! 죽은 지 나흘이 되어 썩은 냄새가 나는데요? 어찌 이 말을 하십니까? 예수님은 "네가 행동하는 믿음을 가지면 하나님의 영광을 보리라고 하지 않았느냐?" 그들은 결단을 내려야 했습니다. 믿음이란 결단입니다. 그 두 자매는 결단을 내렸습니다. 눈에는 아무 증거 안 보이고 귀에는 아무 소리 안 들리고 손에는 잡히는 것 없어도 사람들이 다 미쳤다고 말하고 자기 이성에 배반되고 경험에 반대될지라도 살든지 죽든지 흥하든지 망하든지 성하든지 쇠하든지 주님 말씀에 순종하자! 그래서 그들은 달려들어서 돌을 옮겨놓았습니다. 이것이 바로 행동하는 믿음인 것입니다. 결단이 있어야 합니다.

마르다와 마리아는 마음에 결단을 내렸습니다. 레마를 받았으니 나는 그대로 행동하겠다! 행동하는 믿음! 이것 굉장히 중요한 것입니다. 수많은 사람들이 하나님의 말씀을 받고도 그대로 행동하지 않습니다. 언제나 주저주저 합니다. 이것이냐 저것이냐를 분명하게 결단하지 않습니다. 예스일까! 노일까! 대답을 분명하게 하지 않습니다. 하나님께 대해서는 예스! 죄에 대해서는 노! 분명하게 말할 줄 알아야 합니다. 믿으면 하나님의 영광을 보리라! 믿음이 하나님의 영광의 문을 여는 열쇠인 것입니다. 마르다와 마리아는 단호한 믿음의 결단을 하고 필사적으로 실천했습니다. 우리가 믿음으로 실천할 때 다른 사람들이 도와줄 줄 알아요? 아무도 안 도와줍니다. 마르다와 마리아가 그 돌을 옮겨놓으려고 달려들었는데 유대인들은 전부 비웃습니다.

저들이 이제 미쳤구나! 역사에 없는 일을 하는 것을 보니 완전히 돌았구나! 아무도 도와주지 않습니다. 이 두 자매가 돌에 매달려서 넘어져 엉덩방아를 찧고 또 당기다가 엉덩방아를 찧고 손가락이 할퀴어서 피가 나고 발등이 찢겨서 피가 납니다. 아무도 도와주지 않습니다. 예수님도 안 도와줍니다.

왜? 믿음의 실천이 있어야 그 위에 예수님이 기적을 행할 수 있기 때문인 것입니다. 기어코 그들이 몸부림을 치다가 돌이 굴러 떨어졌습니다. 무덤 문이 열렸습니다. 그들이 할 일을 다 했습니다. 이제 그 이상은 그들은 하지 못합니다. 돌을 굴리기까지는 믿음으로 할 수 있지만 그 이상은 못합니다. 인간의 한계점에 도달하면 그 다음부터는 하나님이 책임져 주시는 것입니다.

많은 사람들이 하나님이 할 일까지 걱정합니다. 내가 이렇게 믿고 난 다음 하나님이 실패하면 어떡하지? 자기가 하나님보다 높습니까? 사람들은 생각하기를 자기가 못하는 것은 하나님도 못한다고 생각합니다. 감기! 나도 고칠 수 있으니까 하나님도 고칠 수 있다. 암! 내가 못고치니 하나님도 못고친다! 무슨 하나님을 사람인 줄로 생각합니까?

하나님은 사람이 할 수 없는 일을 하시는 것입니다. 내가 못하는 일을 하기 때문에 하나님이신 것입니다. 그러므로 사람이 행동하는 믿음을 다 하고 나면 그 다음은 하나님이 책임져 주시는 것입니다. 마르다와 마리아가 돌을 옮겨놓고 난 다음에 썩은 냄새가 굴에서 확 났습니다.

그 때에 예수님이 굴 앞에 서서 하나님께 기도하고 나사로야 나오라! 외치시매 죽은 나사로가 수족을 동인 채로 나왔습니다. 예수님의 말씀에 순종하자 나사로가 살아난 것입니다. 말씀을 듣고 순종할 때 기적이 일어나는 것입니다. 절대로 하나님은 말씀에 행동하지 않으면 역사하시지 않습니다. 말씀(음성)을 듣고 말씀대로 순종할 때 기적을 행하십니다.

다섯째, 선지생도의 부인의 예입니다. 열왕기하 4장 1절로 7절에 기록된 사건입니다. 엘리사 선지자가 선지 학교를 경영하고 있었는데 그 학생 중에 한 사람이 죽었습니다. 그러자 그 학생의 아내와 두 아들이 채주에게 빚을 갚지 못함으로 그 채주가 그 아들 둘을 잡아서 팔려고 했었습니다. 그러자 그 과부가 하나님은 이 문제를 해결하실 수 있다고 믿고 하나님의 사람 엘리사 선지자에게 와서 눈물로 호소했었습니다. 우리 남편이 살아있을 때에 여호와를 잘 섬겼는데 세상을 뜨고 난 다음 이제 채주가 와서 아이 둘을 잡아다가 종으로 팔려고 하는데 어떻게 해서든 나를 도와주시옵소서. 그때에 엘리사가 물었습니다.

너희 집에 무엇이 있는지 내게 고하라. 우리 집에는 기름 한 병 밖에는 아무 것도 없습니다. 그러면 가서 온 이웃의 그릇을 구하되 많이 구하라. 그리고 문을 닫고 그 그릇에 기름을 부어 넣어라. 그 과부가 집에 가서 자기 아이들과 함께 그릇을 잔뜩 빌려서 집에 가지고 가서 문을 닫고 기름병으로 부으니 그릇에 기름이 가득 가득해집니다. 또 옮겨 놓고 또 붓고 또 옮겨 놓고 또 붓고 마지막으로 얘야 그릇 가져와라. 어머니 이제 그릇이 없습니다. 그릇이 없다고 하자 기름이 그치고 말았습니다. 그래서 엘리사의 말대로 그 기름을 팔아 빚을 갚고 나머지로써 그들이 생활할 수가 있었다는 기록인 것입니다. 하나님은 기적의 하나님이십니다. 하나님의 말씀을 듣고 순종하여 기적을 체험하시기를 바랍니다. 말씀대로 순종할 때 기적을 체험합니다.

23장 예수님의 권능을 사용하는 비밀

(요14:12~14)"내가 진실로 진실로 너희에게 이르노니 나를 믿는 자는 나의 하는 일을 저도 할 것이요 또한 이보다 큰 것도 하리니 이는 내가 아버지께로 감이니라. 너희가 내 이름으로 무엇을 구하든지 내가 시행하리니 이는 아버지로 하여금 아들을 인하여 영광을 얻으시 게하려 함이라 내 이름으로 무엇이든지 내게 구하면 내가 시행하리라."

하나님은 예수님(구원)을 누리라고 말씀하십니다. 예수님(구원)을 누리려면 예수님이 위임한 권능을 사용해야 합니다. 권능을 사용해야 마귀와 귀신의 공격을 몰아내고 구원(예수님)을 누릴 수가 있기 때문입니다. 세상에 하나님의 나라를 건설할 수가 있기 때문입니다. 예수님을 믿어 구원에 이른 성도가 예수님이 부여하신 권능을 사용하지 못한다면 절대로 구원을 누릴 수가 없습니다. 예수님이 부여한 권능을 사용하여 이성과 감정과 육체가 성령의 지배를 받아야 하기 때문입니다. 말씀과 성령으로 자신이 전인 구원을 누리며 가정을 천국 만들어야 합니다. 이제 세상에서 예수 이름의 권능을 사용하며 예수님의 대행권자의 사명을 감당해야 합니다. 그래야 하나님의 뜻대로 지금 마음의 천국을 누리며, 삶에서 아브라함의 복을 받아 누리며, 하나님의 군사로서 사명을 감당하며 이 땅을 하나님의 나라 만들다가 하나님의 나라에 입성할 수가 있습니다.

예수님이 승천하시기 전에 제자들에게 보혜사 성령이 오셨을 때 나타나게 될 능력에 대해서 말씀하신 것입니다. 그러나 이 말씀은 곧 우리에게 주님이 친히 하신 말씀, 약속입니다. 오늘 이 말씀에 확신을 가지고 이 말씀 가운데 확실히 서는 역사가 나타나기를 주님의 이름으로 축원합니다.

요한복음 14장 1절부터 11절까지는 예수님과 빌립과의 대화입니다. 빌립이 예수님께 "아버지를 보여주십시오"라고 이야기합니다. 그랬더니 예수님이 빌립에게 "네가 나를 보았는데 어찌 아버지를 또 보여달라고 하느냐"라고 대답하십니다. "나를 본 자는 이미 아버지를 보았다"라고 말씀하시는 과정 속에서 오늘 본문이 나오는 것입니다. 12절에서 "내가 진실로 진실로"라고 강조하고 계십니다. 원어상으로는 "아멘, 아멘"이라는 말입니다. "너희에게 이르노니 나를 믿는 자는 나의 하는 일을 저도 할 것이요" 여기서 예수님이 하시는 일들이 무엇입니까? 여기서 죄를 사하는 권세를 이야기하는 것은 아닙니다. 죄를 사하는 권세는 오직 예수님밖에 없기 때문입니다. 그렇다면 예수님께서 오셔서 하신 일이 무엇입니까? 병든자를 고치시고, 귀신을 쫓아내시고, 풍랑을 잠잠케 하셨고, 죽은 자를 살려내셨습니다. 하나님의 아들로서 성령충만한 가운데 나타난 능력과 권능을 의미하는 것입니다.

그러면 예수를 믿는 자는 예수님처럼 그런 능력을 행할 수 있

다는 말입니다. 뿐만아니라, "이보다 큰일도 하리니"라고 말씀
하십니다. 예수님을 믿는 자는 예수님이 행한 일뿐만 아니라, 그
분이 행하지 아니한 일조차도 행할 수 있는 능력이 있다, 라고
오늘 우리에게 친히 말씀하십니다. "이는 내가 아버지께로 감이
니라" 아버지께로 가기 때문에 이제 예수님이 미처 행하지 않은
일들을 우리에게 맡기신다는 이야기입니다. 그렇다면 이제 구체
적인 일의 실행은 어떻게 할 수 있는지 두 가지가 있는데 먼저 하
나는 13절에 나와 있습니다. "너희가 내 이름으로 무엇을 구하든
지 내가 시행하리니" 예수의 이름으로 무엇이든지 구하라는 말입
니다. 그러면 예수님이 "시행하신다"라고 말씀하시는 것입니다.
이제 우리는 예수님이 행하신 일을 할 수 있다는 확신이 있습니
까? 예수님이 행하신 일보다 더 큰일을 행할 수 있다고 믿습니
까? 예수의 이름으로 무엇이든지 구하면 예수님이 행하신 것보
다 더 큰일도 행할 수 있습니다.

　주님이 하신 말씀입니다. 사람이 고안해낸 말씀이 아닙니다.
우리가 가지고 있는 성경에 보면 이 말씀은 전부 빨간색으로 표
현되어져 있습니다. 그것은 예수님께서 하신 말씀이기 때문입니
다. 예수님이 친히 하신 말씀입니다. 이렇게 말씀하시는 이유는
"이는 아버지로 하여금 아들을 인하여 영광을 얻으시게 하려 함
이라" 아들로 인해 아버지가 영광을 얻으려고 하신다는 말입니
다. 예수의 이름으로 능력이 나타날 때에 아들 때문에 하나님이
영광을 받는다는 말입니다. 그러면 이 말씀을 잘 분석해보면 이

런 의미입니다. 우리가 하나님께 영광을 돌리는 방법이 바로 예수의 이름으로 능력을 행할 때입니다. 그것을 통하여 하나님께서 영광 받으십니다. 그렇습니다. 하나님의 영광은 예수님입니다. 우리하나님 아버지는 예수의 이름으로 말미암아 행해지는 것을 통해서 영광을 받으신다는 말입니다. 그러므로 예수님의 이름으로 행하여지는 모든 것들이 하나님께 영광이 되는 줄로 믿으십시오. 오늘 이 말씀가운데 큰 확신을 가지시기 바랍니다.

그래서 14절에 "내 이름으로 무엇이든지 내게 구하면 내가 시행하리라"라고 약속하셨습니다. 이것이 예수를 믿는 사람들에게 주어진 특권입니다. 오늘 우리 마음속에 이 확신이 있어야 합니다. "예수님이 행하신 일 나도 행할 수 있고 예수님이 행하신 일보다 더 큰 일도 행할 수 있다" 이 말씀은 실제로 초대교회 안에서는 다 이루어졌던 말씀들입니다.

문자 그대로 사도 바울과 여러 사도들이 가는 곳마다 예수의 이름으로 귀신을 쫓아냈고, 예수의 이름으로 병을 고쳤고, 가는 곳마다 예수의 이름으로 말미암아 많은 권능을 행함으로 인해 하나님께 영광을 돌렸습니다. 그리고 예수님이 행하신 일보다 더 큰일도 행했던 것을 우리는 이미 알고 있습니다. 그러므로 이 말씀은 죽은 말씀이 아니요 살아있는 말씀입니다. 오늘 우리에게도 동일한 말씀인 줄을 믿으시기 바랍니다.

우리가 이런 사람들입니다. 얼마나 대단한 사람들입니까? 예수 안에서 내가 대단한 사람이라고 담대하게 말해보십시오. 예수 안에서 대단한 사람입니다. 예수님이 이 땅에 오셔서 행하신 일보다 더 큰 일을 행할 수 있는 대단한 사람입니다. 그런데 예수 믿는 우리가 왜 희망도, 확신도 없이 사는 것입니까? 예수 믿는 우리가 염려하며 근심하며 사는 것은 절대로 우리와 어울리는 삶이 아닙니다. 염려와 근심은 예수 믿는 우리의 몫이 아니요 세상 사람의 몫입니다. 우리가 왜 염려하겠습니까? 예수님보다 더 큰일을 행할 수 있는 우리가 왜 염려하겠습니까? 우리가 믿음이 없고 확신이 없기 때문입니다. 내가 가지고 있는 동전의 뒷면에 예수의 얼굴이 새겨져 있는 것이 아니라 나의 얼굴이 새겨져 있기 때문이라는 말입니다. 예수님의 이름으로 무엇이든지 구하면 다 이루어주시겠다고 주님이 약속하셨습니다.

이 말씀을 붙잡고 이제는 예수님을 괴롭게 하십시오. "주님의 이름으로 무엇이든지 구하면 시행하신다고 약속하셨으니 하나님이 이 간구도 들어주세요"라고 주님께 기도하십시오. 그래서 이제 우리교회는 예수님의 이름으로 무엇이든지 응답되고 성취되어진 그런 간증들로 가득 찰 줄로 믿습니다.

우리의 믿음대로 될 것입니다. 믿는 자들에게는 능치 못함이 없다고 말씀하셨습니다. 복음이 없어도 이 믿음이 있었던 사람들은 예수 안에서 한결같이 성공하고 부흥했습니다. 우리는 분명히 생명을 가지고 있고 복음을 가지고 있습니다. 한국을 나아가서 세계를 깨울 수 있는 복음이 있단 말입니다.

그러기 때문에 약속의 말씀을 붙잡고 우리의 근심거리를 기도로 바꾸고 그 기도가 응답되어지는 역사로 말미암아서 이 복음을 들고 나가야 될 것입니다. 믿습니까? 보이는 것 때문에 염려하지 마십시오. 보이는 처지 때문에 염려하지 마십시오. 하나님의 능력을 바라보십시오. 하나님의 능력은 홍해를 갈랐습니다. 하나님의 능력은 요단강을 갈라내십니다. 하나님의 능력은 무에서 유를 창조해 내시는 능력입니다.

믿습니까? 근심하지 마십시오. 그것은 그리스도인의 마스크가 아닙니다. 그러므로 우리가 웃지 않을 이유가 없으며 담대함과 확신을 가지지 않을 이유가 없습니다. 그러면 이제 예수이름의 권능에 대해 함께 나누고자 합니다.

예수님은 이렇게 말씀하십니다. "나더러 주여! 주여! 하는 자마다 천국에 다 들어갈 것이 아니라 다만 하늘에 계신 내 아버지의 뜻대로 행하는 자라야 들어가리라 그 날에 많은 사람이 나더러 이르되 주여! 주여! 우리가 주의 이름으로 선지자노릇하며 주의 이름으로 귀신을 쫓아내며 주의 이름으로 많은 권능을 행치 아니하였나이까 하리니 그때에 내가 주에게 밝히 말하되 내가 너희를 도무지 알지 못하니 불법을 행하는 자들아 내게서 떠나가라 하리라."(마7:21~23).

이 말씀은 "주여! 주여!"라고 부른다고 해서 모두가 천국에 갈 수 있는 것은 아니라는 말씀입니다. 그리고 그 뒤에 주의 이름으로 선지자노릇을 하고 귀신을 쫓아내고 권능을 행하여도 예수님이 그들을 향해 불법을 행하는 자들이라 칭하시며 떠나가라고 하십니다. 그러면 이들은 예수님이 인정하고 있는 사람들이 아니라는 뜻입니다. 이 사람들은 천국 갈 수 있는 사람들이 아닙니다. 못 가는 사람들입니다. 그런데 천국도 못 가는 사람들이 예수의 이름으로 선지자 노릇을 하고 귀신을 쫓아내고 권능을 행했다는 말입니다. 천국을 못 가도, 예수의 이름을 부르니까 귀신도 쫓아내고 병도 고치고 많은 권능도 행할 수 있는 것은 바로 예수이름의 능력인 것입니다. 예수이름의 능력이 이렇게 대단한 것입니다. 예수 이름의 능력은 지옥 갈 사람이 도용을 해도 능력이 나타나는 것입니다.

예수의 이름은 예수님에 대한 온전한 참 믿음이 없어도 그 이름을 가지고 이런 능력을 행할 수 있는 것입니다. 그러니 예수의 이름이 얼마나 대단한 능력입니까! 오늘 우리는 지옥갈 자들이 아닙니다. 오늘 우리는 복음을 아는 자들입니다. 우리는 생명을 아는 자들입니다. 그러니 저들이 예수의 이름으로 그 능력을 행했다면 우리는 그 이상의 능력이 나타날 줄로 믿습니다.

지금까지 우리가 예수의 이름의 능력을 방치해놓았다면 이제 회개합시다. 예수이름의 가치를 알고 그 이름으로 빛을 내는, 능력을 나타내는 우리가 되시길 주님의 이름으로 축원합니다. 성경 한 구절 더 보겠습니다. "요한이 예수께 여짜오되 선생님 우리를 따르지 않는 어떤 자가 주의 이름으로 귀신을 내어쫓는 것을 우리가 보고 우리를 따르지 아니함으로 금하였나이다 예수께서 가라사대 금하지 말라 내 이름을 의탁하여 능한 일을 행하고 즉시로 나를 비방 할 자가 없느니라 우리를 반대하지 않는 자는 우리를 위하는 자니라"(막9:38~39).

요한이 예수님께 "우리를 따르지 않는 어떤 자"라고 표현합니다. 이는 예수 믿지 않는 어떤 자를 의미합니다. 그가 주의 이름으로, 즉 예수의 이름으로 귀신을 내어쫓았다는 것입니다. 예수님의 제자가 아닌데도 예수님의 이름으로 귀신을 쫓아낸 것입니다. 그런데 이 제자들은 예수님이 변화산에 올라갔을 때 귀신 들린 아이 하나 해결하지 못하고 서기관과 바리새인들과 변론하던 그 제자들입니다. 예수님을 쫓으면서 온갖 능력을 체험한자들이 오히려 손가락질을 당하고 변론하고 앉아있던 제자들입니다. 왜 그러냐면 예수님이 말씀 하신대로 믿음이 없었기 때문입니다.

그러나 이 사람은 예수님을 믿지 않지만 예수이름의 능력을 믿는 자입니다. 예수이름으로 귀신을 쫓아냈는데 제자들은 오히려 변론만하고 있었던 모습들이 연상이 됩니다. 이것은 어쩜 우리의 모습일 것입니다. 정작 구원받지도 않고 예수님을 따르지도 않는 자들은 그 이름의 권능을 알아서 귀신을 쫓아내는데 예수님을 하나님의 아들로 믿고 그의 권능을 목격하고 다 체험한 제자들이면서도 귀신 들린 아이 하나 해결 하지 못하고 벌벌 떨고 있는 그 제자들의 모습이 우리의 모습인지도 모른다는 말입니다.

이 말씀을 들으니까 우리가 얼마나 억울한 삶을 살아왔는지 알게 됩니다. 그리고 답답하고 한심합니다. 예수님을 믿지 않고 따르지도 않는 사람도 예수의 이름으로 귀신을 쫓아내는데 예수님을 믿고 있는 우리가 많은 권능을 행하지 아니하고 예수이름의 권능을 알지 못해서 우리가 그 능력을 행하지 못하니 우리가 답답하고 한심한 것입니다. 언제까지 이렇게 살아야 하겠습니까? 이제 우리는 예수이름의 권능을 찾았습니다.

예수이름의 권능을 믿습니까? 예수이름으로 귀신을 쫓아내십시오. 예수이름으로 저주를 쫓아내십시오. 예수이름으로 모든 병을 몰아내십시오. 예수 이름으로 실패를 몰아내십시오. 예수이름으로 부정적인 것들을 몰아내십시오. 예수 이름으로 우리를 붙잡고 넘어뜨리는 모든 것을 몰아내십시오. 예수 이름의 권능입니다. 하늘과 땅의 모든 권세를 부여받은 그 이름을 붙잡고 있는 사람이 두려울 것이 무엇이며 못할 것이 무엇입니까? 무엇인가를 못하고 사는 우리가 바보인 것입니다. 예수 이름 가지고도 능력을 행사하지 못하는 우리가 정말 바보인 것입니다.

이 예수 이름 앞에 사탄은 벌벌 떱니다. 우리를 괴롭히는 실체는 사탄입니다. 우리를 억압하고 넘어뜨리는 모든 세력의 실체는 사탄입니다. 그 사탄은 예수의 이름만 들어도 벌벌 떱니다. "나사렛 예수의 이름으로 명하노니 사탄아 물러가라" 가슴속에 응어리지고 답답한 것이 있으면 예수님의 이름으로 물리치십시오.

그동안 우리는 예수의 이름으로 말미암는 해방감을 누리지 못했습니다. 예수 이름의 권능과 능력들을 온전히 신뢰하지 못했습니다. 그러나 이 말씀은 주님이 우리에게 주신 말씀입니다. "또 가라사대 너희는 온 천하를 다니며 만민에게 복음을 전파하라 믿고 세례를 받는 사람은 다 구원을 얻을 것이요 믿지 않는 사람은 정죄를 받을 것이라 믿는 자들에게는 이런 표적이 따르리니 곧 저희가 내 이름으로 귀신을 쫓아내며 새 방언을 말하며 뱀을 짚으며 무슨 독을 마실찌라도 해를 받지 아니하며 병든 사람에게 손을 얹은즉 나으리라 하시더라"(막16:15~18).

예수님께서 친히 하신 말씀입니다. 이것은 초대교회에 사도들을 통해 이미 성취되어졌습니다. 사도바울을 뱀이 물었어도 죽지 않았고 오히려 이것이 원인이 되어 원주민들이 믿고 회개하여 복음을 증거하게 되었습니다. 이것이 초대교회를 세우기 위해 필요한 능력이었기 때문에 사도들에게 일차적으로 준 능력이 틀림없습니다. 그럼에도 불구하고 오늘 이 시대도 이런 능력이 필요한 경우가 되어 진다면 이 능력은 나타날 수 있는 것입니다.

그러나 중요한 것은 이런 역사들이 "끝났다 안 끝났다"라는 이야기보다는 예수님께서 믿는 자들에게 나타날 수 있는 현상들이라고 말씀하신 그 자체가 중요하다는 말입니다. 우리 마음에 이 믿음이 먼저 있어야 합니다. 이 시대에 "나타난다 안 나타난다"는 것을 먼저 이야기하면 이 말씀자체에 대한 확신과 사실자체를 받아들이는 일을 소홀히 할 수 있기 때문입니다. 그러니까 이 말씀은 그 말씀자체로 의미가 있습니다.

이런 능력이 우리에게 나타날 수 있음을 믿으시기 바랍니다. 믿으면 나타납니다. 물론 하나님의 뜻 가운데 나타날 것입니다.

언제나 나타난다기 보다는 필요한 경우에 나타날 것입니다. 이러한 것들을 전제하고 이 말씀을 받되 말씀자체의 본질을 희석시키지는 마시기 바랍니다. 이 말씀자체를 온전히 믿으시기 바랍니다. 예수 이름의 권능이 이렇게 큰 것입니다. 오늘 우리 모두가 이 예수이름의 권능을 온전히 믿고 따르는 사람들이 되시기를 주님의 이름으로 축원합니다.

요한은 이렇게 말씀하십니다. "주여! 누가 주의 이름을 두려워하지 아니하며 영화롭게 아니하오리까 오직 주만 거룩하시니이다 주의 거룩하심이 나타났으매 만국이 와서 주께 경배하리라 하더라"(계15:4). 이 세상에서 누가 예수의 이름을 두려워하지 않을 자가 있겠냐는 말입니다. 주의 이름은 모든 자들을 두렵고 떨게 만드는 그 이름인줄을 믿으시기 바랍니다. 예수 이름의 권능은 이렇게 위대한 것입니다. 오늘 그 이름이 우리에게 있음을 감사합니다. 그 이름으로 살 수 있게 된 것을 감사드립니다.

우리는 예수의 이름으로 영광을 얻게 될 것입니다. 우리는 예수의 이름 가운데 영광을 얻게 될 것입니다. 예수의 이름, 그 이름은 우리를 영화롭게 만드는 능력의 이름인 것을 믿으시기 바랍니다. 이제는 이 믿음을 사용하십시오. 아무리 예수 이름에 권세가 있어도 예수를 믿는 사람들이 사용하지 못하면 무용지물입니다. 예수 이름의 권세를 사용하여 이 땅에 하나님의 나라를 만들어 가시기를 바랍니다.

24장 예수님과 동행하며 구원 누리는 비밀

(요 14:16-17)"내가 아버지께 구하겠으니 그가 또 다른 보
혜사를 너희에게 주사 영원토록 너희와 함께 있게 하리니"

예수님은 세상 끝 날까지 너희와 항상 함께 하시겠다고 말씀하
셨습니다(마 28:20). 예수님을 믿고 성령으로 거듭나 구원을 누
리는 성도는 성령으로 마음 안에 오신 예수님과 동행해야 합니
다. 성령으로 세례 받고 성령으로 기도하여 성령이 충만한 상태
가 되어야 영이신 하나님과 동행할 수 있다는 것을 먼저 이해해
야 합니다. 성도가 예수님과 동행을 해야 하나님의 복을 받아 거
부가 될 수가 있는 것입니다. 영이신 하나님과 교통하는 성도이
기 때문입니다. 하나님의 복을 받아 거부가 되려면 하나님을 향
한 사고와 생각이 바뀌어야 합니다. 하나님을 섬기기 위해서 믿
음 생활하는 것이 아니고, 하나님과 동행하기 위해서 믿음 생활
을 하는 사고로 바뀌어야 합니다. 하나님의 뜻에 합해야 동행할
수 있습니다. 하나님께서는 아모스 3장 3절에서 "두 사람이 뜻
이 같지 않은데 어찌 동행하겠으며"라고 말씀하셨습니다. 하나
님과 생각이 같아야 동행할 수 있습니다.
　하나님과 영성이 같아야 동행할 수 있습니다. 하나님과 동행
할 수 있어야 영육의 거부가 될 수가 있는 것입니다. 하나님과

동행하려면 성령으로 거듭나 예수님을 닮아가야 합니다. 예수님을 닮아가려면 예수님만 바라보아야 합니다. 예수님을 생각하며 예수님을 바라보면 예수님을 닮아가기 때문입니다.

첫째, 하나님을 섬기기 위해서 믿음 생활하는 성도가 있습니다. 하나님을 섬기는 것에는 반대할 이유가 없습니다. 그러나 바르게 알고 섬겨야 합니다. 예수님은 마태복음 20장 28절에서 이렇게 말씀하십니다. "인자가 온 것은 섬김을 받으려 함이 아니라 도리어 섬기려 하고 자기 목숨을 많은 사람의 대속 물로 주려 함이니라." 예수님도 섬김을 받으러 오시지 않았다고 말씀하시는 것입니다. 반대로 많은 사람들의 대속 물로 자기 목숨을 주시려고 오셨다는 것입니다. 한마디로 죄인들을 살리려고 오셨다는 것입니다. 기독교는 생명의 복음입니다. 신을 섬겨서 복을 받으려는 죽은 종교가 아니라는 것입니다.

죄인이 예수를 믿어 죄를 사함 받아 새사람(하나님의 자녀)으로 태어나는 생명의 복음입니다. 일부 성도들이 하나님을 섬기는 신앙 생활하는 이유가 있습니다. 우리는 모두 세상에서 죄인으로 살다가 계기가 되어 예수를 믿고 교회에 들어온 성도들입니다. 세상에서 살아갈 때에 샤머니즘의 신앙생활을 했습니다. 샤머니즘의 신앙의 기본 틀이 신을 섬기는 것입니다. 신을 잘 섬겨서 신에게 복을 받으려는 신앙입니다. 신에게 잘 못 보이면 저주를 받는다고 알고 믿고 있습니다. 그래서 신을 신에게 잘 보여야 되기 때문에 신을 두려워하며 섬기는 것입니다. 신의 노여움을 사지 않도록 신에게 도움을 받아 잘 될 수 있기 때문에 신에게 비는 것입니다. 신에게 빌기 위하여 신이 계시는 장소를 찾습니다. 절이나 사당이나 신을 모신 장소에 가서 손이 발이 되도록 빕니다. 심지어 가정에도 신을 모시는 장소를 만들어 놓습니다.

이렇게 신앙생활 하던 것이 습관이 되어 예수를 믿고 교회에 들어와도 고쳐지지 않습니다. 예수를 믿고 성령으로 거듭나는 것에 목적을 두지 않고 하나님께 잘 보이려고 빕니다. 하나님과 동행이 무엇인지 교통이 무엇인지 알지 못합니다.

하나님께 잘되게 해달라고 빌어야 하기 때문에 하나님이 계신 곳을 찾습니다. 보이는 교회에만 하나님께서 계신다고 믿고 교회를 찾아 하나님께 비는 것입니다. 공공연하게 하나님을 잘 섬겨야 복을 받는 다고 말합니다. 또한 성경에 기록된 교회를 눈에 보이는 유형교회로만 인식을 합니다. 실상은 자신의 마음 안에 교회가 있는데 말씀과 성령으로 거듭나지 못하니 자신 안의 교회가 보이지를 않습니다.

그러니 자신 안에 있는 교회에 관심을 갖지 못합니다. 하나님께서 분명하게 마태복음 16장 18절에서 "또 내가 네게 이르노니 너는 베드로라 내가 이 반석 위에 내 교회를 세우리니 음부의 권세가 이기지 못하리라" 성경에 기록된 교회는 유형교회도 있지만, 성도 심령에 있는 무형교회를 말하기도 합니다. 저는 개인적으로 이렇게 생각을 합니다. 율법주의자는 성경에 기록된 교회를 모두 유형교회로 본다는 것입니다. 율법주의자는 성령으로 영이 깨어나지 않는 신자이니 모두 보이는 것으로만 판단하기 때문입니다. 보이는 교회에 하나님께서 계신다는 것입니다. 율법으로 믿음 생활하는 사람들은 율법을 지켜야 하기 때문에 행위 위주의 믿음 생활을 하므로 구습이 변하지 않는 것입니다. 반드시 성도는 성령이 역사하는 진리를 듣고 말해야 변합니다.

반대로 예수를 믿고 성령으로 거듭나 영이 깨어나 진리를 알아듣고 말하는 성도는 성경에 기록된 교회를 무형교회로 본다는 것입니다. 이렇게 보는 것이 정확합니다. 하나님은 자신 안에 계십니다. 하나님은 고린도전서 3장 16절에서 "너희는 너희가 하나님의 성전인 것과 하나님의 성령이 너희 안에 계시는 것을 알지 못하느냐" 하나님은 영이시기 때문에 보이는 성전(유형교회)에 거하시는 것이 아니고, 성도의 마음 성전에 임재 하여 계십니다. 영이신 하나님은 특정한 장소(유형교회)에 거하지 않으시고, 예수를 주인으로 영접한 사람의 심령에 좌정하고 계신다는 말입니다. 그래서 자신 안에 임재 하여 계신 하나님과 교통해야 합니다. 그래야 하나님과 항상 동행할 수 있습니다.

그렇다고 보이는 성전(교회)이 필요가 없다는 것이 아닙니다. 자신 안에 있는 성전을 깨끗하게 하려면 생명의 말씀을 들어야 합니다. 성령의 역사가 심령에서 일어나게 해야 합니다. 이렇게 자신의 심령이 생명의 말씀을 듣고 깨어나게 하려면 교회에 가서 예배를 드리면서 목사님으로부터 진리의 말씀을 들어야 합니다. 성령으로 기도하여 성령 충만을 받아야 합니다. 이렇게 자신의 영을 깨우고 성령으로 충만 받으려면 자신의 능력으로는 한계가 있습니다. 한계를 극복하기 위하여 유형 교회가 있는 것입니다. 성도 간에 친교를 하고 모여서 말씀을 배우고 영성훈련을 하기 위하여 유형 교회가 필요한 것입니다. 깊은 영성을 유지하고 영적으로 자라야 하나님과 동행하며 친밀하게 지낼 수가 있습니다. 자신이 영적으로 자라는 만큼씩 하나님의 복이 따르는 것입니다.

자신의 믿음이 자라게 하기 위하여 보이는 유형교회가 필요한 것입니다. 유형교회에서 깊이 있는 생명의 말씀을 듣고, 성령으로 기도하며 성령 충만 받아 세상에서 살아가면서 자신 안에 계신 하나님과 끊임없이 교통하며 친밀하게 지내야 합니다. 그렇기 때문에 유형교회와 무형교회 모두가 잘되어야 하는 것입니다. 유형교회에 가서 목회자로부터 체험적인 진리의 말씀을 듣고 성령으로 기도하여 자신의 믿음이 자라기 위하여 보이는 교회가 잘 되어야 합니다. 그런데 하나님을 섬기기 위하여 신앙생활을 하는 신자들은 하나님을 섬기기 위하여 보이는 교회만을 생각하고, 보이는 교회 중심으로 믿음 생활을 하게 됩니다. 보이는 유형교회중심으로 믿음 생활을 하다가 보면 자신에게 중요한 심령교회에 관심을 갖지를 못합니다. 자연스럽게 중요한 자신의 심령 관리에 등한하게 됩니다. 이런 이유로 인하여 예수를 십년을 믿어도 믿음이 자라지 않고, 전인격이 변하지 않는 것입니다. 성도는 심령이 거하신 성령님이 자신을 완전하게 장악할 때에 예수님의 인격으로 변화되는 것입니다. 그런데 보이는 성전에만 관심을 가지고 자신의 심령 성전에 관심을 등한히 합니다. 자연스럽게 자신 안에 성령하나님과 관계가 막혀서 예수를 믿어도 오만가지 문제로 고통을 당하면서 세상을 살아가는 것입니다.

그것뿐만이 아닙니다. 유형교회에 하나님이 계신다고 믿고, 자신의 문제나 가정의 문제나 자녀의 문제가 생기면 교회에서 살다시피 합니다. 실상은 자신의 심령에 계신 하나님께서 역사하셔야 문제가 풀리는데 말입니다. 그래서 교회나 기도원에 가서 기도하느라고 자녀들이나 가정관리를 등한히 하는 성도들이 많다는 것입니다. 제가 개인 특별집중치유를 하다가 보면 참으로 안타까운 경우를 봅니다. 마음의 상처로 인하여 영적으로 정신적으로 고통당하는 성도들 치유하다가 보면 이런 일이 있습니다. 성령의 임재가 환자를 완전하게 장악을 하면 엄마~ 엄마~ 무서워요. 하는 분들이 있습니다. 성령님께 문의하면 유아시절에 혼자 집에 있을 때 두려움의 상처가 생겼다는 것입니다.

그래서 보호자에게 문의 하면 백이면 백 모두 이렇게 대답을 합니다. 아기를 집에 두고 교회에 가서 기도를 했다는 것입니다. 하루 이틀 했으면 환자가 그렇게 외마디 소리를 하겠습니까? 참으로 무지한 것입니다. 이렇게 교회에서 철야해도 문제는 해결이 되지 않습니다. 교회에만 하나님이 계시는 줄 착각했기 때문입니다. 정작 자신 안에 하나님이 계시는데 보이는 교회에서 하나님께 목이 터지라고 기도했으니 문제가 해결이 될 리가 만무

한 것입니다. 인간의 모든 문제는 자신 안에 계신 성령하나님이 역사해야 해결이 됩니다. 자신 안에 계신 하나님께 관심을 갖지 않으니 하나님께서 주무시는 것입니다. 그래서 문제가 해결이 되기는커녕 더 나빠지는 것입니다. 성령으로 기도하여 자신 안에 계신 하나님을 깨워야 합니다. 영의 통로를 열어야 합니다.

보이는 성전 중심으로 믿음 생활을 하면 중요한 자신 안의 심령 성전이 더러워질 수 있습니다. 하나님은 고린도전서 3장 17절에서 "누구든지 하나님의 성전을 더럽히면 하나님이 그 사람을 멸하시리라. 하나님의 성전은 거룩하니 너희도 그러하니라." 여기서 말하는 하나님의 성전은 자신 안에 있는 심령 성전을 말하는 것입니다. 자신 안에 심령성전이 더러워서 성령하나님의 역사가 일어나지 않으니 자신에게 부과되고 있는 문제가 점점 더 강해지는 것입니다. 하나님은 사도행전 17장 24절에서 "우주와 그 가운데 있는 만물을 지으신 하나님께서는 천지의 주재시니 손으로 지은 전에 계시지 아니하시고" 분명하게 사람의 손으로 지은 전에 계시지 않는 다고 말씀하십니다. 우리 하나님은 우리의 심령 성전에 계십니다. 그래서 하나님을 섬기면서 믿음 생활을 하는 성도는 하나님의 종입니다. 반대로 하나님과 동행하기 위하여 믿음 생활하는 성도는 하나님의 자녀입니다.

우리는 바르고 정확하게 알고 믿음 생활을 해야 합니다. 막연하게 알고 믿음 생활하면 낭패를 당합니다. 그래서 저는 우리 성도들에게 이렇게 말합니다. 하나님을 섬기기 위하여 믿음 생활하지 말고, 하나님과 동행하기 위하여 믿음생활을 하라고 합니다. 하나님은 사도행전 17장 24-25절에서 "우주와 그 가운데 있는 만물을 지으신 하나님께서는 천지의 주재시니 손으로 지은 전에 계시지 아니하시고, 또 무엇이 부족한 것처럼, 사람의 손으로 섬김을 받으시는 것이 아니니, 이는 만민에게 생명과 호흡과 만물을 친히 주시는 이심이라" 하나님은 사람의 손으로 섬김을 받지 않는 분입니다. 하나님은 예수님을 믿는 자들에게 생명과 호흡과 만물을 친히 주시는 하님이십니다. 생명을 주시는 하나님에 대해 잘못알고 하나님을 섬기려니 보이는 교회를 찾는 것입니다. 하나님께서 보이는 성전에 계신다고 믿기 때문입니다.

그러나 실상은 보이지 않는 자신 안에 거하십니다. 자신 안에 임재 하여 계시는 하나님과 친해지려면 자신 안에 계신 하나님을 주인으로 모시면서 관심을 가져야 합니다. 그래야 하나님과 동행할 수가 있는 것입니다. 하나님과 동행하면서 믿음생활을 하면 하나님의 역사로 세상에서 삶이 평안해지는 것입니다. 하나님의 역사로 마귀가 덤비지 못하기 때문입니다.

둘째, 하나님과 동행하기 위해서 믿음 생활을 하는 성도가 있습니다. 세상에는 하나님과 동행하면서 믿음 생활을 하는 성도들이 많습니다. 하나님과 동행을 한다는 것은 하나님과 뜻이 동일하다는 것입니다. 하나님과 생각이 동일하다는 것입니다. 하나님과 의지가 동일하다는 것입니다. 영이신 하나님과 24시간 교통한다는 것입니다. 하나님과 24시간 교통한다는 것은 무시로 기도한다는 것입니다. 하나님이 말씀하시는 "항상 기뻐하라. 쉬지 말고 기도하라. 범사에 감사하라" 지속적으로 이루어지고 있다는 것입니다. 순간순간 하나님의 음성을 듣고 순종한다는 것입니다. 요셉이 보디발 장군의 집에서 머슴을 살 때도 함께 동행하셨습니다. 성경은 창세기 39장 2절에서 "여호와께서 요셉과 함께 하시므로 그가 형통한 자가 되어 그의 주인 애굽 사람의 집에 있으니"라고 말씀하십니다.

하나님이 요셉과 동행하니 보디발의 집이 잘됩니다. 하나님이 책을 읽는 당신과 함께하니 매사가 형통한 것과 마찬가지입니다. 그리고 창세기 39장 23절은 "간수장은 그의 손에 맡긴 것을 무엇이든지 살펴보지 아니하였으니 이는 여호와께서 요셉과 함께 하심이라 여호와께서 그를 범사에 형통하게 하셨더라" 심지어 요셉이 감옥에 들어갔어도 하나님께서 요셉과 함께 하시니 감옥이 잘됩니다. 하나님께서 요셉과 동행한 것은 요셉이 하나님의 마음에 합했기 때문입니다.

모세는 출애굽기 34장 9절에서 이렇게 기도합니다. "이르되 주여 내가 주께 은총을 입었거든 원하건대 주는 우리와 동행하옵소서, 이는 목이 뻣뻣한 백성이니이다. 우리의 악과 죄를 사하시고 우리를 주의 기업으로 삼으소서" 하나님께서 모세의 기도를 들어주시어 모세와 동행합니다. 모세가 기도하는 것마다 응답하여 주십니다. 홍해에 길을 내주시고, 마라의 쓴물을 달게 하시고, 반석에서 물을 내시고, 불 뱀에 물려 백성들이 죽어갈 때, 롯 뱀을 만들어 장대에 달게 하여 쳐다보는 자마다 살게 하십니다.

민수기 12장 3절에 "이 사람 모세는 온유함이 지면의 모든 사람보다 더하더라" 하나님께서 인정한 사람이 모세입니다. 모세는 하나님과 동행하며 대면한 사람입니다. "그 후에는 이스라엘에 모세와 같은 선지자가 일어나지 못하였나니 모세는 여호와께서 대면하여 아시던 자요"(신 34:10). 우리도 하나님과 대면하면서 살아가려면 하나님과 동행해야 합니다. 모세는 달랐습니다.

민수기 12장 8절로 10절에 보면 "그와는 내가 대면하여 명백히 말하고 은밀한 말로 하지 아니하며 그는 또 여호와의 형상을 보거늘 너희가 어찌하여 내 종 모세 비방하기를 두려워하지 아니하느냐, 여호와께서 그들을 향하여 진노하시고 떠나시매, 구름이 장막 위에서 떠나갔고 미리암은 나병에 걸려 눈과 같더라. 아론이 미리암을 본즉 나병에 걸렸는지라"우리도 모세와 같이 하나님과 동행하면서 대면하는 영성이 되어야 합니다.

하나님과 동행하면 기적은 우리 안에 있습니다. 하나님을 주인으로 모시고 동행할 때 하나님의 생명이 우리 안에 역사하는 것입니다. 하나님과 동행하면 하나님만이 하실 수 있는 일이 우리 삶에 이루어집니다. 한마디로 기적을 체험한다는 것입니다. 하나님께서 성령으로 감동하실 때 순종하면 기적을 체험하는 것입니다. 그런데 아무리 입으로 주여!를 일 년 내내 외쳐도 하나님만이 하실 수 있는 일이 우리 삶에 이루어 지지 않는 다면 하나님의 생명이 끊어진 죽은 자에 지나지 않습니다. 빨리 원인을 찾아 해결해야 합니다. 우리는 기적을 바라고 찬양도 하지만, 그 기적이 우리 삶에 실재로 이루어지리라고 기대하지 않습니다. 그래서 뜨겁게 기도하면서도 금방 불평하고 낙심하는 자리에 갑니다. 우리는 늘 하나님의 기적을 체험하며 살아가는 자가 되어야 합니다. 기적은 사소한 일상에서 일어나며 말씀과 성령으로 깨어있는 자는 볼 수 있습니다. 하나님과 동행하려면 우리들을 향하신 하나님의 생각을 알아내기를 열망해야 합니다.

우리는 자기 자신의 생각을 하나님이 알아주시고 이루어 주시길 바라는 데 익숙해 있습니다. 그렇게 되면 우리의 신앙은 자라나지 않습니다. 우리는 하나님의 생각을 알길 열망하고 하나님의 생각대로 행동하려고 결단해야 합니다. 하나님과 동행하는 성도는 하나님의 생각을 알길 열망해야 하고, 하나님의 생각을 따라 순종해야 합니다.

하나님이 무엇을 기뻐하시는지에 초점을 두어야 합니다. 자신의 생각을 붙잡는 자는 자기를 기쁘게 하는데 초점을 두고, 하나님의 생각을 붙잡는 자는 하나님이 기뻐하시는 데에 초점을 둡니다. 하나님은 하나님을 섬기려고 하는 종교의식을 기뻐하지 아니하십니다. "주께서는 제사를 기뻐하지 아니하시나니 그렇지 아니하면 내가 드렸을 것이라 주는 번제를 기뻐하지 아니하시나이다. 하나님께서 구하시는 제사는 상한 심령이라 하나님이여 상하고 통회하는 마음을 주께서 멸시하지 아니하시리이다"
(시 51:16).

하나님과 동행하려면 하나님의 음성을 들어야 하며, 또 하나님의 음성 듣길 열망해야 합니다. 하나님의 음성을 들으려면 하나님께 끊임없이 질문해야 합니다. 우리가 하나님의 음성을 듣지 못하기 때문에 자기방식대로 하나님을 사랑하며 하나님을 섬기는 것입니다.

하나님과 동해하려면 하나님을 알길 열망해야 합니다. 하나님의 길을 따라가야 합니다. 성령의 인도를 받으라는 말입니다. 그래서 늘 성경을 가까이 하고 성경을 볼 때에도 하나님의 관점에서 하나님이 무엇을 말씀하시고자 하는 지에 초점을 두어야 합니다. 하나님의 뜻대로 행하는 것이 의무가 아니라, 하나님과 교통하는 것이 즐거움이 되어야 하나님과 동행합니다.

셋째, 하나님과 동행하는 믿음 생활을 하기 위해서 어떻게 해야 합니까? 에녹과 같은 삶을 살아야 합니다. 창세기 5장 24절에서 "에녹이 하나님과 동행하더니 하나님이 그를 데려가시므로 세상에 있지 아니하였더라" 에녹은 도덕적 능력이 매우 약한 부패한 세대에 살았습니다. 그의 주위는 더러움이 만연하였으나 그는 하나님과 더불어 동행하였습니다.

에녹은 마음을 하나님께 바치도록 교육받았기 때문에 순결하고 거룩한 사물들을 생각하였습니다. 그러므로 에녹은 거룩하고 신령한 사물에 관하여 이야기하였습니다. 에녹은 하나님의 동료가 되었습니다. 에녹은 하나님과 동행하였으며 그의 권면을 받았습니다. 에녹은 우리와 마찬가지로 우리가 만나는 동일한 시험들과 더불어 싸우지 않으면 안 되었습니다.

에녹을 둘러쌌던 사회는 현재 우리를 둘러싸고 있는 사회보다 더 의롭지 못하였습니다. 에녹이 숨을 쉬는 분위기는 우리의 분위기와 마찬가지로 죄와 부패로 더럽혀져 있었습니다. 그러나 에녹은 그가 살았던 세대의 만연된 죄로 인하여 더럽혀지지 않았습니다. 그러므로 우리도 충실한 에녹이 행한 것처럼, 순결하고 부패되지 않은 채 남아 있을 수 있습니다. 그것은 성령의 인도를 받는 것입니다.

우리가 성령의 인도함을 받기 위해서는. 성령 안에서 기도하고, 성령 안에서 찬송하며, 성령 안에서 봉사하고, 성령 안에서 치유하며, 성령 안에서 사는 법을 배워야 합니다(빌3:3).

먼저, 성령 안에서 기도하는 생활을 통하여 성령의 인도를 받아야 합니다. 기도는 영혼의 호흡이요, 하나님과의 대화라 합니다. 이것은 가장 깊숙한 곳에 거하는 영의 흐름이 외부적으로 흘러나오는 것입니다. 영력이 흘러나오고 영적 생명이 흘러나옴으로 영에 몰입됨으로 인하여 성령 안에서 기도할 수 있게 되는 것입니다. 영력은 우리 몸의 지성소인 영속에 임재 하여 계시는 하나님의 능력입니다. 우리가 지성소에 계시는 하나님을 만나기 위해서는 성령의 인도를 받는 깊은 영의 기도가 되어야합니다.

이 기도를 통하여 하나님으로부터 주어지는 각종 은혜와 능력과 응답을 받게 됩니다. 이러한 기도를 통하여 하나님으로부터 주어지는 생명이 우리의 심령을 거룩하게 만들어가고, 영적인 생명과 능력을 키워 나가는 것입니다. 열매가 맺어지고 영적인 지각이 예민해지고 영성이 개발되어집니다.

그러므로 성령 안에서 기도하는 훈련이 필요합니다. 우리의 간구는 마음의 소원이나 원하는 바를 구함으로 성령 안에서 기도하기가 심히 어렵습니다. 그러나 영으로 기도하고 마음으로 기도하면 성령 안에서 기도하기가 쉬워집니다. 성령에 몰입되어 아무런 자신의 생각이나 욕심도 없이 오로지 하나님으로부터 주어지는 것을 받게 되는 기회가 되기 때문에 영으로부터 주어지는 각종 은혜와 능력과 은사가 넘치게 됩니다.

영적인 기능과 지각이 발달됨으로 성령의 인도함을 따르는 성도가 됩니다. 성령 안에서 기도하기 위하여 성전 뜰에서 먼저 육신의 생각으로 기도하지만, 시간이 흐르고 마음이 안정이 되고, 생각이 주님의 사랑과 말씀을 묵상하면서 진지하고 순전한 마음으로 하나님의 성소에서 깊어지는 영의기도를 하게 됩니다.

그리고 영으로 사는 삶을 통하여 성령의 인도를 받아야 합니다. 하나님은 데살로니가 전서 5장 17-18절에서 "항상 기뻐하라. 쉬지 말고 기도하라. 범사에 감사하라 이는 그리스도 예수 안에서 너희를 향하신 하나님의 뜻이니라." 고 말씀하십니다. 항상 영의 상태가 되게 하라는 것입니다. 영의 상태가 되어야 영이신 하나님과 동행하며, 교통하기 때문입니다.

25장 진리로 자유를 누리며 살아가는 비밀

(요 8:32)"진리를 알지니 진리가 너희를 자유롭게 하리라."

하나님은 예수를 믿는 성도들이 세상에서 예수님을 누리기를 원하십니다. 예수님을 누리기 위해서는 바르게 알고 바르게 믿어야 합니다. 우리 성도들이 일반적으로 알고 믿는 것은 예수를 믿으면 천국에 간다는 것입니다. 천국가기 위하여 예수를 믿는다고 생각하고 믿는 성도들이 많습니다. 그런데 하나님은 예수를 믿는 성도들이 말씀과 성령의 인도를 받아 치유되고 성화되어, 지금 세상에서 심령에 천국을 이루고, 아브라함을 복을 받아 누리면서 살다가 천국에 입성하기를 원하십니다.

지금 세상에서 예수님을 누리면서 하나님의 나라를 건설하는 군사가 되는 것이 하나님의 뜻입니다. 하나님은 우리가 예수님을 믿기 전보다, 말씀과 성령으로 성화되어 복을 받는 부자가 될 것을 보시고 부르신 것입니다. 한마디로 복 받을 그릇이기 때문에 부르신 것입니다. 그래서 하나님의 부름을 받고 예수를 믿었다는 것은 축복입니다. 말씀과 성령으로 성화되어 아브라함의 복을 받을 사람이기 때문입니다.

우리는 예수를 믿다가 세상을 떠나서 천국 가는 것으로 만족하지 말고, 세상에서 예수님을 누리면서 심령천국을 이루고 아브라함의 복을 받는 것을 바라보면서 성령의 인도를 받아야 합니다. 그래야 삶에서 성령의 인도를 받아 심령천국을 누릴 수가 있는 것입니다. 바르게 알고 믿자는 것입니다. 그래야 하나님이 주신 것들을 세상에서 누리면서 하나님의 나라를 건설하는 군사로 쓰임을 받을 수가 있습니다. 분명하게 하나님의 뜻은 예수를 믿는 하나님의 자녀가 이 땅에서도 하나님의 복을 받아 누리는 것입니다. 하나님의 뜻대로 세상에서 예수님을 누리면서 심령천국을 이루고 아브라함의 복을 누리면서 사시기를 바랍니다.

지금 예수를 믿고 교회에 다니는 성도들의 대부분이 믿으면 구원받는 '칭의'만 알고 믿습니다. 하나님은 이 땅에서도 마음에 천국을 누리며, 아브라함의 복을 받으며 살아가다가 천국에 입성하는 '성화'를 원하고 계십니다. 한마디로 하나님의 뜻보다 한 차원 낮은 단계의 크리스천으로 살아가는데 만족하고 있다는 것입니다. 예수님은 믿고 죽어서 천국에 들오는 것을 원하는 것이 아니고, 이 땅에서도 마음에 천국을 누리며, 아브라함의 복을 받으며 살아가다가 천국에 들어가는 것을 원하십니다. 지금 마음에 천국을 누리라는 것입니다. 보이는 교회를 변화시키려고 모여 있지 말고 치유된 심령으로 세상을 변화시키기를 원하십니다.

많은 성도들이 예수를 믿으면서도 세상에서 살아갈 때와 마찬가지로 시험과 환란과 풍파를 당하고 살아가고 있습니다. 이는 예수를 삶에서 누리지 못하기 때문입니다. 진리를 바르게 믿고 체험하지 못한 연고입니다. 이론으로 아는 진리를 믿기 때문입니다. 이론을 가지고는 예수를 누릴 수가 없습니다.

생명의 말씀과 성령의 역사가 예수를 누리게 하고 세상에서 자유하게 합니다. 삶에서 예수를 누린다는 것은 생명의 말씀과 성령의 역사가 자신을 장악했다는 것입니다. 이는 체험하지 않은 성도는 이해하지 못할 것입니다. 그러나 체험하면 믿고 되고 이해가 될 것입니다.

패트릭 헨리는 "자유가 아니면 죽음을 달라"는 유명한 말을 했습니다. 그만큼 인간에게 자유가 중요하다는 역설입니다. 오늘날까지 인류의 피나는 투쟁은 곧 자유를 향한 투쟁이었다고 말할 수 있습니다. 가난과 질병과 불편과 각종 정치적 사회적 물리적 억압에서의 자유를 쟁취하려는 싸움은 지금도 계속되고 있습니다. 그렇지만 아직도 자유를 누리지 못하는 사람들이 많습니다. 더구나 진정한 영혼의 자유를 아는 사람은 그리 많지 않습니다.

우리 예수님의 복음을 다른 말로 표현한다면 자유의 복음입니다. 눅 4:18-19에 "주의 성령이 내게 임하셨으니 이는 가난한 자에게 복음을 전하게 하시려고 내게 기름을 부으시고 나를 보내사 포로된 자에게 자유를, 눈먼 자에게 다시 보게 함을 전파하며 눌린 자를 자유케 하고 주의 은혜의 해를 전파하게 하려 하심이라" 하였습니다. 그래서 예수님께서는 많은 사람들에게 진정한 자유를 가져다 주셨습니다. 간혹 난감하고 고통스러울 때 시편기자의 고백처럼 나에게 날개가 있다면 훨훨 날아서 어떤 자유로운 곳으로 그 상황을 떠나고 싶다는 생각이 들 때가 있습니다. 오늘 이 시간 하나님의 말씀을 통해서 영육 간의 억압에서 자유 함을 받는 시간이 되시기를 바랍니다. 그럼 예수 그리스도 안에서 누리는 자유는 무엇입니까?

첫째, 진리로 자유 함을 누려야 합니다. 진리가 너희를 자유하게 한다고 말씀합니다. "진리이신 예수님께서 예수 믿는 모든 사람들을 자유롭게 하신다"는 것은 "진리이신 예수님이 십자가 죽으심을 통해 죄 값을 지불하심으로 예수 믿는 모든 사람들을 죄로부터 벗어나게 하신다"는 뜻입니다. 진리이신 예수님과 늘 사귀는 사람은 죄의 속박과 영적 멸망으로부터 자유 할 수 있습니다. 대체적으로 예수 믿는 사람은 죄를 짓지 않으려고 하지 않습니까? 그것이 예수님과의 사귐이 있으면 죄의 속박과 영적멸망으로부터 자유 할 수 있다는 증거입니다.

그런데 기존 성도들이 복음의 진리를 바르게 깨닫지 못하고 종의 신분으로 믿음 생활을 하고 있습니다. 보편적인 것이 열심히 하는 것입니다. 봉사도 열심히 합니다. 철야 기도도 열심히 합니다. 예배도 열심히 드립니다. 헌금도 열심히 합니다. 성령의 인도가 아닌 자기 나름의 기도를 열심히 합니다. 열심히 해야 자신의 문제도 풀린다고 합니다. 열심히 해야 천국도 갈 수 있다고 믿고 행합니다. 이렇게 많은 성도들이 육체(행위)로 열심히 하여 예수님의 마음을 감동 시키려고 하는 분들이 있습니다. 복음은 육으로 열심히 하여 예수님의 마음을 움직여서 문제가 해결되는 것이 아닙니다. 한번 생각하여 보세요. 육체(행위)로 열심히 하여 예수님의 마음을 움직이려하니 얼마나 고달프겠습니까? 또 다른 문제는 열심히 봉사하고 헌금하고 기도했는데 원하는 것이 잘되지 않습니다. 그러니 가정의 부부가 자녀들이 말하기를 그렇게 열심히 했는데 되는 것이 무엇이 있느냐고 하나님께 원망을 합니다. 급기야 교회를 나가지 않기도 합니다. 따지고 보면 나름으로 알고 열심 있는 신앙이 복음을 역행한 것입니다. 그래서 진리를 바르게 깨닫지 못한 성도들이 이구동성으로 하는 말이 예수님 믿기가 힘들다고 합니다. 복음을 바르게 깨닫지 못하고 나름으로 알고 예수를 믿기 때문에 힘이 드는 것입니다.

죄송합니다만 이렇게 무조건 열심히 하시는 분들은 아직 종의 의식에서 해방되지 못한 분들입니다. 죄에서 자유 함을 누리지 못하는 분들입니다. 애굽에서 나온 이스라엘 백성들과 같은 사람들입니다. 육의 사람이라 스스로 아무것도 할 수 없는 사람들입니다. 예수를 믿고 하나님의 자녀가 된 사람들은 종이 아닙니다. 하나님의 자녀입니다. 하나님은 요한복음 1장 12-13절에서 "영접하는 자 곧 그 이름을 믿는 자들에게는 하나님의 자녀가 되는 권세를 주셨으니, 이는 혈통으로나 육정으로나 사람의 뜻으로 나지 아니하고 오직 하나님께로부터 난 자들이니라" 말씀하십니다.

물론 이 땅에 생명이 있을 때 할 수 있는 대로 열심히 해야 합니다. 그래야 하늘나라에 상급이 있기 때문입니다. 그러나 열심히 하는 방법이 잘못되었다는 것입니다. 우리는 예수를 믿고 성령으로 거듭난 영의 사람입니다. 영이신 하나님의 자녀입니다. 하나님의 자녀는 종들과 같이 열심히 해서 주인의 마음을 얻는 것이 아니고, 성령의 인도로 영의 부모인 하나님의 뜻을 따라 열심히 해야 합니다. 하나님의 음성을 듣고 하나님의 뜻에 따라서 열심히 해야 한다는 것입니다. 더 열심히 할 것도 없고, 방관하거나 무관심 할 것도 없이 하나님께서 하라는 대로 순종하면 된다는 것입니다.

하나님은 빌립보서 3장 3절에서 "하나님의 성령으로 봉사하며 그리스도 예수로 자랑하고 육체를 신뢰하지 아니하는 우리가 곧 할례파라" 할례파라는 뜻은 성령으로 세례를 받았다는 말입니다. 그리고 베드로전서 4장 11절에서는 "만일 누가 말하려면 하나님의 말씀을 하는 것 같이 하고, 누가 봉사하려면 하나님이 공급하시는 힘으로 하는 것 같이 하라. 이는 범사에 예수 그리스도로 말미암아 하나님이 영광을 받으시게 하려 함이니, 그에게 영광과 권능이 세세에 무궁하도록 있느니라 아멘"

육체의 욕심을 따라 봉사하지 말고, 성령으로 봉사하라고 하십니다. 성령의 공급하시는 힘으로 하여 예수님이 영광을 받으시게 하라는 것입니다. 이제 무조건 열심히 하여 하나님의 마음을 감동시키려고 하지 말고, 문제해결 받으려 하지 말고, 성령으로 기도하여 성령의 음성을 듣고 하나님께서 하라는 대로 순종하시기를 바랍니다. 하나님께서 하라는 대로 순종하는 사람의 열심을 하나님은 받으시고 축복하십니다. 이제 우리 복음을 바르게 깨닫고 진리로 자유 함을 누리시기를 바랍니다.

우리 예수를 믿는 성도는 바르게 복음을 깨닫고 신앙생활을 해야 합니다. 보이는 교회에 오셔서 반드시 성령의 인도 하에 열심히 하시기 바랍니다. 영과 진리로 예배도 열심히 드려야 합니다. 봉사도 열심히 해야 합니다. 철야 기도도 열심히 해야 합니다. 성령께서 감동하시는 대로 헌금도 열심히 해야 합니다. 문제를 해결하기 위하여 성령께서 알려주는 대로 조치를 취하면서 열심히 해야 합니다. 말씀과 성령으로 치유도 열심히 받으시기를 바랍니다. 성령의 인도하는 대로 열심히 해서 천국의 상급을 쌓으시기를 바랍니다.

이렇게 성령의 인도로 열심히 하여 자신이 먼저 성령의 인도를 받는 심령으로 만들어 가기 바랍니다. 자신이 말씀과 성령으로 치유되어 세상에서 예수님과 동행하며 예수님을 누리면서 자유 함을 누리시기를 바랍니다. 자신이 성령의 인도로 천국이 되었다면 자신의 가정의 구성원들에게 자신이 체험한 바른 복음을 전하여 가정을 천국으로 만드시기를 바랍니다. 자신의 가정을 천국 만든 복음의 은혜를 친척이나 주변 사람들에게 복음을 전하시기를 바랍니다.

하나님은 이렇게 자신이 먼저 천국을 누리기를 원하십니다. 이렇게 되는 것이 진리로 자유 함을 누린 다는 것을 이루는 것입니다. 자신이 먼저 진리로 자유 함을 누리는 것이 하나님의 뜻입니다. 아브라함은 하나님의 은혜로 자신이 잘되기 위하여 사랑하는 조카를 자신에게서 떨어지게 했다는 것을 깨달으시기를 바랍니다. 먼저 자신이 진리로 자유 함을 누려야 합니다.

요약하면 보이는 유형 교회는 자신의 심령에 있는 교회를 천국 만드는 곳입니다. 자신이 진리로 자유 함을 누리도록 말씀과 성령으로 치유하여 예수님의 속성과 같이 성화되는 곳입니다. 유형교회는 무조건 열심히 해서 하나님을 감동시키는 곳이 아닙니다. 자신을 말씀과 성령으로 치유하여 심령이 정화되어, 마음 안의 교회를 성령이 역사하여 하나님께서 주인 된 교회로 만들어가는 곳입니다. 한마디로 보이는 교회는 자신의 전인격이 성화되게 하는 곳입니다. 자신의 전인격이 성화되어야 세상에 나가 세상을 변화시킬 수가 있는 것입니다.

그래서 세상에 나가 예수님과 동행하며 예수님을 누리면서 이 땅에서도 심령에 천국을 이루면서 아브라함의 복을 받아 누리며 살아가다가 천국에 입성하는 것입니다. 이것이 하나님의 뜻입니다. 하나님은 절대로 인간의 힘으로 열심히 하라고 하시지 않습니다. 하나님은 우리가 잘 되기를 원하십니다. 보이는 교회에서 말씀과 성령으로 치유되어 아브라함의 복을 받아 세상에 나가서 예수님을 누리면서 세상을 하나님의 나라를 만들어 가라는 것입니다.

그래서 보이는 교회에서 보이지 않는 자신 안의 교회를 하나님의 나라를 만들어야 세상에서 예수님을 누릴 수가 있는 것입니다. 진리로 자유 함을 누릴 수도 있습니다. 보이는 교회에서 자신의 문제를 해결하여 세상에 나가 예수님을 누리면서 하나님께서 원하시는 대로 이 땅에서 심령에 천국을 누리고, 아브라함의 복을 받아 누리다가 천국에 입성하시기를 바랍니다.

둘째, 원수 마귀에게서의 자유 함을 누려야 합니다. 요일 3장 8절에 "죄를 짓는 자는 마귀에게 속하나니 마귀는 처음부터 범죄함이니라. 하나님의 아들이 나타나신 것은 마귀의 일을 멸하려 하심이니라."하셨습니다. 예수님께서 세상에 오셨을 때도 많은 귀신을 내어 쫓으셨습니다. 지금도 예수님께서 하나님의 자녀들과 함께 하셔서 사단이 범하지 못하도록 지키시며 성령으로 귀신을 쫓아내고 계십니다.

예수 믿는 사람들은 귀신을 두려워할 필요가 없어요. 세상 사람들은 귀신이 무서워서 온갖 것을 다 가리고 지킵니다. 그래서 우상을 숭배하고, 날을 가리고, 나무 하나도 베지 못하고, 이리 가지 말라. 저리 가지 말라. 부정 탄다. 액땜을 해야 된다. 굿해야 한다. 고사를 지내라. 부적을 붙여라. 내 말 안 들으면 집안 망한다. 자식이 불행해진다. 병든다. 죽는다. 사업 안 된다. 무덤을 옮겨라. 집터가 세다. 온갖 엄포와 소란을 다 떱니다.

그러나 우리 성도들은 예수 안에서 그런 모든 협박에 자유인이라는 사실을 알아야 합니다. 왜냐하면 예수 믿는 성도는 하늘에 속하여 귀신에 대해서 자유인이기 때문입니다. 요일5장 18

절에 "하나님께로서 나신 자가 저를 지키시매 악한 자가 저를 만지지도 못하느니라" 하였습니다. 하나님의 성령께서 장악하여 지켜 주시니까 하나님 자녀들 털끝도 못 만져요. 이 사실 믿고 용기 가지세요. 자유 함을 얻으세요. 지금 우상 섬기는 나라들이 왜 발전을 못하는 줄 압니까? 이런 미신에 빠져 자유 함을 누리지 못하기 때문입니다. 자유는 담대한 자가 누립니다. 그래서 바울은 "그리스도께서 우리로 자유케 하려고 자유를 주셨으니 그러므로 굳세게 서서 다시는 종의 멍에를 메지 말라"(갈 5:1)고 했습니다.

셋째, 불안에서의 자유 함을 누려야 합니다. 요14장 27절에 "평안을 너희에게 끼치노니 곧 나의 평안을 너희에게 주노라 내가 너희에게 주는 것은 세상이 주는 것 같지 아니 하니라 너희는 마음에 근심도 말고 두려워하지도 말라"하셨습니다. 사람은 하루를 살아도 평안한 삶을 살아야 합니다. 필자의 교회는 말씀과 성령으로 치유하는 교회입니다. 치유라고 하니까, 병든 사람을 치유한다고 생각하면 안 됩니다. 치유라는 것은 하나님이 처음 사람을 창조했을 때의 영성으로 돌아가는 것을 말합니다.

아담과 하와가 하나님 앞에 죄를 범하기 전에는 하나님과 동행하며 아무런 근심이나 걱정이나 불안이 없이 그저 평안한 삶이었습니다. 치유는 아담과 하와가 하나님 앞에 죄를 범하기 전의 평안으로 회복하는 것입니다.

사람이 진정한 평안을 누리려면 아담의 죄를 청산하고 하나님의 형상으로 회복되어야 가능합니다. 우리 충만한 교회에서는 말씀과 성령으로 치유하여 하나님의 형상으로 회복하여 진정한 참 평안을 마음과 몸으로 느끼며 세상을 살아가게 합니다. 매주 화-수-목 집회를 통하여 생명의 말씀과 성령의 역사로 영을 깨워서 자신이 왜 예수를 믿으면서도 이렇게 시험과 환란과 고통과 불안과 두려움 속에서 살았는지 알도록 합니다. 자신을 알아야 근본적인 치유가 되기 때문입니다.

자신을 알고 마음을 열어야 무의식 잠재의식에 있는 영육의 문제들이 치유되기 시작하는 것입니다. 이렇게 생명의 말씀과 성령의 역사로 치유를 받아도 깊은 곳에 있는 영육의 문제가 치유되지 않는 분들이 있습니다. 이런 분들을 대상으로 매주 토요일 날'개별집중치유'를 합니다. 개인별 2시간 30분 동안 성령의 깊은 임재 하에 치유를 합니다. 깊은 치유를 2시간 30분 동안하면 무의식 잠재의식에 있던 영육의 문제의 근본들이 성령의 역사로 떠나가면서 치유가 됩니다.

이렇게 집중치유를 받으면 영육에 역사하던 불안전요소들이 말씀과 성령의 역사로 다 떠나갑니다. 떠나가고 나면 말로 표현하지 못할 정도로 평안을 찾는 다는 것입니다. 이론으로 아는 평안이 아니고 몸과 마음으로 느끼는 평안을 찾는 다는 것입니다. 어떤 분은 예수를 20년을 믿었는데 3년 전부터 불안과 두려움이 찾아와 하루도 평안한 삶을 살지 못하여 이곳저곳을 다니면서 해결하려해도 치유 받지 못하다가 찾아 오셨습니다. 필자의 교회에서 집중 치유를 3번 받으니 불안과 두려움이 봄에 눈이 녹는 것과 같이 없어졌다는 것입니다. 참 평안을 찾았다는 것입니다. 이분이 하시는 말이 예수를 믿으면 평안하다고 하는 말을 믿지를 못했다는 것입니다. 그런데 집중치유를 받고 보니 예수를 믿으면 평안하다는 말이 진실이라는 것을 믿게 되었다는 것입니다. 예수를 믿었어도 불안과 두려움이 떠나가지 않는 것은 육에 역사하는 상처와 영적인 존재들 때문입니다. 이런 불안전요소들이 살아있는 성령의 역사로 떠나가니 진정한 에덴동산의 평안으로 돌아가는 것입니다.

사람들은 불안에서 해방되기 위해서 마약이나 프로포폴 등 여러 약물을 사용하지만 그것은 일시적일 뿐입니다. 그런데 우리 주님께서 우리를 불안에서 자유 함을 주십니다. 몸과 마음을 가눌 수 없을 만큼 불안하다면 생명의 말씀과 성령의 역사로 치유를 받으세요. 성령께서 평안함을 누리면서 살게 하실 것입니다. 빌4장 6-7절에 "아무것도 염려하지 말고 오직 모든 일에 기도와 간구로 너희 구할 것을 감사함으로 하나님께 아뢰라 그리하면 모든 지각에 뛰어난 하나님의 평강이 그리스도 예수 안에서 너희 마음과 생각을 지키시리라"고 말씀하셨습니다. 살아계신 성령이 자신을 점령하면 참 평안을 몸과 마음으로 느끼게 됩니다.

넷째, 질고에서의 자유 함을 누려야 합니다. 말 4장 2절에 "내 이름을 경외하는 너희에게는 의로운 해가 떠올라서 치료하는 광선을 발하리니 너희가 나가서 외양간에서 나온 송아지같이 뛰리라"하였습니다. 왜 질고에서의 자유가 있나요? 예수님께서 채찍에 맞으사 우리의 병을 담당하셨기 때문입니다. 그러므로 성도들은 이 예수님의 은혜로 내적치유 외적치유 다 받으실 수 있습니다. 그러므로 질고로 인해 너무 낙심치 마시고 병원에도 가시고 노력도 해야 하지만 꼭 해야 할 것은 신유의 복음을 믿으시기 바랍니다. 주님의 손으로 어루만져 주시도록 기도하시기 바랍니다. 사람의 죽고 사는 것은 하나님께 달렸어요. 하나님께서 우리에게 치유의 길을 내십니다. 그러므로 예수 이름으로 병을 꾸짖고 기도하시기 바랍니다. 질고에서 자유를 주실 것입니다.

다섯째, 가난에서의 자유 함을 누려야 합니다. 고후 8장 9절에 "우리 주 예수 그리스도의 은혜를 너희가 알거니와 부요하신 자로서 너희를 위하여 가난하게 되심은 그의 가난함을 인하여 너희로 부요케 하려 하심이니라"했습니다. 그러므로 가난을 인정하지 마시고 물리치시기 바랍니다. 무엇을 먹을 까 무엇을 마실까 무엇을 입을까 걱정하지 말고 항상 성령 안에서 그의 나라와 그의 의를 구하시기 바랍니다. 그러면 모든 것을 하나님께서 채워 주실 것입니다.

그리고 물리적인 가난을 이김도 자유지만, 가난 가운데서도 가난을 모르고 사는 것도 가난을 이기는 것입니다. 바울처럼 "내가 비천에 처할 줄도 알고 풍부에 처할 줄도 알아 모든 일에 배부르며 배고픔과 풍부와 궁핍에도 일체의 비결을 배웠노라 내게 능력 주시는 자 안에서 내가 모든 것을 할 수 있느니라"(빌4:12-13) 하였습니다. 이러한 완전한 자유를 누리시기 바랍니다.

여섯째, 죽음으로부터의 자유 함을 누려야 합니다. 히2장 14-16절에 "자녀들은 혈육에 함께 속하였으매 그도 또한 한 모양으로 혈육에 함께 속하심은 사망으로 말미암아 사망의 세력을 잡은 자 곧 마귀를 없이 하시며 또 죽기를 무서워하므로 일생에 매여 종노릇 하는 모든 자들을 놓아 주려 하심이라" 했습니다. 예수님께서 재림하시기까지는 성도일지라도 육체의 죽음을 만나게 됩니다. 그러나 성도가 다른 점은 죽음의 공포에서 자유함을 누린다는 점입니다. 얼마나 많은 사람들이 죽음의 공포에서 자유롭지 못합니까? 그래서 예수를 믿되 바르게 믿어야 합니다. 죽음의 공포란 심히 강력한 것이기 때문에 웬만큼 은혜 받아서는 그 공포를 못 이깁니다.

그러나 하나님의 은혜를 많이 받은 성도들은 죽음에서 자유함을 얻어 하나님께서 언제 부르시든지 할렐루야 찬송하며 기쁨으로 순종할 수 있게 됩니다. 예수를 믿으면 죽어서 천국에 들어간다고 만 알지마시고, 이 땅에서도 마음의 천국을 누리고, 삶에서 아브라함의 복을 받아 누리다가 천국에 입성하는 예수를 믿기를 바랍니다.

이 책을 통해 예수님이 땅끝까지 전파 되기를 소원합니다.
(출판으로 인한 이익금은 문서선교와 개척교회 선교에 사용합니다.)

구원을 누리며 사는 비밀

발 행 일 | 2015.06.02초판 1쇄 발행

지 은 이 | 강요셉

펴 낸 이 | 강무신

편집담당 | 강무신

디 자 인 | 강은영

교정담당 | 강은혜

펴 낸 곳 | 도서출판 성령

신고번호 | 제22-3134호(2007.5.25)

등록번호 | 114-90-70539

주   소 | 서울 서초구 방배천로 4안길 20(방배동)

전   화 | 02)3474-0675/ 3472-0191

E-mail | kangms113@hanmail.net

유   통 | 하늘유통. 031)947-7777

ISBN | 978-89-97999-32-3 부가기호 | 03230

가   격 | 18,000원